福祉国家型教育財政と教育条件整備行政組織

― その理論と法制に関する歴史的研究 ―

宮澤 孝子

TAKAKO MIYAZAWA

本書を
故 世取山洋介先生に

目 次

第6章　内外事項区分論からみた教育調査とその意義

終　章

序　章

1　本研究の背景

　「教育は権利として保障されているにもかかわらず、保護者や学生が直接負担するお金は多すぎるし、学校や先生に必要な予算は少なすぎる。」

　本研究の原点は、この、実に単純な問いにある。

　1947 年に制定された憲法 26 条の教育を受ける権利は、同年に制定された教育基本法（1947 年 3 月 31 日法律第 25 号。以下、旧教基法）によって具体化されている。そして、旧教基法 10 条には、人格の完成という教育の目的を遂行するための諸条件を、教育行政が整備しなければならないとする、教育行政の限界と任務の双方が明記された[1]。当時の旧教基法の解説には、「『教育の目的を遂行するに必要な諸条件の整備確立』というのは、…（中略）…教育行政の特殊性からして、それは教育内容に介入すべきものではなく、教育の外にあって、教育を守り育てるための諸条件を整えることにその目標を置くべきだというのである」[2]とあった。

　諸条件に関する具体的な内容についての説明は多く残されていないものの、旧教基法の創設に携わった関口（1969）は、「条件整備というのは、恐ろしく謙遜のように見えるかもしれないけれども、具体的な謙遜どころじゃない。大変なつまり、条件整備という名前ですね。つまり非常に冒険、あるいは見込みのないかもしれないものをつっぱってたわけですよ。頑張ってたわけです。…経済上、財政上、行政上…だから、これは腹の底にはね、教育には金を使えとか、物をくれとか、場所を、土地をくれとか、資材をくれとかいいたいのを、そういう言葉で入れていた。」[3]と回想して述べていた。この回想からは、財政事情を優先した教育条件整備がなされるべきではなく、あくまでも教育的必要性を優先させて教育条件整備がなされなければならないとする趣旨が読みとれる。

　「教育の目的を遂行するに必要な諸条件の整備確立」の文言は、新しい教

育基本法（2006年12月22日法律第120号。以下、新教基法）において削除された。1990年代以降本格化した新自由主義的な教育政策を主導してきた政権にとっては、すべての子どもたちの教育的必要を満たそうとする「教育条件整備」規定は、教育費支出抑制のために一刻も早く改正したい条文だったことだろう。しかしながら、「教育条件整備」の文言が新教基法上から消え去ったとしても、旧教基法から引き継がれた教育の目的としての「人格の完成」（第1条）や、教育の自主性擁護としての「不当な支配の禁止」（第16条）規定、及び、憲法並びに国際法をふまえれば、教育行政の教育条件整備に対する任務と教育内容に介入しないという教育行政の限界に関する解釈や、財政的事情ではなく教育的必要を充足するために教育財政を保障すべきとする解釈は、新法においても旧法と同様に導かれると解されている[4]。

2　先行研究と本書の位置

2-1　福祉国家型教育財政研究

　本書において用いる「福祉国家」とは、「産業別労働運動と国家による労働市場への規制、国と自治体による社会保障・教育保障をつうじて、すべての人々の最低生活保障に責任をもつ国家」[5]を指している。いわゆる「旧い福祉国家が、重厚長大型の産業発展と大企業の成長に乗りその繁栄から得た税収で福祉国家政策を展開し、大企業も労使関係の安定のためにこの体制を容認したのに対し」、本書が念頭に置く「新しい福祉国家は、現代の大企業がグローバル競争に勝ち抜くために福祉国家的制度を否定し、新自由主義を要求するのに対し、大企業に対する強い規制と負担によりその運営を図ろうとする」[6]国家、すなわち、新自由主義に対抗するという意味での新たな福祉国家を想定している。

　新福祉国家構想には、新自由主義型国家に対抗する六つの柱が掲げられている。第一に、「憲法二五条の謳う、人間の尊厳にふさわしい生活を営むことを保障する権利を実現するために必要な雇用保障と社会保障」、第二に、

「雇用と社会保障の体系を実現し福祉国家を運営する税・財政政策」、第三に、「政府の『新成長戦略』や復興構想会議の『提言』が示すような、大企業本位の経済成長ではなく、農業、漁業、地場産業、福祉型公共事業、教育・医療・福祉領域の雇用を中心とする地域社会と地域に根ざす産業主体の経済構想」、第四に、「国家責任を放棄して地方に構造改革を丸投げする、いわゆる『地域主権改革』に対抗する福祉国家型の国と地方のあり方を示す対案」、第五に、「原発を廃止し原発に代わる自然エネルギーを中心としたエネルギー政策」、第六に、「日米軍事同盟を見直し安保条約を破棄し、自衛隊を縮小し、憲法九条を具体化する安保・外交構想」[7] である。

　世取山（2012）は、以上の新福祉国家構想の第一から第三の柱を据えた福祉国家型教育財政のあり方を追究した。そこでは、福祉国家型教育財政制度の根拠として、憲法や国際人権条約から導かれる教育人権保障のための国家の学校制度整備義務の存在が確認され、学校制度整備の基準にはすべての子どもの発達の必要性を充足する「教育的必要充足原則」が据えられるべきことが提唱されている。本書は世取山（2012）による福祉国家型教育財政のアイデアの延長線上に位置づくものである[8]。

2-2　戦前における教育行財政研究
(1) 1920 〜 30 年代における米国教育行財政に関する研究

　1920 年代から 30 年代の米国は、不完全な福祉国家でありながらも、福祉国家の基礎をなしていたと位置付けられている[9]。特に、米国における福祉国家の起源は、ニューヨーク市及びニューヨーク州の都市政策の中に見出されている[10]。1920 年代の米国における教育財政に関する先行研究においても、ニューヨーク州等において展開した教育の機会均等理論と標準教育費補助金制度について検討がなされ、日本への示唆性が指摘されている[11]。

　一方で、戦後日本における教育財政改革に関する先行研究においては、戦後日本教育財政改革の起源が 1920 年代の米国の教育財政制度にあることが指摘されてきたが、戦後日本教育財政改革そのものに対する評価は高く

ない（2-3（1）で後述）。

(2) 1920 〜 30 年代における日本の教育財政研究に関する研究

　教育行財政の日本的特徴を捉えながら、米国における教育財政を日本に適用させようとしたのは、同時代に教育財政研究を行っていた阿部重孝であった。もっとも、阿部の教育財政論を検討する先行研究は多くないものの、批判的な評価が通説となっている。

　主たる先行研究としては五十嵐顕と黒崎勲によるものがあり、阿部教育財政論を手厳しく批判している。五十嵐は、阿部が米国との比較研究を基礎にして教育財政の問題を教育条件と捉えたことについて一定の意義を認めつつも、「資本主義社会において教育が当面する経済維持の問題や、教育費や教育財政に現れてくる教育と社会および国家の問題をまともに考えようとしなかった」と評価した[12]。

　こうした評価は黒崎勲にも継承されている。黒崎は、教育費と教育の質的内容との相互関係を重要視する立場から、資本主義社会における公教育費の存在形態を追究した。その上で黒崎は、「阿部の教育財政研究は、問題設定において教育財政制度を、単に一般的な地方財政制度としての合理的編成という以上の、いわば教育制度としての固有の意義によって基礎づけるべきものとしながら、結果においては、教育財政の問題を教育の条件の問題に解消するという通説的な理解とほぼ同一の水準にとどまった」と批判した[13]。

　また、佐藤広美は、五十嵐と黒崎による阿部への批判を引用し、「阿部の国家と教育の関係認識には、見過ごすことのできない重要な問題性があったといえるのではないだろうか」[14]と問いながらも、「阿部の国家と教育の関係認識」についてのそれ以上の見解を示していない。さらに佐藤は、阿部重孝の教育の機会均等論には、「『能力』に応じた差別感」や「『劣等児童の蔑視・優秀児童』の重視」という思想がはらまれており[15]、阿部が「個人差に応ずる教育を施す」と主張していたことから、「ハイ・タレント養成機関としての学校制度観」を有していたとの批判的見解を示した[16]。

阿部の研究の最大の特徴である歴史研究・比較研究、そして数量的実証的研究方法という観点から阿部の教育財政研究を評価するのであれば、その中核に位置付く阿部の研究は、「特別交付金」制度構想であろう。しかしながら、先行研究においては、阿部の研究の要となっている特別交付金制度に関する具体的な検討がなされないままに批判的な評価が与えられてきた経緯がある。先行研究における阿部教育財政論への批判が正当な評価たり得るかは、阿部の教育財政研究の基礎とされた1920年代の米国教育財政研究と、阿部が日本における教育行財政の問題点をどのように捉えていたかに着目する必要があり、この観点をふまえることで、阿部の教育財政研究に対する異なる評価が導かれると考えられる。

2-3　戦後教育改革期研究

(1)　戦後教育財政制度研究

　占領期研究においては、教育基本法や学校教育法、教育委員会法を対象とした占領初期（1945年から1947年）を研究対象としたものが多く存在している[17]。一方で戦後教育財政改革は、1949年のシャウプ勧告を契機とする税制の大転換によって、1949年から1951年頃に議論が集中した。つまり、占領期研究において相対的にみれば手薄となっている占領後期（1948年から1952年）が本書の研究対象時期にあたる。

　戦後教育改革期を対象とした先行研究は、占領関係資料が公開され始めた1970年代以降から、まとまった成果が著され、戦後教育財政制度史に関する実証的研究もその一つとして位置づけられている[18]。そこでは、戦後日本の教育財政改革に世界恐慌以前の米国教育財政理論が適用されていたことが指摘されつつ、それを占領政策に適用させようとしたことの矛盾も指摘されている。すなわち、戦後日本の教育改革において教育財政の分権化が進められていたと同時に、公教育費支出の増大が期待されていたことに対する論理的矛盾である[19]。さらに、戦後教育財政改革が日本の実情に馴染まず、教育刷新審議会による教育財政に関する建議が無力であったこと

等、戦後教育財政改革については相対的に厳しい評価が見受けられる。

　論者によって指摘された通り、分権化と独立化を進めながら公教育費の増大を期待したことは、確かに占領政策が内包していた矛盾であったともいえよう。しかしながら、分権化と公教育の増大は果たして矛盾関係にあるといえるのか、あるいは、その矛盾が何に由来し、政策確定までにいかなる議論が浮上して消えたのか、その詳細について言及されていないだけに、戦後教育改革期における教育財政研究には未だ検討の余地が残されているといえる。

(2) 戦後教育条件基準法案に関する研究

　戦後教育財政制度史研究の領域における一つの重要な論点として、戦後教育改革期において立案された、学校基準法案をはじめとする教育の基準に関する法案[20] と学校財政法要綱案をはじめとする教育財政に関する法案をいかに評価するかという問題がある。この論点もまた、1970年代以降に注目され、実証的研究成果の蓄積がある[21]。こうした教育基準に関する法案と教育財政に関する法案をいかに評価するかは、シャウプ勧告をいかに評価するか、さらには、戦後教育改革における教育財政改革に対する評価そのものにつながりうる。具体的には、教育基準及び教育財政関係法案が、シャウプ勧告を理由として廃案されたことをどう評価するか、ということである。シャウプ勧告を、中央集権からの脱却であり地方分権化の成立と捉えるか、あるいは、最低限の教育を担保するナショナル・ミニマム・スタンダードの崩壊の契機と捉えるか、という点で評価が分岐するためである。

　前者は、教育基準と教育財政に関する諸法案が文部省による中央集権的な性格を反映した法案であると評価し、地方自治の精神、ひいては、占領政策の方針と逆行したがゆえに廃案の途をたどったという通説である[22]。そして、後者は、教育基準と教育財政に関する法案こそが、教育のナショナル・ミニマム・スタンダードを保障する仕組みであり、シャウプ勧告という地方分権化の賛美も相まってその仕組みが崩壊したという説である[23]。

この論点に迫る研究として、学校基準法案の構想の起源を明らかにする試みもなされており、CIE による提案が同法案の基礎にあったという指摘もなされている[24]。

　従来の戦後教育財政改革研究における限界点を指摘するならば、日本政府側資料が主たる分析対象とされてきたこと、及び、教育財政改革にかかわる主要な法案の条文、あるいは審議会による建議の文面など、最終決定文書を頼りにした検討を行ってきたことにある。そのため、占領軍と文部省、そして教育刷新委員（審議）会との間で、これらの法案がどのような位置付けにあり、構想や立案の過程で何が問題とされ、論点とされたのか、そして、最終的にどのように日本側に受容されたのか、といった立案過程の分析が明確でないままに評価がなされてきた。それゆえ、教育基準に関する法案や教育財政に関する法案が法案として確定される議論の過程を明らかにすることにより、戦後教育財政改革研究の通説とは異なる見解が見出される余地は多分に残されているといえる。

2-4　戦後教育条件整備研究

　戦後日本における教育条件整備研究の地盤を固めたのは、内外事項区分論であった。この理論は主に宗像誠也によって日本の教育界に浸透し、学界から運動論までの幅広い層に支持された。内的事項に関しては、不当な支配から教育を守る教育の自主性保護原則、外的事項に関しては、教育行政の教育条件整備義務の理論的根拠とされた。一方で、内外事項区分論が個別具体的な事項（学習指導要領や教育財政制度等）について、国家介入を許す余地を与えてきたことも事実である。1970 年代後半に登場した学校制度的基準説は、学校制度法定における国家介入及び国家責任、双方の限界点として「教科目名」という実線を引きながらも、主として前者（国家介入の限界点）の根拠としての意義が注目されてきた[25]。そのために、外的事項にかかわる教育条件整備研究あるいは制度論の進展は、1980 年代の研究成果を待つこととなる。

　日本教育法学会の中に設置された教育条件整備法制研究特別委員会は、教育条件整備に関する総合的な研究を行い、また、教育条件の「基準づくり」という課題に最初に取り組んだ組織であったとみられる[26]。その成果には、戦後初期の学校基準法案や教育財政制度[27]、学校施設設備基準[28]、教育条件整備要求権[29]等に関する分析、また、判例から導かれた教育条件基準法案[30]の提案等があった。

　1980年代の教育条件整備研究は、今日の教育条件整備法制研究の基礎を形成したものとして注目されなければならない。地域や学校とともに作る教育条件基準の必要性や、その基準に最低基準という性格を付帯させること等が確認された意義は大きい。一方で、基準確定の過程における「手続き論的問題」[31]と国家が負うべき最低限の教育条件整備義務という観点[32]は、継続して議論すべき課題として残されたといえる。特に後者の課題に関連していえば、教育条件整備研究は、学校事故等の紛争処理という非常事態に直面した際に発展し、平時には停滞するという特性を有するといった指摘がなされたが[33]、90年代以降に本格化した新自由主義教育改革のもとで、日常的な子どもの教育的必要性を満たすための教育条件整備研究、すなわち、国家の学校制度整備義務とその具体的方法や内容について検討することに、教育条件整備研究の意義や特性を見出す時に来ているといえるのではないだろうか[34]。

2-5　戦後教育行政組織に関する研究

　世取山（2012）による教育財政研究の骨格は、教育的必要を満たす基準の法定、及び、それを満たす教育財政移転制度の必要性を示したことにある。本書は、世取山の研究に依拠しながら、これらの基準と制度を実行するための「教育条件整備行政組織」の必要性について検討を試みる。

　戦後教育行政組織に関する先行研究は、旧教基法10条1項の教育の自主性確保の原理に着目し、いかに教育から権力的・政治的な力が排除された「指導助言行政」たり得るかという側面から、教育行政固有の組織に関

する検討を行ってきた。そこでは、1949年の文部省設置法により文部省内に新設された5局は、非権力的な所掌事務を担う局（初等中等教育局・大学学術局・社会教育局・調査普及局）と、権力的な事務を担う局（管理局）とに大別されることから、このように構成された教育行政組織において、教育の自主性を担保する「指導助言行政」としての性格が見出された[35]。

　荻原（1996）は、文部省の「内部組織編成のありようが文部行政の性格をどのように反映したものなのか、また逆に組織編成のあり方が文部省の行政機能をどのように規定しかえしていくのか」という課題を設定し、既存の行政組織論の示唆を得ながら文部省の「指導助言」法理に着目している[36]。荻原は、現実においてはその後1952年の文部省設置法の一部改正を契機として文部省が権力性を回復することからも、1949年段階の文部省は、完全な「指導助言行政」とはいえなかったと指摘している[37]。

　戦後教育行政組織に関する先行研究においては、こうした、「教育の自主性」を擁護するための「指導助言行政」としての、あるべき教育行政組織、換言すれば、旧教基法10条1項を体現する教育行政組織に関する検討がなされてきたといえる。その背景には、占領期の終了と同時に開始された逆コースと呼ばれる情勢の中で、教育の自主性を守るべく、権力の介入の排除を起点とした教育行政組織論が主流となる時代の要請があったこともうかがえる。

　しかしながら、戦後教育行政改革によって新たに教育行政の責務とされた、教育条件整備義務を担うためのあるべき教育行政組織、すなわち、旧教基法10条2項を体現する教育行政組織については、管見の限り、教育条件整備行政の組織や機能に関する先行研究は存在してこなかったとみられる。関連する議論として、教育条件整備について考える上で具体的な行政組織のあり方に関する問題提起[38]や、教育条件整備行政の成立条件としての民主主義的基盤の必要性が指摘されてきた程度にとどめられてきた[39]。

3　本書の目的と研究方法

　本書における研究の目的は、米国において生成された福祉国家的特徴を有する教育財政の理論及び制度が、日本に受容され、展開し、そして、衰退していく過程を明らかにすることにある。戦後教育財政改革に関する先行研究においては、研究対象の時期と国が、戦後と日本に限定されてきたが、本書ではこれを、時期的には戦前戦後、地理的には日米両国に研究対象を拡大し、新たに、福祉国家型教育財政を実現するための教育行政として「教育条件整備行政組織」の存在を措定し、これらのあり方を歴史的観点から検討する。

　研究方法は以下のとおりである。

　第一に、これまで、戦前戦後、日本と米国で断絶されてきた教育財政制度史を、戦前から戦後、米国から日本への、教育財政理論と制度の通史として捉えることである。戦前における米国教育財政研究は、1920 年代から 1930 年代にかけて発展し、本書では特に、ストレイヤー（George D. Strayer）とモート（Paul R. Mort）らによる研究に焦点を絞る。彼らの研究は、戦前と戦後の二度にわたり、日本に取り入れられようと試みられていたためである。まずは戦前、同時代的に阿部重孝がいかにして日本の教育財政研究に米国の教育財政研究を取り入れようとしたのかを明らかにする。そして戦後には、CIE のモーガン（Walter Emmett Morgan）がいかにして日本に 1920 年代の米国教育財政の理論を導入しようとしたのかを探る。このように、戦前から戦後を通した日本の教育財政制度史を明らかにすることにより、日本の教育財政の特徴を一層鮮明に浮上させることができるだろう。

　第二に、米国教育財政の理論と制度が戦後教育改革期において受容される過程を、これまで利用されてきた日本政府側の会議資料に加えて、教育刷新審議会第 18 特別委員会の会議録、及び、占領軍による日報（Reports of Conference）の分析を加えながら、文部省側と占領軍側の教育財政改革

に関する議論の内容を明らかにすることである。戦後教育改革期の先行研究において、CIE 文書を用いた教育財政研究はほとんど存在しておらず、特に、本書において取り扱うモーガン（教育財政改革指導を担当）によるレポートを用いるのは、本研究が初めての試みとなっている。

　モーガンについてはこれまで、市川（1972）によって「IFEL の教育財政班講師となった W. E. モーガン（W. E. Morgan）は、学校会計に関する著書もあるが、とくに権威とされるほどの人物ではない」[40] という紹介がなされたのみで、主たる研究分析対象とされてこなかった。確かにモーガンは、市川が指摘したとおり「権威とされるほどの人物」ではなかったかもしれないが、戦後教育財政改革に影響を与えたか否かという観点から見た場合には、IFEL の教育財政講座の講師のみならず、シャウプ勧告時に教育財政改革指導にあたっていたことから、戦後日本教育財政改革史上、重要な人物であるといえる。

　第三に、戦後日本教育財政改革と並行して発展した教育条件整備行政組織の生成、展開、そして、衰退の過程を、その組織と機能に注目して明らかにすることである。教育財政は、教育行政機関の生成と発展に、その実行性を大きく左右されるためである。

　まず、教育行政の組織に関しては、先にも述べたとおり、これまでの教育行政研究において教育の自主性擁護の観点から教育行政組織の検討がなされてきた。対して本書では、教育行政の教育条件整備義務の観点から、教育条件整備の核となった組織、すなわち、戦後文部省内に新設された調査（普及）局と、教育委員会事務局に新設された調査統計課の設置目的に注目する。

　次に、教育行政の機能に関しては、文部省調査（普及）局と地方教育委員会調査統計課が、戦後教育改革期に新設された教育条件整備行政組織として、いかなる調査を、いかなる目的をもって実施したのか、さらには、国立教育研究所及び地方教育研究所とどのような関係性にあったのかを明らかにする。

　文部省に新設された調査（普及）局については、管見の限り先行研究は存在していない。教育基本法創設の際の中枢組織として機能していたこと や [41]、教育刷新委員会の実質的な事務局を担った重要な組織であったこと [42]、さらに、標準義務教育費の確保に関する法律案の立案の際、標準教育費算定のための調査を実施した組織として重要な役割を果たしたこと 等 [43]、各所でその重要性について触れられてきたものの、まとまった研究はなされてこなかったとみられる。

　本書が分析の対象とする時期は 1920 年代から 1960 年代であり、時代ごとの特徴に基づいて、三つの時期に区分する。すなわち、第一期を 1920 年代から 1940 年代、第二期を 1940 年代から 1950 年代、そして、第三期を 1950 年代から 1960 年代とする。第一期の 1920 年代から 1940 年代はさらに二つの時期に区分される。

　第一期前半にあたる 1920 年代から 1930 年代は「米国における福祉国家型教育財政の理論及び制度の生成、展開期」、第一期後半にあたる 1930 年代から 1940 年代は「日本における福祉国家型教育財政の理論及び制度の受容期」、第二期の 1940 年代から 1950 年代は「日本における福祉国家型教育財政の理論及び制度の展開期」、そして、第三期の 1950 年代から 1960 年代は「日本における福祉国家型教育財政の衰退期」として、それぞれ特徴付けられる。

4　本書の構成

　以上に示した時期区分と本書の構成を関連付ければ次のようになる。時期区分と各章はかならずしも一致せず、各章にまたがっている。

　　第一期前半：（1920 年代から 1930 年代）「米国における福祉国家型教育財政の理論及び制度の生成、展開期」第 1 章
　　第一期後半：（1930 年代から 1940 年代）「日本における福祉国家型

教育財政の理論及び制度の受容期」第2章、第3章

　第二期：（1940年代から1950年代）「日本における福祉国家型教育財政の理論及び制度の展開期」第3章、第4章、第5章

　第三期：（1950年代から1960年代）「日本における福祉国家型教育財政の衰退期」第4章

　本書はⅡ部6章から構成される。

　第Ⅰ部では、戦前から戦後にかけての教育財政の理論と制度に焦点を当て、戦前米国教育財政が戦前日本の教育財政に適用され、のちに戦後日本に再び導入され、展開していく過程を明らかにする。

　第1章では、1920年代の米国において展開した福祉国家的特徴を有する教育財政の理論と制度を取り扱う。1920年代の米国教育財政における教育の機会均等理論と教育財政移転制度が、阿部重孝による1930年代の教育財政研究として日本に取り入れられた事実に着目し、教育財政研究の歴史上に位置づけることを試みる。そのために、1920年代の米国において教育財政移転制度が生成された背景と事例の分析を通して、福祉国家的特徴を有する教育財政の理論的基礎が、戦前日本の教育財政研究の中に根付き始めていたことを明らかにする。

　第2章では、1920年代の米国教育財政制度を基調とした戦後日本教育財政改革の構想が、極東委員会及びGHQ/SCAPにおいていかなる議論を経て生成されたのかに着目する。極東委員会内において、各国の代表者が日本の教育行財政改革をどのように進めるべきだとみていたのか、及び、極東委員会とGHQ/SCAPとCIE、特に、CIEの教育財政改革指導にあたったモーガンとの間で、教育財政改革構想についていかなる相違があったのかを明らかにする。具体的には、対日占領教育政策策定過程における教育財政に関する議論が与えた影響とそれに対するGHQの反応を検討すると同時に、CIEの教育財政指導担当者となるモーガンがいかなる経緯を経て来日し、どのような指導によって戦後教育財政改革が進められたのかを明

らかにする。

　第3章では、占領軍による教育財政改革の構想が、シャウプ勧告後、日本側の教育財政改革としてどのようなかたちで受容されたのか、その過程を明らかにする。CIE、文部省、教育刷新審議会第18特別委員会、そして、IFEL の、シャウプ勧告に対する考え方は、ナショナル・ミニマム・スタンダード保障という観点から対立する位置にあった。ここでは、各主体が教育におけるナショナル・ミニマムを保障するための教育基準に関する法案と教育財政に関する法案をめぐる議論の中で、戦後教育財政改革をいかに受容し発展させようとしたのかを明らかにする。

　第Ⅱ部では、以上の教育財政制度を実現するための教育条件整備行政組織の生成、展開、そして、衰退の過程を明らかにする。

　第4章では、戦後日本の教育財政改革と同時並行的に進められた教育行政機構改革について、特に、教育条件整備行政の組織の変遷を明らかにする。戦後の教育条件整備行政組織として、外的事項に関する教育調査を担った文部省調査（普及）局、及び、教育委員会調査統計課に着目し、これらの組織の設置目的と組織変遷、すなわち、どのような目的のもとで設置され、どのように衰退したのかを明らかにする。

　第5章では、教育条件整備行政組織の機能としての教育調査に着目する。それぞれの教育行政機関において行われた教育条件整備のための教育調査の内容と、組織の変化に伴う調査内容の変化について分析を試みる。本章において明らかにされる教育調査が、教育的必要を明らかにし、教育財政移転制度を実行するための根拠となっていたことを示す。さらにこの分析をもとに、文部省・教育委員会と、国立教育研究所・地方教育研究所のラインに分かれた、教育条件整備行政機構のモデルを提示する。

　第6章では、教育条件整備行政機構によって担われてきた教育調査が、内外事項区分論の中にどのように位置づけられるのかを検討する。教育条件整備行政が、現実において教育条件整備を実行していく際、教育条件整備行政組織による教育調査は、制度原理の次元と制度の次元においていか

なる役割を果たすのかを明らかにする。

　終章では、米国教育財政という戦後日本教育財政改革の源流、及び、占
領軍側の教育財政構想、並びに、これらを実現するための教育条件整備行
政組織を分析することによって得られた、戦後教育財政改革の評価を改め
て示すとともに、本書の意義と今後の課題を明らかにする。

(1) 旧教基法第10条（教育行政）教育は、不当な支配に服することなく、国民全体に対し
　　直接に責任を負つて行われるべきものである。2 教育行政は、この自覚のもとに、教育
　　の目的を遂行するに必要な諸条件の整備確立を目標として行われなければならない。
(2) 辻田力・田中二郎監修、教育基本法令研究会（1947）『教育基本法の解説』国立書院、
　　131頁
(3) 関口隆克（1969）「関口隆克氏の談話記録（1968年10月12日）」『教育基本法の成立事情』
　　北海道大学教育学部教育制度研究室、20頁
(4) 竹内俊子（2021）「第16条2項」日本教育法学会編『コンメンタール教育基本法』学陽書房、
　　431頁、中川律「第16条4項」同書454-468頁
(5) 世取山洋介、福祉国家構想研究会編（2012）『公教育の無償性を実現する―教育財政法
　　の再構築―』大月書店、viii
(6) 前掲世取山他編（2012） x
(7) 前掲世取山他編（2012） x～xii、なお詳細につき、福祉国家と基本法研究会・井上英夫・
　　後藤道夫・渡辺治編著（2011）『新たな福祉国家を展望する』旬報社
(8) なお、新福祉国家構想を基盤とした福祉国家型教育財政研究として、石井拓児（2016）
　　「公教育財政の日本的特質と教育行政学研究の今日的課題―教育における福祉国家論と内
　　外事項区分論争を手がかりに―」日本教育行政学会編『教育行政学研究と教育行政改革
　　の軌跡と展望』教育開発研究所、学修費無償説を福祉国家論の萌芽と捉えるものとして、
　　髙橋哲（2015）「現代教育政策の公共性分析―教育における福祉国家論の再考―」『教育
　　学研究』第82巻4号など。
(9) G・エスピン‐アンデルセン著、岡沢憲芙・宮本太郎監訳（2001）『福祉資本主義の三
　　つの世界：比較福祉国家の理論と動態』ミネルヴァ書房、28-29頁
(10) 西山隆行（2008）『アメリカ型福祉国家都市政治―ニューヨーク市におけるアーバン・
　　リベラリズムの展開―』東京大学出版会。また、ニューヨーク州におけるロバート・ワ
　　グナーの雇用及び社会保障における再分配政策が、のちのニューディール・リベラル派
　　の政策基盤とされたことについては、中島醸（2019）『アメリカ国家像の再構成―ニュー
　　ディール・リベラル派とロバート・ワグナーの国家構想―』勁草書房を参照。
(11) 標準教育費制度に関する教育財政論の詳細については、白石裕（1973）「米国地方教
　　育財政論―州との関係を中心にして―」『京都大学教育学部紀要』第19号。標準教育費
　　制度の仕組みについては、上寺康司（1998）「1935年オハイオ州公立学校財政維持資金
　　法の規定内容に関する考察－1930年代アメリカ合衆国州公立学校財政の特徴に関連させ
　　て―」『教育行政学研究』第19号、西日本教育行政学会。米国学校財政制度の原理につ
　　いては、竺沙知章（2016）『アメリカ学校財政制度の公正化』東進堂など。

(12) 五十嵐顕（1978）『民主教育と教育学』青木教育叢書、181頁

(13) 黒崎勲（1980）『公教育費の研究』青木書店、176頁

(14) 佐藤広美（1984）「阿部重孝における教育制度改革論の研究―教育制度改革と『教育の機会均等』―」『教育科学研究』第3号、78頁

(15) 佐藤広美（1997）『総力戦体制と教育科学』大月書店、137頁

(16) 前掲佐藤（1997）138頁。なお同旨として、大内裕和（1995）「教育における戦前・戦時・戦後―阿部重孝の思想と行動―」山之内靖、ヴィクター・コシュマン・成田龍一編『総力戦線と現代化』パルマケイア叢書、211-235頁がある。

(17) 佐藤秀夫（1985）「報告：戦後教育改革関係資料に関する調査研究の現状と課題」『特別研究：戦後教育改革資料の調査研究報告書』国立教育研究所、20頁

(18) 市川昭午・林健久（1972）『教育財政　戦後日本の教育改革4』東京大学出版会

(19) 前掲市川・林（1972）137頁

(20) 教育基準に関係する法案については、井深雄二（2017a）「戦後教育改革期における学校基準法案と学校財政法案」『日本教育行政学会年報』第43号、109-111頁、表1及び表2を参照。

(21) 内沢達（1981）「教育条件整備基準立法と財政援助システム（1）―国と地方の教育財政関係・戦後教育財政史に関する覚書―」『鹿児島大学社会科学雑誌』第4号、など。

(22) 前掲市川・林（1972）216頁、内沢達（1978）「『標準教育費法案』をめぐる問題点―1950年の地方財政改革に直面した文部省の対応など―」『鹿児島大学社会科学雑誌』第1号、三輪定宣（1980）「教育財政における教育の条件整備」日本教育法学会編『講座教育法4 教育条件の整備と教育法』総合労働研究所、141-142頁、小川正人（1991）『戦後日本教育財政制度の研究』九州大学出版会、285頁など。

(23) 前掲世取山他編（2012）。なお、前掲井深（2017a）は、教育財政改革の評価の分かれ目を学校基準法案と学校財政法案にみており、これらを改革の具体的構想として評価する先行研究を積極説（世取山）とし、反対に、改革の具体的構想自体が曖昧であったという見解をもつ先行研究を消極説（注22、市川ら）と捉えている。104-105頁。

(24) 前掲井深（2017a）112-113頁

(25) 兼子仁（1978）『教育法〔新版〕』有斐閣、369-399頁、中川律（2023）『教育法』三省堂、49-52頁

(26) 日本教育法学会教育条件整備法制研究特別委員会の主な研究成果は学会年報（主に1、5、8、9、10、12、13、14号）の他、日本教育法学会教育条件整備法制研究特別委員会編『教育条件法制研究』第1-5号（1982-1984年）、「連載・教育の条件整備」全10回『季刊教育法』エイデル研究所（1978-1983年）を参照。

(27) 内沢達（1984）「教育条件整備と教育財政制度・改革試論」日本教育法学会教育条件整備法制研究特別委員会編『教育条件法制研究』第5号、1-14頁

(28) 喜多明人（1983）『学校環境と子どもの発見―学校施設の理念と法則―』エイデル研究所

(29) 兼子仁（1984）「教育条件基準立法をめぐる法制的前提問題の検討」日本教育法学会教育条件整備法制研究特別委員会編『教育条件法制研究』第4号、1-8頁

(30) 広沢明（1984）「判例にみる教育条件基準問題（上）・（下）―小・中学校の物的条件を中心に―」日本教育法学会教育条件整備法制研究特別委員会編『教育条件法制研究』第4号・5号、三輪定宣（1985）「教育条件基準法案の構想」『日本教育法学会年報』第14号、94-104頁。

(31) この問題は牧柾名の「条件が不備であるとか、あるいは国の行政施策が不均衡であるとかいう問題の指摘は、誠にその通りだと思うのですが、他方で、手続き上の問題、手続き上の制度に含まれている問題点、その改善策、その根拠というものを課題にする必要があるのではないでしょうか。」という発言に象徴される。日本教育法学会編(1980)「討論 教育条件整備の基本問題」『日本教育法学会年報』第9号、180頁。

(32) 世取山洋介(2004)「教育改革および教育基本法改正論の新自由主義的側面の批判的検討―学校制度法定主義再考―」日本教育法学会編『法律時報増刊・教育基本法改正批判』日本評論社、14頁

(33) 中田康彦(1999)「教育条件整備法制研究の方法論的課題―教育法学における制度論の構築に向けて(2)」『一橋論叢』第121巻2号、266-279頁

(34) 子どもの権利条約市民・NGOの会編(2020)『国連子どもの権利条約と日本の子ども期―第4・5回最終所見を読み解く―』本の泉社

(35) 鈴木英一(1970)『戦後日本の教育改革3 教育行政』東京大学出版会、605頁

(36) 荻原克男(1996)『戦後日本の教育行政構造―その形成過程―』勁草書房、101頁

(37) 前掲荻原(1996)101-118頁

(38) この問題を指摘するものとして永井憲一(1980)がある。永井は、教育を受ける権利を保障するための教育条件整備について「具体的な条件整備を考える領域」の一つとして、教育行政やその組織のあり方を検討課題として提起した。永井憲一(1980)「現代における教育条件の整備の必要性」『講座教育法4 教育条件の整備と教育法』総合労働研究所。

(39) 宗像は、「アメリカにおいて、教育行政が民主主義の基盤に乗っており、その基盤自体には問題がないと信じられている限り、残る問題は、行政能率の問題・合理的経営または管理の技術の問題に限られ得るわけである」「ここでは権力的・強制的要素がはなはだ稀薄であり、教育行政がいわば『教育』のための『行政』であって、『行政』が『教育』を支配するのではない、という感じがする」と述べていた。宗像誠也(1954)『教育行政学序説』有斐閣／(1975)『宗像誠也著作集』第3巻、青木書店、228-229頁。

(40) 前掲市川(1972)248頁

(41) 前掲鈴木(1970)246-248頁

(42) 佐藤秀夫(1995)「解題」日本近代教育史研究編『教育刷新委員会教育刷新審議会会議録』第1巻、岩波書店、xvi

(43) 伊藤和衛(1952)『教育財政学』杉山書店

第Ⅰ部

福祉国家型教育財政の萌芽と受容

第1章

20世紀初頭の日米における
福祉国家型教育財政の萌芽

はじめに

　本章では、戦後日本教育財政の前史となる20世紀初頭の米国教育財政制度の特徴を明らかにし、それが戦前日本にいかにして取り入れられようとしたのかを明らかにする。1920年代の米国において生成された教育の機会均等理論と、それに基づく教育財政移転制度が全州的に展開した背景には、本格的な資本主義国家の台頭に伴う教育問題、すなわち、教育機会の不平等の問題があった。全国各地において学校の設置が必要とされたが、そこには地域ごとの財政力の格差が存在しており、日本も同時代に同様の問題に直面していた。

1　1920年代米国における教育の
　　機会均等理論と標準教育費プログラムの確立

1-1　米国教育行政研究の生成

　19世紀末から20世紀初頭にかけて、米国においては資本主義が急速に発達し、能率増進運動（efficiency movement）が展開された。その中心的理論はテイラー（Frederic Winslow Taylor）によって提唱されたものであった。テイラーの科学的管理法（scientific management）は、企業管理や経営管理のみならず、教育行政にも影響を与えることとなった[1]。科学的管理法が教育行政に適用された背景には、20世紀初頭に米国が直面していた

教育問題、すなわち、人口増加、就学率の上昇、加えて、移民の増加等があっ
た。米国ではこのような教育問題に対応するため、教育費の不足予算を補
うために増税を迫られ、「国民の就学要求に応えるために、学校の新・増設
と教育財源をどのように確保するか」という問題に直面した。一方で、「政
府と国民が要求したのは、教育費の能率的使用（節約）」であった [2]。

　この時期における教育行政研究の創始者であり、且つ、計量的手法導入
の提唱者として、カバレー（Ellwood Patterson Cubberley）やストレイヤー
が挙げられる。カバレー（1868-1941）は、インディアナ州の一教室学校の
教員を務め（1888）、Vincennes University の教授（1891-1896）を務めた後、
カリフォルニア州サンディエゴの教育長（1896-1898）を務め、その後、ス
タンフォード大学の教授（1906-1933）を務めた [3]。その間、コロンビア大
学ティーチャーズカレッジにて、ストレイヤーと同じく 1905 年に学位を取
得した。

　カバレーは、「学校資金とその配分（School Funds and Their Apportion-
ment)」という論文で博士号を取得し [4]、学校調査 [5] 運動にも大いに影響
を与えた。学校調査運動は、一般に「学校をとりまく社会状況の変化の中
で学校と学校教育が抱える諸問題を解決するために、実態の把握を行い、
教育政策の決定に資するとともに、その結果を評価することを目的として実
施された」といわれる [6]。学校調査運動の発達に伴い、自治体には教育調
査局（Bureau of Educational Research）が相次いで設置され、そこで教育
測定や研究が実施されるようになった。1920 年代前半には、教育長のみな
らず、自治体の教育調査部局長も、教育行政専門職の輩出先として想定さ
れるようになった [7]。

　一方で、ストレイヤー（1876-1962）は、ペンシルヴェニア州とメリーラン
ド州の公立学校で教師と校長を経験し（1893-1903）、1943 年の定年まで教
授職を務めた [8]。カバレーと同じく 1905 年に博士号をコロンビア大学ティー
チャーズカレッジで取得し、米国教育財政制度史上偉大な貢献をした人物
とされる [9]。ストレイヤーは教授職のみならず、80 もの学校調査を指導し、

教育行政機関の要職の兼務経験を有した[10]。ストレイヤーらによる研究内容については項を改めてみていくこととする。

1-2　米国における教育財政制度史上の転換期

　19世紀半ば以降の米国においては、先述の通り、急速に資本主義が発展し、人口増加、都市化等による学校設置の必要性に迫られており、次第に、公立学校の設置に地域間格差が生じるようになった。その要因は、学校の設置が実質的に地域の財政力に委ねられていたことにあった。こうした地方間格差を是正するために実施されるようになったのが、「一律補助金（Flat Grant）」という州による財政的支援制度であった。この補助金は、一つの学校を単位として州から地方へ与えられる当時唯一の財政的支援とされた。しかし、一律補助金制度のもとにおいては、すべての地域に一律に補助金が交付されるため、地方間格差の問題は解消され得なかった[11]。

　20世紀に入り、一律補助金に代わる州補助金制度として1923年、ストレイヤーとヘイグ（Robert Murray Haig）によって考案されたのが、標準教育費プログラム（Foundation Program）であった。このプログラムによる算定式は、今日における州補助金制度の基礎を成しているともいえる。この標準教育費プログラムは、一律補助金のように、ある一定額を一つの学校に上から落とし込むという方法ではなく、「すべての公立学校のもとでミニマム・スタンダードを満たすのに十分な教育プログラムを提供できる財政的"基本"プログラムを設ける」ことを前提に、「最低限度の教育内容プログラムを提供できる生徒一人当たり支出（最低基金）を設定する」という下からの積み上げによる方法を用いたことに特徴がある[12]。

　以上のように米国の州補助金制度が発展した背景には、州補助金制度の下支えとなる教育の機会均等をめぐる理論の発展があった。その主流学派はコロンビア大学に現れ[13]、先駆者のカバレーとストレイヤーによって学校財政の概念が発展させられた。カバレーは、州の学校基金の配分に、「州の責任」という概念を適用した。すなわち州の責務は、可能な限り知識の

ハイミニマムをすべての子どもに確保することであって、地方が法定最低限をできる限り超えられるように地方の努力を評価し、奨励することである、というものであった [14]。

　カバレーが州による学校基金の配分の技術に関して、地方の努力に対する評価や報奨金の概念を採用したことに対し、ストレイヤーはそれらを用いずに、「教育の機会均等」の理論化を図った。この点においてストレイヤーは、州の学校財政支援に偉大な貢献をしたと評価されている [15]。ストレイヤーと財政学者のヘイグに代表される教育財政調査委員会によって、教育の機会均等概念が提唱され、これを税負担の均衡化によって実現することが主張された。

　しかし、ストレイヤーとヘイグは「最低限度の教育プログラム (satisfactory minimum program)」について言及はしたものの、その "最低限度" の具体的な測定方法までは言及してこなかった。この「最低限度の教育プログラム」の理論を発展させたのがモートであった [16]。彼は、教育の機会均等を確保するための州の「最低限度の教育プログラム」が構成するあらゆる費用のことを "教育的必要（educational needs）" と定義した [17]。その上でモートは、"教育的必要" が、「あくまでも教育が施されるための基準」であり、「教育を支援できる能力と混同されるべきではな」く、「財源に影響されない」ものであると特徴づけた [18]。

1-3　教育の機会均等理論と標準教育費プログラム

　ストレイヤーとヘイグを委員とするニューヨーク州教育財政調査委員会 (the Educational Finance Inquiry Commissions) は、教育財政問題に対する緊急決議を受けて、1921 年 10 月 24 日に設置され、1923 年 10 月までの約 2 年間活動をした。同委員会における教育財政調査の目的は、「公立学校の種類や施設に対する今日の支出、そして、これらの支出と他の公的支出および財源—現在と潜在の財源（地方、州、そして連邦における）を、より完全かつ経済的に用いることにより、国の無償教育制度が維持発展でき

る限度を見定めるための根拠としての財源—との関係についての集中的調査を行うこと」[19]とされた。

　公教育のための財源は、連邦政府と州政府、そして地方政府から多元的に構成され、公教育に必要とされる財源100ドルあたり1%は、基金や授業料、金利であり、残りの99%は税収によって構成された。日本と異なり、地方学区が課税権を有する米国では、地方学区が地方財源から教育に対する支出幅を決定することができる[20]。学区内で課税対象となるのが財産（property）である。財産税は、州政府、郡政府、そして地方政府によって徴収されたが、その約85%は地方によって徴収され（1922年当時）、そのほとんどが学校税の算定の対象とされていた。

　ストレイヤーとヘイグは、教育の財政的問題の解決方策が、その規模の大きさからも、学校税制（地方教育委員会が独自に課すことのできる税のこと）の改善によって解決されるものではなく、一般的な税制改革にあることを指摘した。その主な改革案は、企業への課税の再調整、すなわち、企業税の強化であった。この指摘がなされた理由としては、当時の税制度のもとにおいては、課税されていない企業や銀行が存在していたことがあげられていた。それゆえ、法人化されているといないとにかかわらず、銀行を含むあらゆる企業において課税対象が拡大されるべきことが指摘された。さらに、個人所得税に関しては、現行通り、その居住地において課税されなければならないとされ、財産税に関しては、当時の制度において固定資産に個人所有の動産等も含まれていたため、その範囲を純粋な不動産に限定すべきとした[21]。

　学校税に関しては、「教育の機会均等」の原則のもと、「教育の税負担は納税力との関係において均一であるべき」ことを主張した。異なる地方において教育税負担を均衡化するということは、全州で均一の課税率となるということではなく、それぞれの地域によって教育費総額は当然異なるということを意味していた[22]。"税率の均一性を確立すること"とは、具体的には次のことを意味した。すなわち、「1. 最も裕福な地方における税率と

同じ税率を他の地方においても適用すること、2. 裕福な地方においては、地方税により学校資金をさらに増額してもよいこと、3. 他のすべての地方は、同じ税率で地方税を課税し、これを学校経費に充てることができること、しかし、4. この一律税率によっては裕福な地方においてのみ十分に満たすことができる費用であり、その不足は州の補助金によって埋め合わせられること」[23] であった。

標準教育費プログラムに必要とされる「必要額算定方法」は、ストレイヤーとヘイグによる研究ののち、モートによって発展させられたことは既述のとおりである。モートは、標準教育費プログラムのために必要な基準として「教育的必要」を用いて次のように説明した。教育的必要性を教育行政が基準化することは、次の二つの理由から必要とされる。一つは、教育の機会均等の研究の精緻化のため、もう一つは、適切な資金配分に対する住民によるチェック機能を果たすためであった[24]。

以上のように、1920 年代の米国教育財政制度は、州補助金という教育財政移転の仕組みが、教育の機会均等の理論と、それを実行する教育行政の役割とに支えられていたという特徴を有していた。この制度構想によって、居住地にかかわらず、教育を平等に受けることができ、且つ、財政上の平等も保障されることが目指されていた。

州補助金制度は、その後、連邦政府による補助金制度の構想へと発展を遂げた。1929 年にフーバー大統領に任命され設置された教育に関する全米諮問委員会（National Advisory Committee on Education）において、モートを中心とする委員が、連邦一般補助金の交付に関する研究を行った。その研究成果には、ストレイヤーとヘイグによる標準教育費プログラムを連邦教育補助金に適用した内容が提供されたものの、実現には至らなかった[25]。

1-4　中央集権と地方分権の均衡の模索

補助金制度を通じた州や連邦の集権的傾向について、日本での教育財政制度との相違を理解するため、ここでは、米国における当時の中央集権と

地方分権をめぐる議論について、ストレイヤー Jr.（George Drayton Stray-er Jr.,1934）、及び、ステュデンスキ（Paul Studenski）とモート（1941）による議論をみてみよう。

　ストレイヤー Jr. によれば、米国の教育行政は集権化とその作用、そして反集権化を最重要課題として関心を払ってきた。1900 年以降においては、様々な教育的機能やサービス、教育活動での州政府の関与が増加傾向にあることを指摘した。その中でストレイヤー Jr. は、集権化を、地方当局から州当局への、統治あるいは権限の移転として定義し [26]、ノースカロライナ州、メリーランド州、そして、ニューヨーク州における、州政府関連の教育法案の傾向を次のように見ていた。

　ニューヨーク州の場合、「(1) 学区が州補助金受給の際に遵守すべき最低要件が確立したこと、(2) 学区統合が州補助金により奨励されたこと、(3) 教育の機会均等化と財政的負担の均衡化のため州補助金の配分方法が変更されたこと、(4) 公教育財政の若干局面への州統制が展開されたこと、(5) 公立学校制度運営のために州補助金が増大したこと」が、州当局による公教育への財政的関与の動向として指摘された [27]。

　上原（1991）は、ストレイヤー Jr. による分析から、州教育行政権限強化に対する賛成論と反対論を整理した。賛成論としては「教育の機会均等と負担公平の保障、教育の効果性及び教育行政の効率性促進、教育行政の公正・民主性の確保、加えて教育の国家的要請への適合といった諸点」、反対論としては「地域への学校の適応、地域住民による教育自治の促進、教育自治を通じての公民的資質の育成、民主主義精神の発展」等があったとした [28]。

　次に、ステュデンスキとモート（1941）は、中央集権と地方分権をめぐる研究をもとに、それぞれの論点を析出した。まず、中央及び地方統制の双方の利点として、例えば中央統制が強い場合は、中央政府が地方政府に共通の方向性を与えることにより、地方政府が効果的に公共サービスのミニマム・スタンダードを執行することができる。一方で、地方統制が強い場合、

それは、民主主義の本質的なかたちとなり、社会経済にかかわる政治を確立する中央政府の傾向をチェックすることにより、政治的安定を推進することができる。これらは、相互に効果を得ながら高められるものであるとした。

　以上の双方の利点に対して、過度な中央統制及び過度な地方統制に関しては、いずれも同等に害悪を及ぼすとしている。過度な中央統制は、地方のニーズを無視し、根本的に異なる状況に対して単一のルールを適用させてしまう。そして、過度な地方統制は、全住民の広いニーズを無視し、極めて無効な地方行政になると説いた。

　したがって、中央及び地方統制の双方の利点が維持され、それらが過剰に出現しないよう、中央と地方とで公正な均衡を保つことが、国家の利益取得につながるとした。しかしながら中央と地方の均衡は、その時の経済や政治、社会状況等と、国の規模によって変わりうるため、理想の社会を推進する主要な公共サービスにおける、中央及び地方統制の調和に努めるべきであると指摘した[29]。

　20世紀初頭の米国は、州や連邦政府といった、より大きな政府の役割に関する議論を深化させる経過を辿った。米国の教育財政制度を受容した戦後日本の教育財政制度も、まさに同じ論点を内包していた。

2　1920年代米国教育財政の日本への適用の試み　－阿部重孝の教育財政研究－

2-1　阿部重孝による教育財政研究の発展過程
－時局資料分析と教育思潮研究会－

　1920年代における米国教育財政は、教育の機会均等を最低限の教育保障と税負担の平等という双方において実現するものとして、教育財政移転制度の仕組みが諸州で採用されるようにして発展を遂げた。ストレイヤーらによって提唱された標準教育費プログラムは、同時代に阿部重孝によって日本に取り入れられることが試みられていた。阿部は、いかにしてその問題

意識を高めていくのか。ここでは、その背景に注目してみたい。

　阿部重孝は、1890年に新潟県に生まれ、1900年に新潟県南魚沼郡村立大木六尋常小学校を卒業し、同村立塩沢尋常高等小学校高等科に入学、1902年に退学し、1907年に新潟県立長岡中学校を卒業した。1910年には第一高等学校第一部文科を卒業し、同年東京帝国大学文科大学へ入学した。阿部の東京帝国大学での卒業論文のテーマは芸術教育であった。1913年の7月には「最近芸術的教育思想の発達」という題目で卒業論文を提出し、同年9月に東京帝国大学大学院に入学した。1915年7月10日に東京帝国大学大学院を退学し、同月30日に文部省より「時局ニ関スル教育資料」の調査を嘱託された[30]。阿部は、同調査に1920年3月までのおよそ5年間携わり、その間、1919年10月8日に東京帝国大学の助教授に就任した。

　佐藤（1997）は、阿部が1915年7月から1920年3月までの間「時局ニ関スル教育資料」（以下、時局資料）の調査を担ったことについて詳細な分析を行っている。「時局資料」は、「第一次世界大戦時および戦後の交戦諸国の教育施設ならびに教育思想・文化緒方面の資料を蒐集し、教育関係方面の参考に供する目的で刊行され」、「翻訳作業は文部省普通学務局に臨時に設けられた調査委員会によって進められた」[31]ものであった。佐藤は、全34集ある「時局資料」を前期（1915年6月から1917年6月）、中期（1917年から1919年3月）、後期（1919年7月から1920年3月）に分け、それぞれの内容が、交戦主義教育思想から、合理的な教育改革の思想、そして、米国における科学的教育研究運動の紹介へと変化したと指摘した[32]。

　さらに佐藤は、この「時局調査」の内容的特徴を次の5点に集約した。すなわち、①初等教育と中等教育の連絡の合理化による教育機会の制度的保障、②注入主義的教授を批判し、個性に応じる教育方法の改革、③教育内容の実際化・社会化、④社会全般の教育的機能の合理的編成と改革、そして、⑤教育の科学的研究方法であった[33]。佐藤も指摘している通り、この「時局資料」の調査に携わったことを契機として、阿部の研究関心が、芸術教育から教育の数量的科学的研究へと移ったとみられる。

　阿部の「時局資料」の嘱託調査が終了したのちの1921年には、東京帝国大学の教育思潮研究会が発足し、海外教育研究雑誌の翻訳及び分析作業が行われた。この研究会によって刊行された『最近欧米教育思潮』の序には、阿部の指導教官であった吉田熊次が序文を寄せている。そこには、日本においても1912年から1920年頃までは海外の教育思潮が紹介されてきたが、その後、紹介が減少していること、研究会の企画によって教育界に遅れを取らせないよう、その一助としたい旨が示されていた[34]。同書の執筆には吉田をはじめ、阿部や、のちに阿部とともに学校調査研究を行う岡部弥太郎などが名を連ねた。同研究誌は、当時の各国における教育情勢を明らかにするための資料として、教育学界のみならず、研究的な実際家にも喜ばれるものであったという[35]。

　海後宗臣（1971）は、「教育思潮研究会」がのちに、東京帝国大学教育研究学科「教育思潮研究」という機関紙を発行する母体となり、1927年10月から1948年5月まで刊行された「教育思潮研究」編纂にまつわる当時の様子を回想している。同誌には、阿部はもちろんのこと、東京帝国大学の教官を中心として、研究の成果が発表された。当時、東京帝国大学教育学科の学生は、大正の終わりころに比して、昭和初年には約5倍に増えており、教育学研究の拡充の必要性が課題とされていた。「教育思潮研究」はそのような理由から、研究活動とその成果を出版することができるよう、教育学研究年報のような性格をもつものとなった。その編纂には、海後宗臣や宗像誠也ら、当時の助手たちがあたったという[36]。

2-2　阿部重孝の教育財政研究の背景としての海外渡航 [37]

　東京帝国大学において教育学研究が盛んになる中[38]、阿部重孝は調査研究と万国教育会議への出席という目的のため、1923年から1924年にかけて海外に渡った。この経験もまた、阿部の研究関心の移行、すなわち、芸術教育から教育に関する科学的・実証的な研究への関心の移行を後押ししたことが推察されている[39]。

阿部は、1923 年 6 月 28 日より開催される万国教育会議に代表として出席するため、米国への派遣を文部省から命じられ、同時に、東京帝国大学からは米国に於ける学校行政の調査を命じられた。当初半年を予定されていた渡航は、在米中の 1923 年 11 月に文部省より延長が認められ、阿部は約 1 年間をかけて教育研究のために 5 か国を歴訪した [40]。阿部は、1923 年 6 月 6 日の横浜港からの出港の直前、5 月 26 日に故郷新潟に帰省し、地元新聞記者に対し、特に米国の調査に力を入れる旨を語っていた [41]。

　図表 1-1 及び 1-2 は、阿部が渡航中に妻の花子へ宛てた書簡をもとに、阿部の渡航先での行程をまとめたものである。ここから、阿部が約 8 か月をかけて、10 以上の州を訪問していたことが読み取れる [42]。ニューヨークの滞在期間は日付が特定されておらず、前後の書簡をもとにすると、1924 年の 1 月 18 日以降 2 月 24 日までの間と推察される。1920 年代当時、ニューヨークに所在するコロンビア大学は、既述のように、米国教育財政改革の中核とも言える役割を果たしていた。ストレイヤーをはじめとする教育行政学者や、内外事項区分論を提唱したキャンデル（I・L・Kandel）、教育哲学者のデューイ（John Dewey）といった、米国教育学研究の第一線で活躍する研究者が同大学に就任していたこと、帰国後の阿部の研究における参考文献において、これらの研究者による著書が列記されていたことからも、阿部の調査活動に大きな刺激を与えたことを思わせる。

図表 1-1：阿部重孝の米国渡航での訪問先

年月日	行き先及び主な出来事
1923/6/6	横浜港出港
1923/6/15	ホノルル到着
1923/6/23	サンフランシスコ到着
1923/6/25	大山サンフランシスコ総領事を訪問
1923/6/26	日本委員の書記となる
1923/6/27	日本側最終準備会に出席
1923/6/28	万国教育会議主催歓迎会
1923/6/29	会議出席者 F グループ、無学統計について説明する

年月日	行き先及び主な出来事
1923/7/1	スタンフォード大学前総長のお茶の会に招待され、出席する
1923/7/2	フェアモントホテルでの大歓迎晩餐会に出席
1923/7/6	万国教育会議終了
1923/7/19	カリフォルニア州バークレー到着
1923/8/12	ロサンゼルス到着
1923/8/15	カリフォルニア州サンタバーバラ
1923/8/25	ソルトレークシティユタ州立大学を訪問
1923/8/26	コロラド州プエブロ
（1923年9月1日、関東大震災あるいは入院のため、書簡が途絶える）	
1923/11/1	イリノイ州シカゴ
1923/11/2	ミシガン州デトロイト、ゲーリースクール
1923/11/8	ウィスコンシン州マディゾン
1923/11/27	オハイオ州クリーブランド
1923/11/29	ニューヨーク州ナイアガラ、バッファロー
1923/12/1	ニューヨーク州オールバニ
1923/12/18	マサチューセッツ州ケンブリッジ、コンコード
1923/12/19	マサチューセッツ州ウースター
1924/1/17	メリーランド州ボルティモア
1924/1/18	ワシントン
?	ニューヨーク
以後、イタリア、イギリス、フランス、ドイツの各国に渡った	

＊阿部邦夫（1999）より筆者作成

図表1-2：阿部重孝の欧州渡航での訪問先

年月日	行き先および主な出来事
1924/2/19	スイス→イタリア（ミラノ）
1924/2/20	ミラノ→ベニス
1924/2/22	フィレンツェ
1924/2/23	夕方ローマへ
（在留期間を1924年6月30日までに短縮される）	

年月日	行き先及び主な出来事
1924/2/24	ローマ
1924/2/27	イタリア文部省
1924/2/28	ナポリ
1924/2/29	ナポリ（ロンドンに帰る予定）
1924/3/14	ロンドン（ポケットマネーを使い果たしてしまったという記述）
1924/4/16	ロンドン
1924/4/20	夕刻パリを発ってベルリンに向かう
1924/4/21	ドイツ（ケルン）→ベルリン
1924/4/23	ベルリン
1924/4/26	ハンブルク
1924/4/29	ハンブルク市教育課長に会う
1924/4/30	ハンブルクの大学を視察、午後の列車でベルリンに戻る
1924/5/14	夜、ケルンに到着
1924/5/15	リエージュ（その晩はおそらくパリ）
1924/5/24	ロンドンを出発、帰国の途につく
1924/6/21	帰国の知らせ
1924/7/7	午前8時、神戸港に帰国
1924/7/30	新潟県南魚沼郡教育会主催
	帰国後初めて、最新の欧米教育事情を語った

＊阿部邦夫（1999）より筆者作成

2-3　1920 年代米国教育財政移転制度を原型とする「特別交付金」制度構想

　1924 年以降、欧米における調査研究から帰国した阿部重孝の研究は、教育制度論・教育財政論に関する成果が多くを占めた[43]。以下では、1920 年代の米国教育財政から着想を得た阿部の研究がどのように成果としてあらわれたのかを、(1) 教育の機会均等論、(2) 教育行政の任務に関する研究、そして、(3) 教育財政移転制度を具体化した「特別交付金」制度に関する研究に焦点を絞って明らかにする。

(1) 教育の機会均等論

　海外渡航前すなわち 1923 年以前において、阿部は、教育機会の不平等の原因が、地方における富の差、及び、教育に対する努力の差にあるとみなしていた[(44)]。その理由は、都道府県ごとの平均出席児童数の一人あたり教育費が、地方ごとに著しく異なっていたためであった[(45)]。しかしながら渡航後には、この主張を覆す。教育の不平等の論拠を、平均出席児童数の一人あたり教育費ではなく、「富の指標」である「直接国税調定済額」に求めるようになったのである。この方法により、府県の間に存在していたそもそもの著しい財政力格差が明らかとなり、「教育の機会均等の問題は、市町村の教育に対する熱誠や努力のみでは解決されない」と結論を改めた[(46)]。阿部が、教育費それ自体から、教育費に対して責任を負う自治体の財政力に目を向けた背景には、地方の「税負担能力」が問われた米国教育財政研究の影響をみることができる。

　さらに、阿部は、晩年に著した教育の機会均等論において、学校教育が長く支配階級によって制限され、一般庶民が初等教育以上の教育を受けることが不可能であった歴史的背景を指摘し、無償の義務教育の必要性を説いた[(47)]。経済的地位に依らない教育の機会を保障するため、こうした無償の義務教育にとどまらない、家庭生活までも含めた給費制度についても合わせて構想し、「教育の機会均等を保証する為には、有為な青年をもちながら、貧困の為その教育を継続させることのできない家庭に対して、国家が財政的援助を與なければならない。而してこの給費には奨学金の外に、家族の扶養料をも含まねばならない」[(48)]とし、より現実的な教育の機会均等の議論に迫った。

　こうした阿部の思想背景については、リベラリストとしての評価が存在する[(49)]。その一端として、戦前という時代にもかかわらず、「権利」という概念を当時の阿部が用いていたことは注目されてよいだろう[(50)]。

(2) 科学的調査を中心とする教育行政の任務

　1926 年から 1927 年にかけて公にされた「教育行政に関する事実の研究（第

一講～第五講)」という阿部の論文がある。そこでは、教育行政の組織や任務、さらには、任務の一つとしての教育財政に関する阿部の見解が詳細に記されている[51]。

　この論文の中で阿部は、教育行政が遂行すべき任務について指摘している。具体的には、「教育当局者」が所轄する学校の状態について、次の三点を明らかにする必要があるとした。一点目は「教育的必要に関する事実」（人口増加率、無学者、職業と教育の問題等）であり、ここでは、当該地域に住む市民の職業に関連した学科課程や設備を学校に用意する必要性が指摘された。二点目は「自治体の負担力に関する事実」（教育的必要と負担力との関係、人口の構成と負担力、自治体の富と負担力等）である。教育当局が政策を立てた際、これに対する費用を自治体に要求するに先立っては、自治体が現在と将来にわたって過重負担を受けないことを確認しなければならないためであるとした。そして三点目は「現存している学校に関する事実」（学校の数、位置、種類、通学距離、校舎の大きさ、教員数、児童数等）である[52]。この項目を地図や表に示し、自治体としての教育上の弱点を明らかにする必要性を指摘した。

　阿部は教育当局者の任務をこのように記した上で、教育政策を実行するための教育行政と財政との関係について次の五つの論点を示した。すなわち、「（一）公学[53]収入の財源」、「（二）自治体は十分に教育費を支出しているか」、「（三）教育財政の現状」、「（四）如何に教育費を使っているか」、「（五）事務組織」である。

　まず、「（一）公学収入の財源」、すなわち、公教育の財源については、学校維持の責任が国家と地方団体との責任であること、及び、財源を明瞭に記述する必要性を説いた。次いで、（二）自治体における教育費支出の多寡に関しては、「教育費として支弁すべき金額を決定する主なる基礎は、『教育的必要』であってその資力ではない（傍点筆者）」[54]との説明がなされていた。ここには、モートによる"教育的必要"の定義、すなわち、「あくまでも教育が施されるための基準」、であり、「教育を支援できる能力と混

同され」ず、「財源に影響されない」との定義と同じ趣旨を読み取ることができる。

　そして、（三）の教育財政の現状については、都市の富はもちろんのこと、それに加えて負債を研究することの必要性を説き[55]、（四）の教育費の使途については、教育収入がいかに管理されているか、予算から教育当局の業績を見出すことができること、そのための会計組織の必要性を指摘した。最後に（五）教育の目的を実現するための教育行政における事務組織とその管理に関する研究の必要性を説いた[56]。

　この一連の論文の中で阿部は、教育行政が制度を運用する次元において、いかに任務を遂行すべきかという問題を整理していたといえる。阿部の晩年の著作である『教育改革論』においては、以上の制度運用の次元における教育行政の問題に加えて、教育行政の制度原理の次元の問題に踏み込んでいる。すなわち、「行政機構の問題で第一に問題となるのは、文部省の組織である。…一国文教の中央機関としては、宜しく政策の決定、計画の樹立の為に、特別の機関を設くべきである。而してこの機関に於ては、我国社会の必要と我国に於ける教育事実とを十分に研究調査し、更に諸外国の教育に就いても比較研究し、それに基いて教育政策の樹立に努むべきである。かくすることの結果は、教育政策の確立を期待し得るばかりでなく、政党や個人の思ひつきに依って、教育が左右される危険をさけることが出来る（傍点筆者）」[57]。

　阿部は、先にみた制度運用の次元におけるあるべき教育行政組織の確立が、結果として、教育が不当な支配に侵されないことになるという、いわゆる教育の自主性擁護の制度原理を導いたのである。この阿部の見解は、戦後教育改革期における文部省調査局設置をめぐって展開した議論と同趣旨とみられ、注目に値する。

(3) 米国教育財政移転制度の日本への適用 －「特別交付金」制度構想－

　阿部は、渡航前には自身の研究領域としなかった教育費の具体的な分配方法や制度構想を、渡航後に「特別交付金」構想として提示した。特別交

付金制度の内容は、「第一に教育に関する最小限度のプログラムを決定し、それに要する費用の日々の出席児童平均数一人平均額、若しくは教員単位一単位平均額を算出」し、「第二にこの単位経費を以て、各市町村が最小限度のプログラムを実施するに要する経費を算定」するものとされた。そして「第三に市町村がこの特別交付金を受くる条件として必要となる一定の税率を決定」する。このようにして、「市町村がその最小限度のプログラムを実施するに要する経費の中から、各市町村がこの特別交付金を受くる条件として課すべき税の収入と小学校に属するあらゆる収入との合計を差し引いた残額が、特別交付金を決定する」[58] ものであるとされた。つまり、税収等をもってもなお、最小限度の教育プログラムを実行するための経費を賄うことのできない自治体については、特別交付金を交付することによって、全国の居住地にかかわらず最低限の教育を保障するという仕組みである。以上の特別交付金制度構想は、〔特別交付金 ＝ 最小限度の教育プログラムに要する経費 －（税収 ＋ 学校収入）〕として式化される。

　阿部による特別交付金制度構想は、先にみたストレイヤーとヘイグによる標準教育費プログラムの算定式を取り入れたものであることが読みとれる。すなわち、「年間合計学校支出を、日々平均して出席している生徒の合計人数で除することによって得られる」"生徒一人当たり費用" は、「統一的な課税によって徴収され」、地方税収で賄えない地方にはその差額が「州補助金によって埋め合わせられる」[59] という、教育の機会均等を、教育内容及び税負担の双方において実現するための標準教育費プログラムを、特別交付金制度として日本に取り入れようとしたものであった。

　阿部は、この特別交付金制度構想の結びにおいて、「何れの場合に於いても最少限度のプログラムを如何に定むべきか、特別交付金を受くる条件としての最低税率を如何に定めるか、又は之が財源を何所に求めるかは、最も攻究を要する問題であるが、これ等に関する具体案は追って発表する機会があらうと思ふ」[60] とし、税率や財源等の具体的な設定方法については今後の研究課題としていた。しかしながら、阿部の教育財政研究において

これ以降、進展を望むことは叶わなかった。

　では、阿部が「最少限の教育プログラムの設定を如何にして定むべきか」、「税率を如何に定めるか」、そして、「財源を何所に求めるか」という課題を残したのは、当時の日本にいかなる限界があったためだったのか。まず、最小限の教育プログラムを設定する手がかりとなり得る研究方法については、見当をつけていたとみられる。それは、教育財政における自治体間の比較をするにあたっては、"標準" によってそれらを明らかにすることができると述べていたことから読み取れる。すなわち、具体的な "標準" としては、「人口一人当たりの経費」、「日日平均出席児童一人当りの経費」、また、「一立方フートあたために要する経費」などを挙げ、「これ等の用語は教育の為めにどれだけを費やすかを示すべきものではないけれども、而も教育の為に費やされた金額を明らかにするためには重要な用語である」とし、「学校相互若しくは自治体相互を比較する場合に一定の基礎を与える」ものとして、まずは "標準" を明らかにしようとしていたのである [61]。しかしながら、当時の日本の全国各地において "標準" を導くための統計的な手法に基づく実態調査が不在、もしくは、発展途上にあったという限界を指摘できよう。阿部が、教育調査や研究手法に関しても研究成果を遺している事実を考慮してみても、その必要性を認識していたことが推測される [62]。第二に、「税率を如何に定めるか」及び、「財源を何所に求めるか」という課題に対しては、当時の日本における税制に限界があったことが推測される。

3　戦前日本における教育財政移転制度の受容とその限界

　先にみた阿部の教育財政研究に残された課題の時代的限界の所在を明らかにするため、第一の課題に関しては、戦前日本における教育調査手法の継承の過程を、第二の課題に関しては、1920 年代から 1930 年代の日本における税制情勢に着目してみたい。

3-1 教育調査法の継承

－戦前日本における教育調査の普及と岡部教育研究室－

(1) 戦前日本における学校調査の系譜

学校調査（School Survey）は、1910年代に米国において発達し、日本においても早い段階で阿部重孝によって取り入れられた[63]。アメリカにおける学校調査運動は、教育近代化がはらんでいる矛盾や問題を能率的に処理してゆくために、現実を客観的に捉えて科学的に処理しようとして生まれてきたものであり、当時の日本もまた1910年代の米国と同様の課題を抱えていたことから、学校調査の方法を学びとることが日本の教育改革を客観的な事実に基づいておしすすめてゆくための手がかりであったと解されている[64]。

日本における学校調査の先駆けは、阿部重孝と岡部弥太郎による「山口県小月小学校外三校の学校調査」であるとされる[65]。この調査は、3学級2教員制について、それがいかなる程度の能率を上げているかを明らかにし、学術的資料を提供することを目的としていた[66]。その後、1938年に岡部教育研究室によって刊行されたのが、『日本に於ける学校調査の批判的研究』であった。持田（1950）は、この岡部教育研究室による学校調査の調査によって、当時の日本における教育調査の事情を具体的に知ることができると述べている。さらに、同研究室によって1942年に刊行された『農村における青年教育—その問題と方策—』は、千葉県白井村に焦点を当て、その歴史的考察と実態調査を行ったものであった。1943年には戦局悪化のため、岡部教育研究室は閉鎖された。その他、教育科学研究会（雑誌『教育』の読者を中心に昭和14年全国的組織としてつくられた研究団体で会長は城戸幡太郎、幹事長は留岡清男氏であった）も学校調査の発達に大きな役割を果たした。

しかしながら、戦前の日本においては「学校調査の本領である合理的な教育現実の科学的検討を好まなかったし、中央集権的な教育統制の仕組みが続くかぎり、民衆や教師の学校調査が高まろうはずがなかった」[67]のである。それゆえに、学校調査がゆがみなく発達するためには、現実にせま

る科学的研究方法を容認するような社会的、政治的地盤が必要とされると指摘されていた。

(2) 岡部教育研究室の設立経緯 [68]

　岡部教育研究室において、中心的に指導をしてきたのは海後宗臣であった。岡部教育研究室とは、1937年に東京帝国大学の附属図書館の研究室に設置された民間教育団体であった。岡部教育研究室の設置を提案したのは岡部長景であり、彼は、1943年から44年にかけて文部大臣を務め、貴族院の中でも文教議員といわれた人物であった。岡部氏は、実態に基づいた教育を重視した人物であった [69]。

　海後の東京帝国大学時代の同窓であった村上俊亮（当時文部省調査部）は、岡部邸で教育問題についての談話会が開かれた折に、海後の存在を岡部に紹介した。その談話会において、「若い学徒のために研究費を出して教育問題の研究を始めてはどうかという意見が出された。これが実現し、村上氏がこの研究費を岡部氏から受けて、それを私（海後）のところにもってきて」 [70]、という経緯で、昭和12年（1937年）の春から研究室が発足した。海後は、指導生であった飯島篤信と矢口新に声をかけ、岡部教育研究室で活動する機会を与えた。

　岡部によって東京帝国大学の附属図書館の個人研究室が二室借りられ、これを岡部教育研究室と称した。この研究室は大学の教育学科とは関係無く、民間の研究団体として研究が行われた。また、岡部も村上も、文部省の教育調査と関連付けたり、研究内容や実施について特別な注文をしたりしなかった。海後が週に数回この研究室の相談に参加し、岡部も隔週の頻度で研究室を訪れて研究状況の報告を聞くというかたちで、研究が進められた [71]。

　岡部教育研究室における初めての成果は、『日本に於ける学校調査の批判的研究』（1938年）であった。同書は、日本の学校調査に関する調査である。大正10年から昭和12年（1921年から1937年）までの学校調査を全国から収集し、これらを分析対象として、「一、従来我が国に於いて行われた諸

調査は如何なる項目について調査されているか、二、従来我が国において行われた諸調査の項目は時代によって変遷しているか、三、従来我が国に於いて行われた諸調査の項目は、学校の種別によって差があるか、四、従来我が国に於いて行われた諸調査はいかなる目的を以て行われ如何なる方法により何を結論しているか」[72] の4点を明らかにすることを目的として行われた。全国から回収された調査報告書は 290 にのぼり、これらを 16 の項目、すなわち、「種別分布、行政機構、財政、事務、建築、教職員、編制単位、生徒、学科課程、課外活動、教育法、教科書教具、試験法、教育指導、特殊施設、教育効果」[73] に分類整理し、分析を行ったものである。

岡部教育研究室では、その後、千葉県の白井村を調査地として農村青年教育の調査を始める。これが岡部教育研究室での2つ目の研究成果であり最後の報告書でもある『農村に於ける青年教育－その問題と方策－』(1942年)となる。主たる調査対象は、日本教育史上これまで教育類型を出さなかった庶民集団、すなわち、農村と工場の勤労者とされた[74]。

学校調査に関しては、先の『日本に於ける学校調査の批判的研究』とほぼ同じ調査項目が用意された。この調査では、1938 年の4月1日時点において満 12 歳から 24 歳までの男女を対象としているため、すでに離村している者も調査対象者となる。本文は全体で 600 ページ以上にわたり、「総論」と「本論」に分かれている。

「総論」においては、「青年教育問題の発生と歴史」として、青年教育問題の発生とその歴史について考察している。これについては、初等基礎教育の地盤の上に展開していた中等学校教育、青年学校教育、及び青年団指導などを、ひとつの「青年教育」としていかに再編するかという問題として捉えなおす必要があることを指摘した。その上で、農村青年の生活構成に基づいた教育編成を成す場合の "教育組織"(諸学校及び青年団等)の問題、次に、農村青年教育における "教育内容"、そして、"教育者" という分析視点を提供した。その上で、後続する「本論」において「千葉県白井村の教育調査報告書とそれに導かれた教育改善のための提案」[75] を展

開している。

　「本論」においては、教育が具体的な生活に即さなければならないと考えられるならば、職業生活に即した現実的な教育がなされた上で、一般教育がその中で行われるべきであると示された⁽⁷⁶⁾。したがって、国民学校ののちの農村青年学校や農村専門学校においては、農業の指導者養成（組織運営に関する職能者、あるいは学術研究など）のみならず、他の生活領域に進む者も考慮し、一般青年の学校との連絡も極めて自由なものでなければならないとした⁽⁷⁷⁾。その上で、6・4・4 制（6 年間の国民学校ののち、4 年間の農村青年学校、さらにその後の 4 年間の農村専門学校）という学校体系が提案された。海後は、この編成について「農村青年も工業青年もこれらの学校体系によってそれぞれの職能者が育成されるということで、差別のない開放的な学校再編案」であると述べている。

　この 6・4・4 制学校体系提案に向けられた批判に対しては、「農村青年教育の実態調査とそれに基づいて学制改革の提案を行う一つの試みとして提案したと考えている。このような実態調査に基づく試案が全国の主要な地域でなされるならば、それらを総合して社会の実態分析による教育改善の提案がなされるとみていた。これは今日から考えても誤りない研究方法であったと思っている」⁽⁷⁸⁾と応答していた。

　以上のように、白井村の青年教育調査においては、詳細且つ広範な実態調査により村の社会的な側面及び生活領域についての側面を明らかにした上で、白井村の青年の教育的必要性を汲み取り、中等教育と青年教育の再構成の必要性が見出された。その結果として、独自の学校体系を提案するという成果を岡部教育研究室は示したのであった。

(3) 阿部重孝の海後宗臣への影響

　教育史や教育思想を主たる研究領域とすることで知られている海後であるが、河野（1980）は、「学校教育だけではなくて、いろいろな生活の場で行われている教育をどうしていくのかというあたりはどうやら春山作樹先生の影響が強く、日本の教育をどう改革し改善していくのかという構えのとこ

ろは阿部重孝先生で、そこらが海後先生に結び合わされているような気がします」[79]と述べている。また、橋口（1980）もこれに同感であるとし、「現実の日本の地域に入っていって、その地域の学校の生徒の学力調査から生活の調査、教員構成と、社会調査みたいなものを込めてされた本格的な学校調査というのは、阿部先生から岡部教育研究室の千葉県白井村の調査まで飛ぶんじゃないのかなと思っていたのです。そういう意味で岡部教育研究室の存在は大きいと思います」[80]と述べた。

　海後は、1932年に東京帝国大学の助手から国民精神文化研究員に転任し、そこで補助金をうけながら「明治初年における教育の調査研究」を進めた。この研究の方法について、「教育事実についての研究であるから科学的実証的な研究法をとる」[81]ことを特に考えていた海後は、当時東京大学の助教授であった阿部から、近代教育制度の歴史的背景の研究方法について指導を受けた。「私は阿部重孝教授の研究法にならって、明治教育史についての科学的調査を始めることになった。こうしたことで、私の調査企画には阿部助教授からの影響があるが、直接に研究上の指導をうけたのではなかった。しかしこの調査の結果の一部を発表したときは、私の研究方法に賛意を示し、教育史はそのような方法で研究しなければならないと私をはげました」[82]と、当時を回想した。

　また、この研究の一部の結果を報告した際には「第一資料にあたって学校を調査し整理しながら、初等教育の実態を明らかにする方法は研究室員から評価された。殊に阿部助教授は私がこれらの記録を統計的にも整理して、東京府内一千余校の私立教育機関を明らかにするようにつとめたことについては、これを優れた方法であるとして高く評価したのであった」[83]と述べていた。

　岡部教育研究室が1937年に発足した翌年、『農村における青年教育―その問題と方策―』という調査報告書のための調査が始まっていた。しかし、その翌年の1939年に阿部が逝去したことをうけて、海後は、「この調査を実施した翌昭和14年6月には阿部教授が逝去されてしまった。それで教

育についての実態調査と研究、それをもととして教育改革の提案をするという東大教育学科の一つの学風を私も継承して、将来これらの分野における研究を専門とする学徒をつくりたいと考えながら調査を進めていたのである」[84]と述べていたことからも、阿部が海後のその後の研究に与えた影響は大きかったと推測される。

　以上のように、阿部によって取り入れられた教育調査の手法は、海後によって継承され、特に、教育の内容や地域教育計画の調査として発展した。岡部教育研究室は、戦局悪化のため 1943 年に閉鎖され、第 5 章第 2 節にみるように、戦後に中央教育研究所として再興する。中央教育研究所と国立教育研究所は、教育内容にかかわる教育条件整備行政として、戦後に継承されていく経過を辿る。

3-2　1920 から 30 年代の税制度からみる戦前日本の教育財政改革の限界

　阿部の教育財政研究のもう一つの限界点は、当時の税制であった。阿部は教育学辞典における「教育財政」の項目において「年々増加していく教育費に対して、十分なる財源を用意する為には、結局税制の改革を予想しなければならない」[85]と述べていた。阿部が「時局資料」の調査にあたり、海外渡航を経た帰国後、教育財政研究に本格的に取り組むようになった 1920 年代から 1930 年代における日本は、第一次世界大戦が終戦し、財政政策に関して新たな局面を迎えていた時代であった。

　第一次世界大戦ののち、1922 年のワシントン海軍軍縮条約に基づいて陸空軍費における節減政策がなされ、シベリア撤兵がなされた矢先、1923 年の関東大震災による復旧事業費が計上された。1925 年度までに、軍縮分の経費の使途や震災復興を含めた歳出面での整理がひと段落し、政府は財政整理の機会を迎えた。これが、1926 年の憲政会内閣における税制改革であった[86]。

　池上（1991）は、加藤高明内閣及び第一次若槻禮次郎内閣において、浜口雄幸大蔵大臣を中心に取り組まれた 1926 年の税制整理に至るまでの政友

会と憲政会の税制政策の共通点と相違点を以下のように分析している。双方の会とも、地方制度改革の側面においては、男子の普通選挙実現に代表される「大正デモクラシー」的状況への政治対応として、基本的に地方自治権の拡張を目指していた。

　一方で、地方財政対策という側面においては、双方の意見は割れていた。政友会は、地租と営業税の両税委譲や国庫負担金の増額によって地方団体へ財源を賦与し、その財源を地方税負担の軽減あるいは地方財政支出の増大に充てることを目指した。これに対して憲政会は軍縮と行政整理による緊縮路線をとった。財政緊縮自体が経済全体の消費節約を促進し、物価引き下げ及び財界整理を進め、加えて、財政緊縮による財源を減税や公債の整理に充てるとした[87]。

　結果としては、政友会において提案された両税委譲に取って代わる国税としての財産税の新設に対する賛同を得られず、憲政会単独で第二次加藤高明内閣が改めて組閣され、税制整理の作業が継続されることとなった。1926 年の税制改革は結局のところ、「生活必需品関連の廃減税を上回る嗜好品増税及び関税率の全面改定が行われたため、逆進性を持つ間接税は全体として軽減され」ず、「労働者についてみれば、租税全体を通じても負担が逆進的」なものとなった。その原因は、関東大震災に伴う復旧事業に加え、社会政策的な資産課税強化が、資産階級の強い反発を受けた当時の内閣が、直接税の合理化と軽減によって中産階級の不満を緩和したことにあった[88]。

　その後 1930 年代に入り、立憲政友会の犬養毅内閣のもと、高橋是清大蔵大臣は税制整理に踏み切る。その際、高橋は、再び財産税について提案している。井出（2006）は、高橋大蔵相の念頭にあった租税体系は、1920 年代の政友会によって提案された地租及び営業税の両税委譲と同様のものであり、累進所得税を根幹とし財産税でそれを補完する、累進所得税を基礎にすえた抜本的税制改革であったと指摘している[89]。

　高橋大蔵相によって提案された財産税は、個人に対しては、動産、不動産、その他財産権に課税を行い、法人に対しては、払込資本金額、出資金額、

基金または積立金の合計金額から繰越欠損金を控除した金額に課税を行うとした[90]。結果的には、戦前型従量税体系を脱却することはできなかったものの、高橋財政においては「直接税中心主義、個人所得税の増徴からなる現代的な租税システムの構築が主税局において構築された」のであり、「主税局では、高橋蔵相の積極財政、非増税方針の一方で、将来の財政均衡を意識しており、同時に負担の均衡も意識した富裕者課税が構想されていた」ことは着目に値する[91]。しかし、その後高橋財政は、二・二六事件によって終焉を迎えることになる。

小結　福祉国家型教育財政制度の萌芽

　本章において明らかにしてきた要点は以下の通りである。

　第一に、阿部重孝の教育財政研究が、1920 年代における米国教育財政研究、すなわち、ストレイヤーとヘイグ、そして、モートによって提唱された教育の機会均等論、そして、標準教育費プログラムの影響を受けていたことである。学校を運営するための費用、特に、教員給与を中心とした教育費負担を、学校設置者である地方に負わせるのではなく、各地方財政力に対して一律割合の税負担を設定し、それを州から財政移転することにより、地方の財政力に依らない教育の機会均等が保障された。ストレイヤーらによって考案された「標準教育費プログラム」は、阿部によって「最小限度の教育プログラム」として日本に導入され、「特別交付金制度」という教育財政移転制度を構想し、日本に取り入れようとしたのである。

　第二に、阿部によって構想された特別交付金制度構想は、一つには教育の必要性を導くための教育調査研究とそのための機関の不在、もう一つには税制全体の改革を待たなければならなかった点に、戦前日本における米国教育財政移転制度受容の限界が存在していたことである。阿部亡き後ではあるが、教育調査法は海後によって継承された。しかしながら、「特別交付金制度」のような仕組みを通じて教育の機会均等を実現するには、教

育財政のみならず、税制全体の問題として捉え直さなければならない事態を免れなかった。1920年代米国教育財政移転制度を取り入れた特別交付金制度構想は、当時の日本の税制構想に照らしてみても、実現可能性を十分に有していたものであったといえるだろう。

（1）中谷彪（2005）『1930年代アメリカ教育行政学研究—ニューディール期民主的教育行政の位相—』晃洋書房、69-70頁

（2）前掲中谷（2005）107頁

（3）前掲中谷（2005）186-187頁

（4）Roe. L. Johns, Kern Alexander, Dewey H. Stollar（1971）*Status and Impact of Educational Finance Programs*, National Educational Finance Project Volume 4, p.3.

（5）社会調査における「Social Survey」と「Social Research」は、前者が「行政、社会診断や社会改良、社会事業、そして営利目的など、その目的は何らかの意味で直接実践的なもの」とされるのに対し、後者は「直接実践的な目的は持たず、研究を目的として行われるもの」と定義されている。これは教育調査の場合にもそのまま当てはめられるとしている。高島秀樹（2004）『教育調査—教育の科学的認識をめざして—〔改訂2版〕』明星大学出版部、18-19頁。

（6）前掲高島（2004）23頁

（7）橋野晶寛（2022）「教育行財政研究黎明期における統計学の受容とその文脈」東京大学大学院教育学研究科編『東京大学大学院教育学研究科紀要』第61巻、467-483頁

（8）前掲中谷（2005）195-196頁

（9）Roe L. Johns et al. (1971) p.8.

（10）中谷（2005）は、ストレイヤーが請け負った兼務職として、「全米教育協会（National Education Association）会長（1918-1919）、全米教育学会（National Society for the Study of Education）会長（1918-1919）、アメリカ科学促進協会（American Association for the Advancement of Science）や全国教育諮問委員会（National Advisory Committee on Education）の委員（1929-1933）、教育財政調査委員会（Educational Finance Inquiry）の主事（1921-1925）、財務省全国戦争貯蓄委員会（National War Saving Committee of the United States Treasury）の学校運動の指導者（1918）、教育政策委員会（Educational Politics Commission）の委員（1935-1945）、教育非常時委員会（Commission on the Emergency in Education）の議長（1919-1922）など」をあげている。前掲中谷（2005）198頁。

（11）Allan R. Odden & Lawrence O. Picus（2004）Chapter 5, School Finance Structures : Formula Options, *School Finance − A Policy Perspective*, McGraw-Hill, pp.136-142.

（12）Ibid, p.142.

（13）Roe L. Johns et al. (1971) p.3.

（14）Ibid, p.4

（15）Ibid, p.8

（16）モートによる学校財政制度原理については、上寺康司（2015）「モート（Paul R.

Mort）にみる米国公立学校財政制度原理—適応性の原理（The Adaptability Principle）に着目して—」『教育制度学研究』第 22 号を参照。

(17) Paul R. Mort（1924）*The Measurement of Educational Need –A Basis for Distributing State Aid*, Teachers College, Columbia University Contributions to education, no.150.

(18) Ibid, p.1.

(19) George D. Strayer & Robert Murray Haig（1923）*The Financing of Education in the State of New York*, The Macmillan Company. p. 19.

(20) 小川正人（1981）「アメリカ教育財政制度に関する一考察」『東京大学教育学部教育行政研究室紀要』第 2 号

(21) Strayer & Haig（1923）p. 156-160.

(22) Ibid, p.173, note 1.

(23) Ibid, 173-176. 以上の仕組みは、今日でいうところの地方交付税制度による、基準財政需要額の算定と地方交付税制度と理論を同じくするものである。しかし、標準教育費プログラムはあくまでも教育費に使途が限定されたものである。

(24) Paul R. Mort（1924）pp.2-3.

(25) 前掲竺沙（2016）202-211 頁

(26) George Drayton Strayer Jr.（1934）*Centralizing Tendencies in the Administration of Public Education ; A Study of Legislation for Schools in North Carolina, Maryland, and New York since 1900*, Teachers College, Columbia University Contributions to Education, No.618, Bureau of Publications Teachers College, Columbia University, pp.2-4.

(27) Ibid, pp.87-88, 日本語訳は、上原貞雄（1991）「両大戦間アメリカにおける州教育教育行政集権化の動向—若干州事例の検討を通して—」広島大学教育学部編『広島大学教育学部紀要』第 1 部第 39 号、広島大学教育学部、84 頁を参照。

(28) 前掲上原（1991）87 頁

(29) Paul Studenski & Paul R. Mort（1941）*Centralized vs. Decentralized Government in Relation to Democracy ; Review of the Arguments Advanced in the Literature of Various Nations*, Bureau of Publications Teachers College, Columbia University, pp.67-69.

(30) 阿部邦夫（1999）『教育学者阿部重孝余話』518 頁

(31) 前掲佐藤（1997）121 頁

(32) 前掲佐藤（1997）122 頁

(33) 前掲佐藤（1997）124 頁

(34) 吉田熊次（1921）「序」東京帝国大学文学部教育思潮研究会編纂『最近欧米教育思潮』第一輯、隆文館株式会社

(35) 海後宗臣（1971）『教育学五十年』評論社、73 頁

(36) 前掲海後（1971）73-81 頁

(37) 私家版の図書「教育学者阿部重孝余話」（1999）は、阿部重孝の甥にあたる阿部邦夫氏によって、阿部重孝研究のさらなる進展を願って製作されたものである。そこで用いられた史料は、阿部重孝の父（阿部讓）による回顧録や、阿部重孝の妻（阿部花子）に宛てられた阿部重孝による書簡、旧蔵写真、地元新聞社による記事等、近親であればこ

そ入手可能と思われるものが大半を占める。そのため、本書は第一次資料と同等の性格を有するように思われる。史料からは、阿部重孝の思想の片鱗や、研究著書の背景となった海外渡航時の行程等が読み取れる。

(38) 東京帝国大学の「教育思潮研究」に並び、東京文理科大学においては「教育学研究」（1932年から）、広島文理科大学においては「教育科学」（1933年から）が刊行された。これらの雑誌もまた、戦前の教育学研究の研究関心や研究動向を著したものであった。樽松かほる（1996）「『教育思潮研究』の書誌的研究」『立教大学教育学科研究年報』第40号、立教大学教育科研究室、45頁。

(39) 井深雄二（1980）「阿部重孝の学校制度論に関する研究―『学校系統改革の私案』の成立過程について―」『教育史学会紀要』第23号

(40) 『阿部重孝著作集』第8巻によれば、帰国日は7月9日、米英仏の3か国を渡ったことになっているが、ここでは阿部邦夫氏の史料に基づき、帰国日は7月7日、渡航先は米伊仏独英の5か国とした。

(41) 記事には、「…同會終了後視察行程それは案もないが日本の教育は抽象的であるが米国の教育は實際的あるかの様に思はれるので一度視察して見たいと數年前から心掛けて居ったが今回同地へ参る機會を得たので學校の方からも調査を嘱託されたので約半年位の豫定で視察する考へであるが主として米国の教育化（ママ）學的研究の状況を視察したい考へです云々」、とあった。1923年（大正12年）5月30日付の『新潟毎日新聞』において「日本の教育は何うも抽象的だ―萬国教育會議出席の阿部帝大教授帰省談」という見出しで紹介されている。なお、史料は阿部邦夫（1999）176-177頁より重引。

(42) 阿部の海外渡航の行程は、『阿部重孝著作集』の月報第5号からも読み取れる。林（1983）は、阿部がシカゴ大学のパーカー教授（Samuel Chester Parker）のもとを訪れた際、パーカー教授より阿部に献呈された図書の写真を提供している。そこには、「阿部重孝教授へ心を込めて、Ｓ　Ｃ　パーカー、1923年11月7日（To Professor Abe with best wishes from S C Parker Chicago nov 7, 1923）」とある。1923年11月7日の行程は図表1-1には記されていないが、デトロイトからマディゾンへ向かう道中にシカゴ大学を経由したものと推測される。また、阿部が渡航時に持ち帰ったとみられる洋書3冊も林によって同月報に紹介された。これらの図書の上部には、阿部による自身の記名が見られる。林友春（1983）「阿部重孝先生と教育学」『阿部重孝著作集』第5巻、月報第5号、日本図書センター。これらの図書に加えて、筆者が東京大学教育学部図書館から貸借したストレイヤーとヘイグによる著書『The Financing Education in the State of New York』には、「Shigetaka Abe 1924 New York」との文字が書かれていた。同書もまた、阿部本人が現地にて購入した貴重な資料であるといえる。

(43) 阿部重孝著作集に収録された論文に限って見ても、渡航前における教育制度論に関する著作は2本、教育財政論に関するものが1本の計3本であったのに対し、渡航後においては、前者が11本、後者が12本の計23本という内訳となっている。

(44) 阿部重孝（1923）「国庫補助金の分配方法について」『教育時論』1359号、8頁

(45) 阿部重孝（1922a）「義務教育の経費」／（1983）『阿部重孝著作集』第5巻、日本図書センター

(46) 阿部重孝（1933a）「教育財政」『岩波講座教育科学』第18冊、31-32頁

(47) 阿部重孝（1937c）「教育の機会均等」『教育学辞典』第1巻、岩波書店／（1983）『教育学辞典復刻版』第1巻、岩波書店、464-466頁

(48) 前掲阿部（1937c）465 頁

(49) 細谷俊夫（1983）「阿部先生を語る」『阿部重孝著作集』第 4 巻 月報第 3 号、日本図書センター。同月報では、細谷俊夫に対し、寺崎昌男、樽松かほる、小熊伸一の三名が聞き手となり、インタビュー形式がとられている。この中で細谷は「（阿部：筆者）先生は、左右で割り切りすぎる人ではなかったですね。かなりニュートラルな方だったんじゃないでしょうか。世界観としてはやっぱりプラグマティストだったんじゃないか、と私は思います。ドイツ系統の学問はよく勉強されたけど、その思想的影響はあまりうけておられないように思います。」と述べている。これに対し、聞き手の樽松かほるは、「林先生のところへノート（第 5 巻所収）を借りにうかがった時にも、林先生は、阿部先生はリベラリストであり、かつデモクラットだったとおっしゃっていました。晩年の講義でも、法令などを評価する場合、これは民主的であるかどうか、そういう観点で判断、評価を下しておられた、という話でした。」と答えている。

(50) 「…最近に於いては、義務教育は国家が一方的に国民に負はせる義務とばかりは考へられなくなったからである。即ちこの程度の教育は国民の凡てが之を受ける権利があり、国家がこの児童の教育権を尊重し、之に対して国家自ら一定の義務を負ふことに依つて、所謂義務教育の効果は初めて全きを得るからである。」阿部重孝（1937b）『教育改革論』岩波書店／（1983）『阿部重孝著作集』第 6 巻、26 頁。

(51) 『阿部重孝著作集』第 8 巻に掲載されている「著作目録」には、同論文に関しては第 2 講の情報を最後に「後号に続くと思われる」とされている（642 頁）。後続講については、新潟大学附属図書館及び東洋大学附属図書館による調査協力により、全 5 講の連載であったことが明らかになった（2013 年 8 月 31 日）。樽松かほる・小熊伸一「年譜・著作目録」『阿部重孝著作集』第 8 巻、〔13〕652-〔35〕630 頁。

(52) 阿部重孝（1926a）「教育行政に関する事実の研究（第一講）」第一出版協会『学校経営』第 1 巻 1 号、42-46 頁、阿部重孝（1926b）「教育行政に関する事実の研究」（講数の記載はないが、第二講にあたる。）同上資料、第 1 巻 3 号、71-75 頁

(53) 阿部（1937a）は、『教育学辞典』（岩波書店）の中で、「公学費」という文言の解説をしている。その中で公学費を「道府県・市・町村、其他之に準ずる地方団体が教育学事の為に支出した経費」と定義している。今日における「公教育費」とかなり近い概念であったとみられる。阿部重孝（1937a）「公学費」『教育学辞典』第 2 巻、岩波書店／（1983）『教育学辞典復刻版』第 2 巻、岩波書店、693-698 頁

(54) 阿部重孝（1927a）「同上（第三講）」同上資料、第 2 巻 2 号、46-51 頁

(55) 阿部重孝（1927b）「同上（第四講）」同上資料、第 2 巻 5 号、34-38 頁

(56) 阿部重孝（1927c）「同上（第五講）」同上資料、第 2 巻 8 号、14-19 頁

(57) 前掲阿部（1937b）59-60 頁

(58) 前掲阿部（1933a）47 頁

(59) Strayer & Haig（1923）pp.174-175

(60) 前掲阿部（1933a）48 頁

(61) 前掲阿部（1927a）47 頁

(62) 阿部重孝（1933b）「教育研究法」『岩波講座教育科学』第 20 冊。阿部はこの中で、千種圓爾（1932）「学校調査」同書第 6 冊の論文を紹介している。

(63) 持田栄一（1950）「日本の学校調査―系譜とその問題性―」文部省調査普及局編『月刊教育調査』5 号、刀江書院、31 頁、及び、前掲高島（2004）24 頁

(64) 前掲持田（1950）31頁

(65) 前掲高島（2004）、及び、前掲持田（1950）

(66) 阿部重孝（1922b）「小月小学校外三校学校調査」/（1983）『阿部重孝著作集』第5巻、日本図書センター、126頁

(67) 前掲持田（1950）35頁

(68) 越川求（2014）は、『戦後日本における地域教育計画論の研究―矢口新の構想と実践―』の中で、戦前の岡部教育研究室から戦後の中央教育研究所の設置経緯を明らかにしている。同書が、海後宗臣と矢口新による地域教育計画論の実践の、戦前から戦後にかけての発展を描く中で、岡部教育研究室と中央教育研究所の発展継承過程とその役割を明らかにしていることに対して、本書では、戦前において阿部重孝から海後宗臣に継承された教育調査研究方法、及び、その調査研究の手法を核としながら、岡部教育研究室が、戦後の教育内容にかかわる教育条件整備行政として中央教育研究所と国立教育研究所とに発展していく過程に焦点を当てている。本文は筆者の修士論文執筆当時とほぼ変更はないが、岡部教育研究室に関する史料が多く残されていないため、同書で用いられている引用参考史料と重複する箇所が多く登場している。あらかじめお断りしておきたい。

(69) 飯島篤信、矢口新、橋口菊、河野重男（1980）「座談会　岡部教育研究室と海後先生―実践者の姿を求めて―」『海後宗臣著作集』第2巻、月報第2号、東京書籍、1頁

(70) 前掲海後（1971）164頁

(71) 前掲海後（1971）165頁

(72) 岡部教育研究室（1938）『日本に於ける学校調査の批判的研究』刀江書院、3頁

(73) 前掲岡部教育研究室（1938）10頁

(74) この分類について海後（1971）は次のように述べている。「私が日本教育史についての類型によるまとめ方をしてきた際に、武家は公家に代わって教育方式を立て、近世町人は自らの教育類型を出して武家の教育方式を崩壊させたことに注目した。ところが今まで教育類型を出さなかった庶民の集団がある。それは百姓と職人であると春山教授から教えられていた。私はこの解釈を継承して農村と工場の勤労者の教育問題をとりあげなければならないと考えていた。」166頁。

(75) 前掲海後（1971）168頁

(76) 岡部教育研究室（1942）『農村に於ける青年教育―その問題と方策―』龍吟社、271頁

(77) 前掲岡部教育研究室（1942）284-285頁

(78) 前掲海後（1971）168頁

(79) 前掲飯島、矢口、橋口、河野（1980）2頁

(80) 同上

(81) 前掲海後（1971）99-100頁

(82) 前掲海後（1971）100頁

(83) 前掲海後（1971）104頁

(84) 前掲海後（1971）167頁

(85) 阿部重孝（1936）「教育財政」『教育学辞典』第1巻、岩波書店/（1983）『教育学辞典復刻版』第1巻、岩波書店、437-439頁

(86) 池上岳彦（1991）「戦間期日本の税制整理―現代資本主義化の中の1926年税制改革―」『新潟大学商学論集』第23巻、6頁

(87) 前掲池上（1991）6-7頁

(88) 前掲池上 (1991) 67 頁

(89) 井出英策 (2006)「現代的租税システムの構築とその挫折―髙橋財政期における租税政策の限界―」会計検査院事務総長官房調査課編『会計検査研究』第 33 号、266 頁

(90) 前掲井出 (2006) 267 頁

(91) 前掲井出 (2006) 275 頁

第 2 章

対日占領教育政策構想と
戦後教育財政改革—シャウプ勧告前—

はじめに

　1920 年代以降の米国で展開した教育財政の理論と制度が、戦後日本教育財政改革に再び受容される過程を明らかにするため、本章では特にシャウプ勧告前の時期を対象とする。

　まずは、対日占領構造の全体像を明らかにした上で、対日占領政策の策定にかかわった主体間における教育財政改革をめぐる議論の内容を明らかにする。戦後教育改革の方針は、GHQ/SCAP、あるいは、CIE が絶対的権力を握っていたわけではなく、その上位組織として位置付けられていた米国政府や極東委員会による影響も大きかった。米国政府も極東委員会も、それぞれが対日占領教育政策に関する方針を有していたことから、両者、ないし、米国と他国との間でいかなる議論が展開していたのかを詳らかにする。

　次いで、戦後日本教育改革に携わった民間情報教育局（Civil Information & Education；CIE）、及び、教育財政改革指導担当を務めた CIE のモーガン（Walter Emmett Morgan）に焦点をあて、極東委員会と GHQ/SCAP との関係において、いかにしてモーガンが教育財政改革にあたったのかを明らかにする。

1　占領初期の日本占領の構造と
    対日占領教育政策策定の過程

　占領下日本に対する教育政策は、GHQ/SCAP 組織内に設置された CIE
を中心に実行されたが、CIE が単独で行ったものではなかった。CIE、
GHQ/SCAP、米国政府、極東委員会という各組織が、図表 2-1 のような構
図のもとに、占領下日本への教育政策について検討を重ねていた。

図表 2-1：対日占領構造

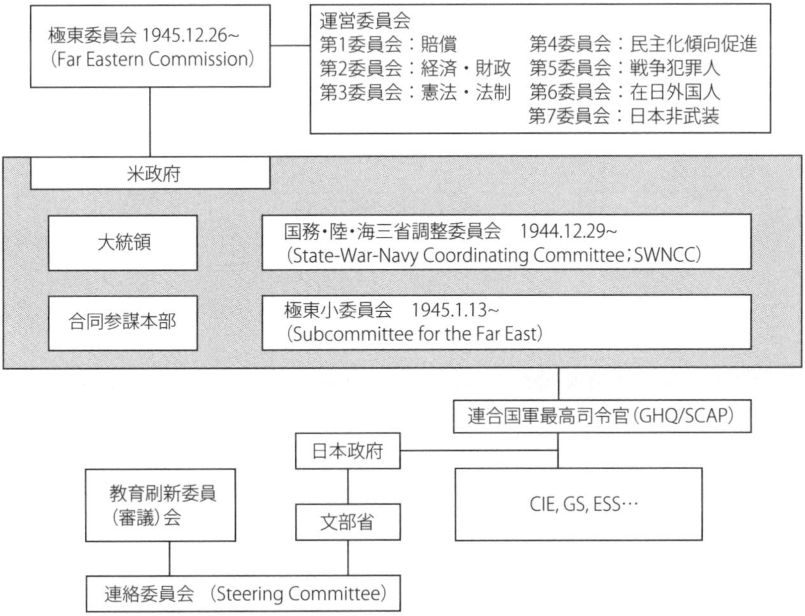

＊鈴木（1970）32 頁、第 I-1 図「占領管理機構略図」をもとに筆者作成

　1947 年 3 月 27 日、極東委員会より「日本教育制度改革に関する政策」が
提出された。この文章は、連合国 11 か国による承認を得た日本の教育改革
に関する決議文である。その内容は、旧教基法の理念と方向性を同じくする
ものであり、戦後日本の教育改革の国際性を意味する文章として高く評価さ
れている[1]。

極東委員会において「日本教育制度改革に関する政策」が完成するまでの過程については鈴木 (1983) が詳しいため、主に鈴木による先行研究をもとに、政策文書の作成過程を概観する。その上で、対日占領教育政策の作成主体となる組織の変遷に沿い、政策文書の作成過程を四つの段階に分ける。

　第1段階は、米国政府の秘密諜報機関戦略局 (Office Strategic Services；OSS) と調査分析部 (Research and Analysis Branch；R & S) が主体となって対日占領教育政策を構想する段階、第2段階は米国国務省の最高政策立案機関として設置された極東地域委員会 (Far East Area Committee；FEAC) とそのもとに設置された戦後計画委員会 (Post-War Program Committee；PWC) による構想段階、第3段階は、米国国務・陸・海三省調整委員会 (State-War-Navy Coordinating Committee；SWNCC) 及び、そのもとに発足した極東小委員会 (Subcommittee for the Far East；SFE) による構想段階、そして、第4段階は、連合11か国（米国、英国、ソビエト、中国、フランス、オランダ、カナダ、オーストラリア、ニュージーランド、インド、フィリピン）からなる極東委員会 (Far Eastern Commission；FEC) と、その中に設置された第4委員会における構想段階、である。

　第1から第3段階までは米国政府による組織、そして、第4段階は米国を含めた10か国以上から成る連合国が、占領下日本における教育政策の策定に携わっていた。

1-1　米国による対日占領教育政策構想
ア）米国政府の秘密諜報機関戦略局 (OSS) と調査・分析部 (R & S)

　連合国の一国であった米国が対日占領教育政策を構想し始めるのは、1941年12月8日の太平洋戦争開戦直後の1942年以降のことであった。米国は終戦の3年以上も前から、日本の政府機関に関する分析を進め、対日占領政策に備えていたことになる。この調査分析を中心的に担ったのが、秘密諜報機関戦略局 (OSS) と調査・分析部 (R&S) である。1943年から1944年にかけて「日本の教育・一般的背景」、「日本の教育課程と教育方法」といった

文書が作成され、これを受けて調査分析部極東課長によって「日本の行政・文部省」が作成された。その内容は、民政研究編集委員会によって民事ハンドブックとして刊行され、陸軍後方部隊の手引きとして配布された[(2)]。

イ）極東地域委員会（FEAC）と戦後計画委員会（PWC）による構想

　対日占領政策の諸草案は、極東地域委員会（FEAC）と戦後計画委員会（PWC）の検討に付された。1944 年 7 月 1 日には、国務省極東局ローリーによる「日本・軍政下の教育制度」草案が提出され、11 月に FEAC にて改定されたのち、「日本・軍政下の教育制度」（PWC-287a）となった。米国政府は、1944 年段階で戦後教育改革構想の骨子を作り終えていたという[(3)]。

ウ）国務・陸・海三省調整委員会（SWNCC）と極東小委員会（SFE）による構想

　米国務省が極東地域委員会（FEAC）及び戦後計画委員会（PWC）で対日占領教育政策を検討していた一方で、米国陸軍省と海軍省も、統合参謀本部（the Joint Chiefs of Staff；JCS）の統合戦後委員会（Joint Postwar Committee）でその作業を進めていた。やがて、国務・陸・海三省の統合が必要とされ、1944 年 12 月 29 日に国務・陸・海三省調整委員会（SWNCC）が設置されることとなった。1945 年 4 月 23 日に「極東における政治的・軍事的諸問題、降伏後の日本帝国の軍政、教育制度」が極東小委員会（SFE）より提出され、これが SWNCC-108 として承認された。しかし、対日占領教育政策の具体化は先送りされた[(4)]。

1-2　極東委員会（FEC）第 4 委員会における教育財政改革構想

　1945 年 8 月 15 日の終戦、9 月 2 日の日本政府の無条件降伏、そして、10 月に GHQ/SCAP が組織され、同年 12 月 26 日に極東委員会が設置された。極東委員会には、運営委員会（Steering Committee）の他、図表 2-1 に示した七つの委員会が設置された。教育改革に関する事項は、極東委員会第 4 委員会の民主化傾向促進のための委員会において検討された。

　第 4 委員会では、1946 年 3 月 12 日の第 1 回会議から 1947 年 3 月 12 日の第 37 回会議までの 1 年間、占領日本教育政策について検討が重ねられた。

1946年3月12日に第4委員会教育特別小委員会の第1回会議が開催され、その構成国はインド、オランダ、フランス、オーストラリアであった。同年7月の第12回会議においては、フィリピンより「日本に対する教育政策」が提出され、フィリピン代表も教育小委員会に参加することとなった。同年9月10日にはソビエトより、先のフィリピン代表による政策案に対する修正案が提出され、のちに米国案の提出が委員会から要請された。この要請を受け、10月9日の第23回会議に米国案として提出されたのが「日本教育制度改革に関する政策」（FEC-092）であり、これは「日本教育制度改革に関する政策」（SWNCC108/2）と内容を同じくするものであった[5]。

　10月16日に開催された第24回会議では、米国案やそれまでに提出されてきた対日教育政策案に対し、ニュージーランド代表より意見書が提出された。同意見書には、その後の日本の教育財政改革にかかわる重要な指摘が見受けられる。すなわち、「教育制度の発展について、それは6年以上の初等教育段階における普遍的・無償・義務的・共学制がとられ、かつ、それに続く3年間も漸進的な共学の拡張を併せもつ普遍的・無償・義務的なものでなければならない」という内容であった。ニュージーランドによる意見書はその他にも、公選制教育委員会、教師の地位、教授と学生の大学参加、連合国の日本への関与についての指摘がなされていた[6]。

　10月30日の第26回会議では、米国、ソビエト、フィリピン、オーストラリアの代表による第二次教育小委員会が構成された。11月4日に「日本教育制度改革に関する政策」（C4-005/6）が提出され、これが1947年3月27日の最終案の原型となった。その後も会議が重ねられる中、1947年2月5日の第34回会議と2月19日の第35回会議の間にあたる2月10日に、オーストラリア、イギリス、カナダより修正案が提出された。特に、オーストラリアによる修正案には教育財政に関する項目が多く創設されていた。

　提出されたオーストラリア修正案（SC-047/4）には「18. 実行できる場合はいつでも、教育制度は分権化されるべきである。しかしながら、総合教育改革は、中央政府機関が扱った方がより効果的であると、当然予想され

るので、行政の分権化は、一般的政策立案、財政、教師の任命、教師の身分、建物の規定、教育基準の立案、研究計画の管理において行われるべきではない。しかし、行政の細部を実施することは分権化されるべきである。学校と教師は、県の監督の下に置かれるべきではなくて、日本政府が任命した地区教育長の下に置かれた方がよい。そして、その地区教育長は高名な教育家であるべきである。教育制度の分権化は、数年の時期を要し、教師と父母の間の民主的な思考の成長と歩調を合わせた漸進的な過程でなければならない。」、「21，地方団体が地方歳入から十分な費用を供給することが不可能な場合、その貧困な地域の教育水準が低下しないようにするために、全国を通して、十分な水準で教育費を供給することは、中央政府の責任でなければならない」[7] とあった。

　以上の修正案をふまえたオーストラリア・イギリス修正案（SC-047/6）は、陸軍省から SCAP へ 2 月 26 日に伝達された。その際、陸軍省は「教育財政の 4 項目、16：分権化と中央政府、17：中央政府の基準設定、18：父母・住民の教育参加、21：教育費に関する中央政府の責任、は、SWNCC108 から逸脱しているようにみえるため、SCAP の評論をできるだけ早く送ってほしい」と要請した[8]。その後の修正案の議論が進められる中で、カナダ、ニュージーランド、イギリスの各国もまた、改革期における分権化を問題視する意見を出したものの、アメリカ代表は「日本の教育改革は、CIE 教育課・アメリカ教育使節団・教育刷新委員会の三者という別箇の機関によって十分に検討されてきており、日本の教育制度の過度の集権化が戦争の原因の一つであることは十分に明らかである。この段階で、どの程度の集権と分権が効果をもたらすか述べるのは困難」[9] といった見解を示した。

　3 月 12 日の第 37 回会議で第 4 委員会の審議は終了し、3 月 25 日の連絡委員会第 57 回会議において、SCAP の評論を基礎として作成された修正案について説明がなされた。これが、「日本教育制度改革に関する政策」（FEC-092-1）となり、3 月 27 日の極東委員会第 51 回総会において審議され、全員一致で承認された[10]。しかしながら、分権化の程度と時期に関しては、

オーストラリア代表が公式見解を SCAP に伝えるように意見を述べ、その内容は、2月10日に提出されたオーストラリア修正案（SC-047/4）とほぼ同様の内容となっていたという。

　以上の米国政府及び、極東委員会による対日占領教育政策に関する政策決定の意義について鈴木（1983）は、「戦後の教育改革が、占領国アメリカと被占領国日本の協力の産物ということにとどまらず、北アメリカ・東西ヨーロッパ・オセアニア・アジアの世界各地域からなる連合国の監視と指導のもとに行われたという国際性を示している」こと、及び「この政策決定は、教育基本法を始めとする戦後教育改革立法の国際版ないし日本教育改革の国際憲章ともいうべき性格を有している」ことを指摘し、文書の重要性を説いている[11]。

　一方で、教育行財政をめぐっては、極東委員会第4委員会において繰り広げられた教育に関する中央集権と地方分権をめぐる意見が最後まで対立した。結果的には、すでに占領教育改革を現地で進めていた米国側の意見が貫かれるかたちで決着したものの、極東委員会第4委員会での審議過程において、オーストラリアをはじめ、ニュージーランド、イギリス、カナダの各国から出された教育財政に関する意見、すなわち、教育政策における分権化の必要性を認めながらも、教育行財政に関してはその例外であり、教育の無償化・普遍化・義務化といった、教育に対する集権化が一定程度必要とされるという意見は、注目されてよいだろう[12]。

2　GHQ/SCAP、CIE の組織と人事

2-1　CIE の組織と人事

　連合国軍最高司令官総司令部（General Headquarters；GHQ）[13] の元帥の地位にあったマッカーサー（Douglas MacArthur）は、日本の占領統治に関する権限を掌握していたが、あくまでも極東委員会や米国政府の管理下にあった。GHQ は 1945 年 10 月に設置され、1946 年 1 月の時点で GHQ の幕僚部には九つの局が設置されていた。すなわち、法務局（Legal Section；

LS)、公衆衛生福祉局（Public Health and Welfare Section；PHW）、民政局（Government Section；GS）、民間諜報局（Civil Intelligence Section；CIS）、天然資源局（Natural Resources Section；NRS）、経済科学局（Economic and Scientific Section；ESS）、民間情報教育局（Civil Information and Education Section；CIE）、統計資料局（Statistical and Reports Section；SRS）、民間通信局（Civil Communications Section；CCS）が置かれていた[14]。

CIE は 1945 年 10 月に設置された GHQ/SCAP よりも一足早く軍政局から独立し、同年 9 月 22 日に設置された。初代局長はダイク（Kenneth R. Dyke）、その後 1946 年 5 月からニュージェント（Donald R. Nugent）が占領終結まで局長を務めた。竹前（1983）は、CIE の組織の変遷を、図表 2-2 の通り、3 期に分けている。1946 年 5 月までは並列的な任務分担がなされ（第 1 期）、1946 年 6 月からは課（Division）、班（Unit）制が採られるようになった（第 2 期）。さらに、1948 年 5 月からは係（Branch）制度が導入され、この体制が占領終期まで続いた（第 3 期）[15]。

図表 2-2：CIE 組織構造の変遷

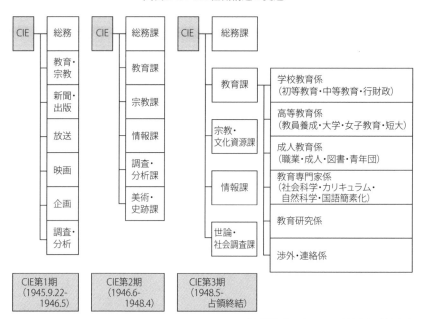

＊竹前栄治（1983）116-117 頁をもとに筆者作成

CIE 教育課にはヘンダーソン（Harold Gould Henderson）が初代課長として就任、間もなく、ニュージェントが後任し、1945 年 12 月から 1946 年 5 月まで 2 代目教育課長を務めていた。その後、1946 年 5 月から 1949 年 3 月までオア（Mark Taylor Orr）が 3 代目教育課長を務め、1949 年 3 月から 52 年 3 月まで、ルーミス（Arthur K. Loomis）が 4 代目教育課長を務めた。また、1946 年 6 月から占領終結まで、トレーナー（Joseph C. Trainor）が課長顧問を長く務めていた [16]。鈴木（1983）は、CIE 発足後 2 か月間におけるダイク、ヘンダーソン、ホール（Robert King Hall、1946 年 10 月から 12 月 3 日まで教育・宗教課教育班長）のラインを「改革者」型ライン、その後の、ニュージェント、オア、トレーナーのラインを「実務家」型ラインであったとしている [17]。

　戦後教育改革期において教育財政に関する問題が顕在化してくるのは 1949 年夏以降であり、図表 2-2 中の第 3 期にあたる。すなわち、ニュージェント局長、ルーミス教育課長、トレーナー課長顧問の体制のもと、教育課の学校教育係において教育行財政改革指導をモーガンが担当していたことになる。

2-2　CIE 教育課教育行政班における教育財政改革指導担当者

　占領期に日本に対する教育財政指導にあたった CIE の担当者は、管見の限りモーガンを含めて全 3 名である。すなわち、カーペンター（William W. Carpenter）、バーンハート（Rebecca Barnhart）、そして、モーガンである。

　CIE の名簿において教育財政担当者として最も早く日本での任務にあたっていたのがバーンハートであり、1947 年 5 月から 1948 年 3 月まで、CIE 教育課の教育行財政顧問（Administration & Finance Officer）として報告書を作成している [18]。バーンハートは、その後一旦米国へ帰国し、日本の教育界のリーダーたちを対象に教育の民主化を目指すために実施された占領期教育指導者講習（the Institute For Educational Leadership；IFEL）の講師を務めるために再び来日した [19]。バーンハートは、1948 年度に行われた第 1 期（1948 年 10 月 4 日〜12 月 24 日）及び第 2 期（1949

年1月～3月31日）IFEL において、「教育長講習」、及び、教育学部教授
講習会において、「教育財政」と「学校建築」の講義を担当した。第1期
IFEL 特別講義の教育長講習の部において「学校建築と衛生」という講義
題目の講習も行った。日本側の講師は、五十嵐顕（当時国立教育研究所）と、
大串不二雄（文部技官）であった[20]。

　次に、カーペンターの記録についてみてみよう。カーペンターもバーンハー
トと同じく CIE 教育課に所属し、1948年6月から1950年8月まで、学校
財政顧問（School Finance Officer）として報告書を作成している。カーペ
ンターもまたバーンハートと同じく、IFEL の講師を務めていた時期がある。
具体的には、第1期 IFEL 特別講義の教育長講習の部における「教育行政」
と、第2期 IFEL 特別講義の教育長講習の部における「教育委員会について」
という講義であった[21]。

　モーガンは、1949年から任務にあたっていたことから、1年半ほどの間、
カーペンターとともに任にあたっていたと推測される[22]。モーガンは、CIE
の教育課（Education Division）の行政係（Administrative Branch）に所
属し、1949年から1951年までの間、CIE において三つの役職を担当してい
た。1949年1月からは教育財政顧問（Education Finance Officer）、その
後、（開始年月は不明）1950年12月までは教育財政指導者（Educationist
〔Education Finance〕）、1950年12月から1951年12月までは、教育改革指
導者（Educationist〔Education Reorganization〕）を務めた[23]。また、後
述するようにモーガンの日報の内容を見る限り、シャウプ勧告への対応とし
ての法案審議において中心的にかかわっていたのがモーガンであったと推
測することができる。

　モーガンは、戦後日本教育財政改革において重要な人物であるが、管見
の限り、戦後教育財政研究や占領期研究等の先行研究においてこれまで注
目されてこなかった人物であるため、その経歴等を含めた詳細が明らかに
される必要がある。まずはシャウプ勧告以前の時期において、モーガンの
来日前と来日後の教育行財政に関わる経歴を明らかにする。

2-3　カリフォルニア州教育財政改革とモーガン

　モーガンは、1896年、カリフォルニア州オークランド市に生まれた。1919年にカリフォルニア大学を卒業し、1922年に同大学にて修士号を取得している。修士号取得後は、教頭や校長として四つの学校で実務を経験した後、カリフォルニア州サクラメント市の教育省調査局で長く勤めた。その後は大学内の調査組織に就任しており、教育財政のみならず、教育調査に関する知識と経験に富んだ人物であったことをうかがわせる。ここでは、モーガンの経歴の詳細をふまえた上で、カリフォルニア州教育行政機構改革の概要をみていこう。

　モーガンは修士課程在籍中の1920年から1922年まで、カリフォルニア州アラメダ市のグラマースクール（Haight Grammar School）で教頭を務めた。1922年、モーガンは26歳であった。その後、1922年から1923年まで、ウェブスター小学校（Webster Elementary School）で若くして校長を務め、1923年にはカリフォルニア州フレズノ市の学校において研究部長を務めた。さらに、1923年から1926年には、カリフォルニア大学近辺に所在するバークレー市のワシントン小学校（Washington Elementary School – Berkley, California）において校長を務め、その後、教育行政職へ転向した。

　1926年から1945年までカリフォルニア州教育省において、モーガンが長期にわたって勤務した部署は、調査統計局であった。そこで、刊行管理補佐、局長補佐、局長を務めた。教育省を後にした1945年から1947年までは、カリフォルニア大学サクラメント校内に設置された調査研究所において、学校財政や学校建築調査に携わった。モーガンの年齢にしてみると、30歳から49歳までカリフォルニア州教育省に、49歳から51歳までカリフォルニア大学の調査研究所に勤務していたことになる[24]。

　次に、モーガンが教育省に勤務していた頃に行われた教育行政機構改革に着目する[25]。モーガンが教育省に入省した1926年は、カリフォルニア州に新しい知事が就任した年であった。新たな知事ヤング（Clement C. Young）は、当時の教育長ウッド（Wood）によって提案された新たな州教

育委員会制度を歓迎し、翌年 1927 年には州における教育行政の新体制が整えられた。新たな州教育委員会は、教育長の勧告を受け、教育省に 10 の局を設置した。具体的な局の構成は図表 2-3 の通りである。

図表 2-3：カリフォルニア州教育省組織（1928 年）

	局（Division）	責務
1	農村教育局 （Rural Education）	州教育省と州初等中等農村学校間における行政と監督。
2	市立中等学校局 （City Secondary Schools）	市立高校と短期大学における行政と監督。主要懸案事項は、農業分野（農村教育局の管轄）を除いた職業教育の監督。
3	社会人教育局 （Adult Education）	高等学校と短大に在籍する社会人の水準向上及び教育促進。親の教育と児童学、移民の教育の促進、指導。
4	保健体育局 （Health and Physical Education）	公立学校における男女の保健体育の監督。
5	特殊教育局 （Special Education）	身体障害者、発達障害者、その他の教育、精神衛生教育の監督。
6	調査統計局 （Research and Statistics）	統計の集計。公的記録と報告書の作成。教育研究の促進、調整、実施。州学校資金の配分。フォームとデータの配布。
7	教員養成・認定局 （Teacher Training and Certification）	教育省の承認を受けた教員研修の全般的監督、及び教員免許状の発行。
8	刊行物・教科書局 （Publications and Textbooks）	省によって収集蓄積され、リスト化され、配布されたすべての出版物の編集及び事務。
9	学校建築局 （Schoolhouse Planning）	学校建築計画と建設に関する専門家の助言の学校への提供。責任を有する主要領域：（1）基準の確立（2）調査実施（3）建築計画・仕様の確認と承認。
10	図書館局 （Libraries）	州の人々、学校、学校職員のための図書館サービスの提供、及び、郡図書館とティーチャーズカレッジ図書館の監督。

＊ Bureau of Publications State Department of Education（2007）p.21-22 をもとに筆者作成

以上の10局のうち5局（図表2-3中1から5）は、州内における学校教育活動に直接かかわる行政や監督に責任を負った一方で、他の5局（図表2-3中6から10）はサービス局としての性格をもち、学校の教育活動には直接関与しないところで責任を負っていたという[26]。

　1931年には、新たな知事としてロルフ（James Rolph）が就任した。ロルフ知事は教育政策にそれほど熱心ではなく、世界恐慌も相まって、大幅に教育予算を削減した。米国教育省によれば、1931-32年から1932-33年の間に2,000近くの学校が閉鎖されたために、約10万人の子どもたちが学校に行けない状態にあったという。カリフォルニア州においてもまた、校舎建築や設備購入の延期、教員給与の削減といった施策がとられ、数百もの学区において、子どもたちが学校教育を受けられなくなる事態が生じていた。カリフォルニア州では、こうした世界恐慌に伴う教育予算削減の動向に加えて1933年に地震災害を被ったことで、教育財政改革に追われることとなった[27]。

(1) 1930年代における教育財政改革

　1933年1月、ロルフ知事のもと、州補助金の10%削減、公教育に対する郡補助金の20%削減、州補助金の60%の使途を教員給与に限定するという規定の削除等を盛り込んだ州憲法修正案が提出されたが、19対21で否決された。これは、教師と保護者によるロビー活動の成果に加え、当時の教育費の財源となっていた固定資産税（財産税）の負担軽減が広く支持された結果であった。当時、農業が主要産業となっていたカリフォルニア州においては、学校関係者のみならず、農家関係者からの支持が得られたのであった[28]。

　1933年2月には、州農業局連盟のエルスワース（Von T. Ellsworth）の原案に、税務調査局のスチュワート（Fred Stewart）と州長官のライリー（Ray Riley）が賛意を示した、ライリー・スチュワート計画が満場一致で可決された。その内容は、学校支援の責任を郡から州へ移管すること、及び、郡・市・学区の支出が前年度比5%増を超えないこととするものであった。この

計画は、同年 6 月の特別選挙において 717,319 対 440,413 の圧倒的多数で賛同が得られ、減税と学校救済を掲げた方針が奏功した[29]。

　1933 年以降、公教育費の拡大に伴い、州は新たな財源を模索した。1933年には消費税 2.5% を導入し、1935 年には州所得税、アルコール税、自動車税、食品を除く消費税の 3% への増税、銀行や企業に対する課税が導入された。その結果、州の税構造は全体的に累進的なものとなった[30]。

　1932-33 年と 1933-34 年における教育費は、総額として増加しながら、州の負担割合が拡大し（2 倍強）、郡や市のそれが縮小する（前年比の 6 割）という、税負担割合の構造の大きな変化があった。また、1934-35 年から1935-36 年の間には、一人当たりの教育費平均支出が 11% 増えて 116.67 ドルとなった。加えて、州補助金の総額の半分を教員給与に充てるという使途の限定をした。さらに、35 人の生徒に教師 1 人を割り当てる教員単位が設定され、1 教員単位に 1,400 ドルを割り当てた。つまり、1 人の教員に対し、年間 1,400 ドルの給与が保障されたのである[31]。

　こうした教育費の税負担構造の変化は、第 1 章のストレイヤーによる研究成果の中で確認したとおりであり、カリフォルニア州も同様の教育財政改革を遂げていたことがわかる。個人所得税や法人所得税といった新たな財源を開拓し、税構造の転換を通して、教育財政移転を実現していたのである。しかしながら、第二次世界大戦後、1940 年代に入ると、インフレと戦争経済の影響をうけ、カリフォルニア州における教育費負担構造は従前の地方財産税を主要な財源とする仕組みに逆戻りしてしまう[32]。

(2) 1940 年代における教育財政改革

　カリフォルニア州における 30 年代教育財政改革以後、1945 年に、公立学校制度のための行財政改革が大々的に行われた。州内全域における公立学校制度の改革に伴った教育行財政改革、すなわち、州教育委員会や州教育省の組織改変、及び、これらの教育行政によって実施される教育財政改革を実行するためには、州憲法の改正が必要とされた[33]。州議会は、州再建雇用委員会（the State Reconstruction and Reemployment Commission；SRRC）に予算 20,000 ドルを充て、州における公立学校制度の行政、組織、財政支援に関する調査研究を SRRC に実施させた。SRRC は、教育再編市民諮問委員会（the Citizens Advisory Committee on Readjustment Education）の監督のもとに置かれる体制をとり、コロンビア大学ティーチャーズカレッジのストレイヤーを特別顧問として招致した。その成果は「カリフォルニア州における公立学校制度の運営、組織、そして財政支援」と題される報告書としてまとめられた[34]。

　ストレイヤー・レポートと称されるこの報告書では、カリフォルニア州の公教育制度における課題を短期的及び長期的な視点から、すなわち、当時直面していた問題と、その後の戦後期に直面する問題について検討がなされていた。まず、前者の 1944 年当時に直面していた問題としては、(1) 州教育省等の教育行政について、(2) 学区について、(3) 教師について、(4) 教育財政について、それぞれ問題が指摘された。

　まず、(1) 州教育省に関連する問題として大きく 3 点の指摘がなされた。一つは人員の不足である。教育省の各部署に追加の人員を配置すべきとした。二つ目は、教育省の人員の専門性の担保である。特に、州教育委員会については、その組織体制についても指摘がなされ、教育長の地位は、大学学長並みの地位を与えなければならないこと、副教育長を 3 名配置して教育長を支えること、郡教育長についても専門的な資格を与えるべきことが指摘された。三つ目は、州教育省として一つの建物を建てることである。州における必要性に基づいて人員の増加と育成を行うにあたり、4 倍から 5 倍のスペースがさらに必要であると指摘された[35]。

　次に、(2) 学区については、州の学区再編に関する委員会を創設し、全州調査を実施すること、学区の統合について検討すること、そして、学区の再編の提案に関しては、関係者の賛成票が必要とされるとした[36]。

　(3) 教師については大きく 2 点の指摘がなされた。まずは、教師不足である。1951 年までに小学校においては 8,000 人以上の教師が不足するため、教師の需要と供給を等しくし、そのための部局が教育省に必要であるとし

た。次に、教員養成計画を準備すべきこと、及び、そのための委員会を設置すべきことが指摘された。教員養成については、退役軍人についても別途、再教育の機会が必要であるとされた[37]。

　（４）教育財政については、最も多くのページが割かれた。そこでは大きく、現行州補助金制度が不平等なものとなっていること、地域における財政力を把握していないこと、各学区の財政力には著しい差があることが指摘された。こうした現行の州補助金制度に対して、学区における税負担を均衡化すべきであると指摘された。税負担の平等化を通した教育の機会均等原則の適用は、貧しい地区に対して多くの支援を行うことを意味していた[38]。最後に、長期的な州補助金制度を確立するために、高校や幼稚園についても州補助金プログラムに組み込まれるべきことや、地域によって提供される教育を州が支援すべきこと、州補助金制度に対して継続的な研究がなされるべきであるとまとめられた[39]。

　報告書の巻末には、州議会下院による三つの憲法修正案（教育長と州教育委員会の任命に関する修正案、郡教育長の資格に関する修正案、副教育長とその任命に関する修正案）と、三つの法案（小学校を対象とする包括的な州均衡化補助金制度の制定に関する法案、小学校に対する指導助言に関する修正法案、投票に基づく学区の任意統合に関する法案）が付されていた[40]。これらの法案は、教育長と州教育委員会の任命に関する憲法修正案を除いて全て可決された[41]。

　モーガンがカリフォルニア州教育省において調査局長を務めた時期は、全州的に拡大していた「教育調査運動」の興隆の只中であり、カリフォルニア州においても教育財政改革の只中にあった。同州において実施された教育財政改革、それに伴う教育行政組織改革、そして、教育行政地区の再編という一連の経験が、戦後占領下日本におけるモーガンの教育財政改革の方針に影響を与えていたことが推測されるのである。

3 モーガン文書からみる
教育財政関連法案の構想

　モーガンは以上のような経緯を経て、戦後教育改革期の 1949 年に、CIE の役人として来日することとなった [(42)]。1949 年 1 月以降に記録されたモーガンによる日報（Reports of Conference）を見てみると、彼が日本国憲法 26 条に特に配慮して戦後日本の教育財政改革にあたろうとしていたことが読み取れる。

　"School Finance Law" という文言がモーガン文書に初出したのは、管見の限り 1949 年 2 月 8 日付のものである。そこには、"School Finance Law" の提出に関する報告と併せて、当時、学校教育局の庶務課に所属していた内藤誉三郎による「教育復興会計課」（Educational Rehabilitation Cash-Office）の設置の提案に関する報告がなされていた。この、内藤による「教育復興会計課」設置の提案に対し、モーガンは内藤に対して日を改めて説明するよう求めていた。その内容が 1949 年 2 月 10 日のモーガン文書に次のように記されている。

　　「Naito は、自身が提案した教育復興会計課について、…（中略）…説明するよう求められた。Naito によって示されたことは以下の通りである。1. 公立および私立の児童生徒から月々 20 円の預金（deposit）を受けとる。2. それを義務教育教科書や学用品に充てる、私立小学校と前期中等教育学校にこれらを与えるかは未定である。3. この提案は、恒久的に収益を確保し、無償の義務教育を与える国家責任を否定する。4. 日本国憲法 26 条および教育基本法 4 条は、義務教育段階の子どもたちに教科書や学用品が無償で与えられることを要求、あるいは意味しているものではない、というのが Naito の見解である。無償教育は理想だが、日本の法律では実現が困難であり、導かれるものではない。5. 彼の計画の目的は二つ。一つは、増加する奨学金に対する国庫以外

の財源の確保であり、もう一つは、公・私立学校校舎、施設、設備のローンに対する財源の確保である」[43]

　モーガンは、内藤による説明を以上のようにまとめ、それに対する自身の見解を以下に続けている。

　　「Morgan は、1947 年 3 月 27 日のアメリカ合衆国司令第 74 号[44] に関する個人的解釈を（内藤に対して—筆者。）説明した。これは、日本において無償義務教育を施行せよという SCAP に対する指示である。また、Morgan は自身の考えを次のように述べた。すなわち、義務教育を無償でないままに提供し、なおかつ貧困な子どもたちを排除することにつながっているあらゆる費用は排除されなければならないことを、日本国憲法が要請しているのだと解釈されなければならない。もしその（内藤の—筆者。）提案が法律として施行されれば、憲法によって課された義務を、日本政府が永久的に、ないしは半永久的に否定することとなる。」[45]

　モーガンは以上のように憲法 26 条を根拠として、内藤による提案を否定的に見ている。また、モーガンは憲法 26 条の規定する「無償」が、教科書や学用品までを含めたあらゆる費用を含むことを前提に話を進めていることも着目されなければならないだろう。モーガンが無償の義務教育を提供する根拠として示した「1947 年 3 月 27 日のアメリカ合衆国司令第 74 号」とは、第 1 節において概観した極東委員会による政策決定文書「日本教育制度改革に関する政策」を指している。この政策文書に記された全 25 項目のうち、義務教育の無償にかかわる項目は、20 項目の「無償の最低限 6 カ年の義務教育がすべての日本の子どもに与えられなければならない。そしてできるだけ迅速に、より高年齢まで延長されるべきである」というものであった[46]。

　内藤はその後「教育復興会計課」構想を練り直し、1949 年 2 月 19 日に

はモーガン及び CIE が修正案に賛同した。同時に、教育財政法案の修正を提案した。それは、"必要不可欠な教科書及び学用品費"といった"児童支出"のための新たな補助金の提案であった[47]。しかし、同年 2 月 23 日には、教育のための補助金増額は中学校施設費を除いて大蔵省によって反対された[48]。その後、1949 年 3 月 4 日に学校財政法案（School Finance Law）として改めて修正案が検討される。内藤は、義務教育国庫負担金削減手立てとしての小学校教員数削減策に抗して、次のようなデータを示した（下線は筆者による）。

a. 小学校に必要とされる職員数総計
(1) 小学校教員以外の職員
(a) 1 校につき、校長 1 名、養護教諭 1 名、事務職員 1 名
(b) 小学校数総計 － 20,544 校
(c) 教員以外の職員数総計（20,544 × 3）－ 61,632 人
(2) 予算計上職員数：325,154 － 61,632 ＝ 263,522 人
(3) 児童 40 人につき 1 人の教員を必要とする場合の教員数：
10,838,477 ÷ 40 ＝ 270,961 人
b. 不足教員数（必要だが補助されていない）
(1) 必要数（教員 1 人あたり児童数 40 人）－ 270,961 人
(2) 補助金によって賄われる人数 － 263,522 人
(3) 不足数 － 7,439 人
c.（離島など）過疎地域に多く存在する 40 人以下学級は維持される必要がある[49]。

以上の 1949 年 3 月 4 日時点では、教員 1 人あたり児童数が、同年 2 月 3 日付けの文部省「学校基準法案」と同様に 40 人とされていたことは着目すべき点である。教員以外の職員については学校数、教員については学級編制数に基づいて教職員の必要数を導いていた。しかし、1949 年 3 月 6 日、

大蔵省によって、50 人の小学校児童につき 1.5 人の教員、ないし、1.35 人の教員を充てる等の修正案が示され[50]、後の 3 月 8 日には、最終的に教員と児童生徒数の比率は、小学校児童数 50 人に対して教員 1.5 人、中学校生徒数 50 人に対して 1.8 人というところに落ち着いた[51]。3 月に入ってから以上の一連の予算折衝の中で、40 人学級編成という重要な提案が立ち消えていることがわかる。

　その後、同年 4 月 4 日には学校基準法案に関する日報がボールズ（Luanna Bowles）によって記されている。ここではすでに、校舎及び施設費に関する基準については後の立案を待つこととし、まずは教育課程基準のみを先行して立案する方向性を示していた。学校基準法案をこのように分離させることについては、カーペンターによる助言があったとされる[52]。5 月には学校基準法案と教育財政法案の構想が固められてきたところであったが、6 月に入るとシャウプ勧告の影響から、教育財政法案の議論を延期する運びとなった[53]。以上が、シャウプ勧告前における、モーガンを中心とする CIE での教育財政改革の動きである。

4　対日占領教育財政改革における CIE の立場

　ハリー・レイ（Harry Wray）（2004）のインタビューを通して、占領期における地方分権政策に対する疑念を率直に述べたのは長年 CIE で課長を務めたオア（Mark T. Orr）であった。

　オアは、連合国のオーストラリアやフランスから、米国による政策は「日本に間違った薬を投与しようとしている」と忠告され、地方分権が日本に適するのかという疑念を有していた心境を吐露している。また、オアは占領政策にあたって、「理想としては、地方分権の形式を整えておいて、後は日本人に、教育については自分たちに権利と責任があるのだという考えを教えようということ、その後文部省が再び以前の権力を行使しようとしても、日本人の組織だった団体や地方の人々から抵抗が起こるだろうと考えた。しか

し、日本国民の下層レベルの人々にはそれを行使する準備がまだできていなかった」と述べた。「法や規則は変えられても、人々を大きく変えることはできない」ことに大きな挫折感があったという[54]。結局は、GHQ/SCAPの地方分権政策は実現可能だったが、そこに国民大多数の意識と評価が伴わなければ意味がないため、組織だった民衆運動が起こるようにという意図があった。しかし実際には、ある程度の中央政府からの財政と教員配置などへの支援が必要だったこと、予算獲得能力の低下という側面における文部省の権力削減に対する憂慮があったことを認めている。

ハリー・レイ（1997）は、オアに代表されるようなCIEの態度の変容について次のように分析している。CIEは、1946年の占領初期の頃よりも、1949年以降、日本の文化と教育に対して、体系的に、忍耐強く、そして公平に認識するようになったと指摘している。その理由の一つに、米国の教育の地方分権が最良だという認識が、日本に適するものではないとCIEスタッフが自覚するようになったことをあげている[55]。課長補佐を長年務めたトレーナーは、地方自治が最良の制度ではないことは承知していたが、将来の武力行使を回避させるために必要であると考えていた[56]。このように、CIEのスタッフは、GHQ/SCAPの司令のもと、教育における地方分権化改革を進めながらも、ある程度の中央からの支援、あるいは集権化が、戦後の日本において一定程度必要であったことを自覚していたのである。

小結　特殊な条件下におかれた戦後教育財政改革

本章において明らかにされた要点は以下の4点である。

1点目は、対日占領教育政策における教育財政に関する議論をめぐり、ニュージーランドによる意見提出を契機とし、オーストラリア、カナダ、イギリスを中心とする、一定程度の集権化の必要性を訴える国々と、アメリカをはじめとする地方分権化の必要性を訴える国々とで意見が割れていたことである。前者は、占領下における教育行財政改革が全国において実施

される際の過疎地域等における混乱を見通した上で、中央集権的な改革を経て安定した地方財政基盤を固めた後に、分権化を漸進的に進めるべきであると主張し、一方で後者は、集権化によって招かれた日本の帝国主義の失敗が二度と招かれぬよう、一貫して中央権力の削ぎ落としに注力すべきであると主張した。結果として、両者の論戦は前者の妥協に落ち着くこととなった。

　2 点目に、CIE の教育財政改革指導の担当者として来日したモーガンが、来日以前にカリフォルニア州教育省調査局長を長年務めていた中で、ストレイヤーを特別顧問として迎えた教育財政改革を経験していたことである。モーガンとストレイヤーとの直接的なかかわりについては明らかでないものの、ストレイヤーとモートによって構想された標準教育費プログラムがカリフォルニア州に導入されたことで教育財政改革が功を奏した経験は少なからず、モーガンの戦後日本における教育財政改革に影響を与えたという推測が成り立つ。

　3 点目に、対日占領教育政策文書をもとに、戦後教育財政改革については憲法 26 条を拠り所としながら、就学必需費無償説あるいは学修費無償説 [(57)] の立場に立った教育財政法案の構想をモーガンが有していたことである。第5 章でも触れるように、憲法 26 条の「無償」の解釈をめぐっては、当時の文部省も、モーガンと同様に就学必需費無償説の立場をとっていた。対日占領教育政策文書の趣旨と、憲法 26 条を根拠にした教育の無償性の必要性について認識されていた事実は注目に値する [(58)]。

　4 点目に、1 点目とかかわって、GHQ/SCAP 上層部が「民主化＝分権化」を促進させようと対日占領改革を実行した一方で、CIE では、極東委員会が提案した通り、ナショナル・ミニマム保障としての最低限の教育費の確保や、集権化に対する必要性への理解が存在していたことである。

　占領期における教育改革に関する主たる先行研究を見てみると、教員身分保障制度 [(59)] 及び教員研修制度 [(60)] に関しては、CIE をはじめとした GHQ/SCAP 内における関係部局同士の議論の対立があり、また、学校評価制度に

関しては CIE と文部省との間における対立が存在していたが [61]、いずれも、最終的な改革の着地点はやはり、極東委員会による「日本教育制度改革に関する政策」の趣旨に則った内容であったといえる。つまり、教育行財政改革に関しては、他の戦後教育制度改革とは異なり、GHQ/SCAP と極東委員会との間に CIE が板挟みにされたという、特殊な条件下に置かれていた可能性が指摘できよう。

(1) 鈴木英一（1983）『日本占領と教育改革』勁草書房、4 頁

(2) 前掲鈴木（1983）6-9 頁

(3) 前掲鈴木（1983）11-22 頁

(4) 前掲鈴木（1983）23-27 頁

(5) 前掲鈴木（1983）228-230 頁

(6) 前掲鈴木（1983）231 頁

(7) 前掲鈴木（1983）238-240 頁

(8) 前掲鈴木（1983）240-241 頁

(9) 前掲鈴木（1983）241 頁

(10) 前掲鈴木（1983）244-248 頁

(11) 前掲鈴木（1983）249-250 頁

(12) 鈴木（1983）は、教育財政に対して無償化の必要性を意見したニュージーランドと、早急な分権化に対する慎重な姿勢と教育財政に対する国の責任の重要性を示したオーストラリアの社会背景についても言及している。両国ともイギリスの植民地という歴史を経ており、ニュージーランドにおいては、1877 年に無償の世俗的初等義務教育制度を創設する法律が成立している。一方で、オーストラリアにおいては、州に教育の権限が付され、教育の機会均等や効率化について集権的行政を執っている、ということであった。246-247 頁。

(13) マッカーサーは、連合国軍最高司令官（Supreme Commander for the Allied Powers；SCAP）とアメリカ太平洋陸軍司令官（Commander in Chief, Army Force Pacific Command；CINC,AFPAC）の総司令部（GHQ）を兼任していた。本研究において GHQ という場合には GHQ/SCAP のことを意味している。竹前栄治（1983）『GHQ』岩波書店、88 頁。

(14) 前掲竹前（1983）89 頁、「略語表」7-9 頁

(15) 前掲竹前（1983）116-117 頁

(16) 前掲竹前（1983）116-121 頁

(17) 前掲鈴木（1983）54-55 頁

(18) 国立国会図書館憲政資料室所蔵 "EDUCATION DIVISION CONFERENCE BOOK（CIE）"

(19) Joseph C. Trainor（1983）*Educational Reform in Occupied Japan – Trainor's Memoir-*, Meisei University Press, p.425.

(20) 高橋寛人編（2012）『占領期教育指導者講習（IFEL）基本資料集成 The Institute for Educational Leadership：CD-ROM 版』アルヒーフ編、すずさわ書店、第 1 巻所収、文部省教育長等講習連絡室「教育長等講習報告書 1948-1950」86-88 頁

(21) 前掲高橋（2012）89 頁。第 1 期特別講義「教育行政」の担当者名には「W. W. カーペンター」、第 2 期特別講義「教育委員会について」には「カアペンター（CIE）」と記されているが、CIE の他の役人の中にカーペンターという名をもつものはいなかったことから、同一人物であると推測される。

(22) Robert C. Cook, *Who's who in American education*：an illustrated biographical directory of eminent living educators of the United States and Canada. v.21 1963-1964, p.983. を参照したところ、モーガンは 1947 年から 1949 年まで CIE の教育課に配属されていたとあるが、モーガンによって作成された日報は 1951 年付のものまで存在していることから、CIE 資料の内容が正確であるとみられる。

(23) 国立国会図書館憲政資料室所蔵 "EDUCATION DIVISION CONFERENCE BOOK（CIE）"

(24) Robert C. Cook（1964）pp.982-983

(25) 以下、1900 年から 1967 年までのカリフォルニア州教育省の沿革については、カリフォルニア州教育省ホームページにおける Historical Documents に集約されている。ここでは特に、Bureau of Publications State Department of Education（2007）A History of California State Department of Education,1900-1967. *California Department of Education Historical Documents*. を参照した。
https://www.google.co.jp/url?sa=t&rct=j&q=&esrc=s&source=web&cd=1&cad=rja&uact=8&ved=0ahUKEwi8qJfxofrWAhUDp5QKHS7kCYsQFggnMAA&url=https%3A%2F%2Fwww.cde.ca.gov%2Fnr%2Fre%2Fhd%2Fdocuments%2Fyr1968hd11e.doc&usg=AOvVaw2uAwPB59xZ348u59IjLVa6、最終アクセス日：2023 年 1 月 23 日

(26) Ibid, p.21.

(27) Ibid, pp.24-25.

(28) Irving G. Hendrick（1972）The Impact of The Great Depression On Public School Support In California, *Southern California Quarterly*, Vol.54, No.2, p.189.

(29) Ibid, p.190.

(30) Ibid, p.191.

(31) Ibid, p.192.

(32) Ibid, pp.192-193.

(33) Bureau of Publications State Department of Education（2007）p.32.

(34) State Reconstruction and Reemployment Commission（1945）*The Administration, organization and financial support of the public school system, State of California*, A report of the study required by chapter 36, Statutes of 1944（fourth extraordinary session）, as submitted to the Legislature January 22, 1945, with amendments and appendices.

(35) Ibid, pp.10-16. なお、1921 年の教育省設置以降、図書館や裁判所の建物を本部としながら、教育省は 6 〜 7 か所に散在していたという。Bureau of Publications State Department of Education（2007）p.35.

(36) Ibid, pp.19-23.

(37) Ibid, pp.24-30.

(38) Ibid, pp.31-49.

(39) Ibid, pp.50-56.

(40) Ibid, pp.64-89.

(41) Bureau of Publications State Department of Education（2007）p.36.

(42) モーガンの人物像については、ハリー・レイ（Harry Wray）によるオーラルヒスト
リーシリーズが参考になる。戦後教育改革に携わった占領軍や文部省の役人たちに対し、
当時の様子をインタビュー調査したハリー・レイは、CIE 社会調査課のパッシン（Harbert
Passin）に対するインタビューにおいて、モーガンについて対話をしている。パッシンは、
モーガンを財務の専門家で完璧主義者の一人であり、自分が正しいと信じたものを実行
するために多くの時間を費やした人物であったと述べ、だからこそ、CIE の局長である
ニュージェントとは、非常に慎重な関係にあったことを述べた。ニュージェントは、初
期の CIE 局長（ダイク）とは対照的に、神経質な性格の持ち主で、他の部局や高官連中
との関係がうまくいっていなかったという印象を周囲からもたれていたという。ハリー・
レイ（2015a）「＜ハリー・レイ　オーラルヒストリーシリーズ＞ハーバート・パッシン
（Harbert Passin）（佐藤寧訳）」明星大学戦後教育史研究センター編『戦後教育史研究』
第 28 号、明星大学戦後教育史研究センター、62 頁。一方で、文部省側の役人としては相
良惟一がモーガンについて述べており、彼は大変いい人だったがあまり有能だとは思わ
なかった、と率直な印象を語っていた。相良のモーガンに対する印象は、モーガン自身
の構想あるいは理想と、CIE 上層部との板挟み状態に置かれていた状況を物語っている。
ハリー・レイ（2016）「＜ハリー・レイ　オーラルヒストリーシリーズ＞相良惟一」明星
大学戦後教育史研究センター編『戦後教育史研究』第 29 号、明星大学戦後教育史研究セ
ンター、125 頁。参考までに、教育財政に関する法律案の審議や第 5 期・第 6 期 IFEL でモー
ガンと共に教育財政に関する職務を多く手掛けていた内藤誉三郎に対するインタビュー
では、「先生（内藤誉三郎のこと：筆者）が文部省にいらしたときに、あなたはどのよう
なアメリカ人と接触がありましたか。」というレイ氏からの質問に対して、オア、トレイ
ナー、カーレイ、ニュージェント（初出順）の名前を挙げたが、モーガンについては特
に触れていなかった。ハリー・レイ（2012）「＜ハリー・レイ　オーラルヒストリーシリー
ズ＞内藤誉三郎」明星大学戦後教育史研究センター編『戦後教育史研究』第 26 号、明星
大学戦後教育史研究センター。

(43) Walter E. Morgan, Proposed plan for Establishment of "Cash-Office", Reports of
Conference - CI&E, *GHQ/SCAP Records*, Box no. 5141（1）, 10 February 1949, p. 1.

(44) 前掲鈴木（1983）265-267 頁「極東委員会政策決定 1947 年 3 月 27 日、日本教育制度
改革に関する政策（FEC-092/2）」なお、教育の無償化及び機会均等に関する規定は 20、
21、22 項目である。

(45) Ibid., p. 2.

(46) Edward R. Beauchamp & James M. Vardaman（1994）24 Revision of the Japanese
Educational System, March 27, 1947, *Japanese education since 1945 : a documentary
study*, an East Gate Book, M. E. Sharp, pp.97-100. なお、日本語訳は注 44 の通り。

(47) Walter E. Morgan, Proposed Educational Rehabilitation Cash-Office Plan, Reports of
Conference - CI&E, *GHQ/SCAP Records*, Box no. 5141（2）, 19 February 1949.

(48) Walter E. Morgan, 1949-1950 budget; Education Finance Law; Cash Office Plan,

Reports of Conference - CI&E, *GHQ/SCAP Records*, Box no. 5141（2）, 25 February 1949.

（49）Walter E. Morgan, 1949-1950 budget and Education Finance Law, Reports of Conference - CI&E, *GHQ/SCAP Records*, Box no. 5141（3）, 4 March 1949.

（50）Walter E. Morgan, 1949-1950 budget, M/Education; Reductions suggested by M/Finance at request of ESS, Reports of Conference - CI&E, *GHQ/SCAP Records*, Box no. 5141（3）, 6 March 1949. なお、このレポートの末尾には CIE 教育課長の A・K・ルーミスにより、「大変重要な指摘だが、到底納得できない（Very important, but entirely unsatisfactory. A.K.L.）」と手書きのメモがあることから、CIE 側は大蔵省及び ESS による提案に納得していないことがわかる。

（51）Walter E. Morgan, Final Action by M/Finance on M/E Budget, Reports of Conference - CI&E, *GHQ/SCAP Records,* Box no. 5141（3）, 8 March 1949.

（52）Luanna Bowles, School Standards Law, Reports of Conference - CI&E, *GHQ/SCAP Records*, Box no. 5141（5）, 4 April 1949.

（53）Walter E. Morgan, Draft of Statement on Education Finance, for Transmittal to Shoup Taxation Mission, Reports of Conference - CI&E, *GHQ/SCAP Records*, Box no. 5143（4）, 2 June 1949.

（54）ハリー・レイ（2004a）「＜ハリー・レイ オーラルヒストリーシリーズ＞マーク・テイラー・オア（Mark Taylor Orr）（柴田政子訳）〈その 2〉」明星大学戦後教育史研究センター編『戦後教育史研究』第 18 号、明星大学戦後教育史研究センター、57-59 頁。なお、オアへのインタビュー実施日時は 1980 年 1 月 12 日となっている。

（55）Harry Wray（1997）Attitudes among Education Division Staff during the Occupation of Japan, *Nanzan Review of American Studies*, Vol.19, No.2, p.120.

（56）Ibid, p.105.

（57）就学必需費無償説（学修費無償説）は、授業料のみならず、児童生徒の学用品までも含め、学修に必要とされるすべての経費を無償とすべきとする立場をとっている。憲法 26 条解釈をめぐっては、成嶋隆（2012）「公教育の無償性原則の射程」『日本教育法学会年報』第 41 号、有斐閣、121-130 頁を参照。

（58）なお、文部省がその後、教育の無償の範囲を授業料に限定する経緯については、前掲世取山他編（2012）66-76 頁を参照。

（59）高橋寛人（2019）『教育公務員特例法制定過程の研究』春風社、174-178 頁

（60）久保富三夫（2005）『戦後日本教員研修制度成立過程の研究』風間書房、411-412 頁

（61）福嶋尚子（2020）『占領期日本における学校評価政策に関する研究』風間書房、382-383 頁

第 3 章

米国教育財政制度の受容過程
—シャウプ勧告後—

はじめに

　本章では、占領政策の転換以後 (1)、特に、シャウプ勧告後の日本におけ
る教育財政改革の展開を明らかにする。教育刷新委員会及び審議会（以下、
両会を総称して教刷委審とする。）は、戦後教育改革における教育刷新のた
め、文部省と CIE から独立した内閣直属の機関であった。教育刷新委員会
が 1946 年 6 月に設置されて以降、検討すべき教育問題や領域ごとに特別委
員会が設置されてきたが、教育財政問題を検討する特別委員会に関しては、
シャウプ勧告を受けるまでは設置されなかった。教育財政に関する問題は、
1949 年に教育刷新委員会が教育刷新審議会へと改称され、第 18 特別委員
会が設置されてようやく、本格的に検討されることとなった。

　ここでは、米国由来の教育財政移転制度の受容過程を、教育刷新審議会
第 18 特別委員会における審議内容、教育財政改革指導担当の CIE のモー
ガンによる日報（Reports of Conference、以下、モーガン文書）、及び、第
5 期並びに第 6 期 IFEL での講習内容をもとに明らかにする。

1　文部省及び教育刷新審議会による
　　教育財政問題の検討

1-1　総会からみる第 18 特別委員会設置までの経緯

　1946 年 6 月に設置された教育刷新委員会（Japan Education Reform

Committee）は、1949年6月に教育刷新審議会（Japan Education Reform Council, いずれも JERC）へと改称された。教刷委審は、文部省からも CIE からも独立し、委員が自主的に問題を取り上げて審議し、内閣総理大臣に それを報告建議することのできる機関であった ⁽²⁾。

　教刷委審には、検討すべき問題ごとに特別委員会が設けられた。委員会 設置当初から1952年の審議会解散までに、21の特別委員会が設けられた うち、第1から第16特別委員会が教育刷新委員会期に設置され、第17か ら第21特別委員会が教育刷新審議会期に設置された。教育財政に関する 問題の検討を行った第18特別委員会は、シャウプ勧告を受けて緊急に設置 された経緯があった。

　シャウプ勧告による税制改革と教育財政関係の審議事項は、1949年9月 16日の教育刷新審議会第5回総会において初めて議題として取り上げられ た。第5回総会にて稲田清助初等中等教育局長は、シャウプ勧告を受けて 施行される地方平衡交付金制度の説明を、1949年2月に文部省内で検討さ れていた学校財政法構想と比較しながら次のように説明した。

　　「ご承知のごとく、元学校教育局がございました際、学校財政法とい うものを考えまして、或いは皆さん方にもご意見を伺った機会があっ たのじゃないかと思いますが、この学校財政法の考え方は、学校にお ける一つの最低基準というものを決めておったようであります。例え ば、小学校におきますれば、教員の俸給の一人当りの平均額、児童一 人当りの教育費を算定して、児童一人について俸給がいくらであると か、教育費が幾らであるとかというふうにして、教育費の単価が小学校、 中学校、高等学校と算出しておる、それに児童数をかければ出る、こ の基準は法律によってどこまでも維持していかなければならないという のが学校財政法の根本であったと記憶いたします。」

さらに、学校財政法構想による費用負担と使途に関しては、国が2分の1、

県及び市町村が2分の1を負担し、教育費として予算の使途を紐付けるものであったとの説明を加えた。

　しかしながら、地方自治の理念を財政において実現しようとする地方平衡交付金制度のもとでは、使途に制限のない交付金の中で教育予算が確保され、新しく設置される財政委員会が一般財政の処理にあたることが想定されていた。文部省が構想していたような最低基準の設定、負担区分の設定、予算の使途を教育費に限定するという学校財政法構想の趣旨は、地方自治庁と対照的な立場をとるため、地方財政費の大部分を占めている教育費が確保されるのかが懸念される、という趣旨説明であった[3]。

　第6回総会においては、教育財政問題を検討する特別委員会を設置するにあたり、全体的な議論の方向性について意見交換が行われた。その中で、シャウプ勧告によって現れてくる教育財政問題のみならず、財政全体として考え、国家財政と地方財政とを併せて研究しなければならないことが確認された[4]。特に、地方分権化と中央集権化との緊張関係については、鮎沢巌の発言を契機とした審議の進展がみられた。

　鮎沢は、日本の地方財政は現在窮乏している状況にあるため、自治ができるような状況にないことを指摘した上で、地方自治を重視するアメリカにおいても、近年においては中央政府がイニシアチブをとっていることを示唆した。鮎沢の発言に対し、南原繁は、「各地方自治体にイニシヤチェブを取らせて自由にやるということと、それを一つの法制化して客観的なバランスとしてこの事業にはこれまでと、枠を決めるということはできないのですか」と委員に問いかけた。

　南原の問いに対して稲田清助は、必ずしもそれが地方自治に反するわけではないとの見解を示した。一方で山崎匡輔副委員長は「ミニマムスタンダードを余り高く上げると、それは実行不可能になってしまうのであります。又それを何段階かにするということは、今の国民の平等な教育を受ける権利というところから矛盾しはしないかと思います。その難しいことばかりのアラを拾っておるようでありますが、何か我々としてはそういうようなことも考えるから、積極的にそれをうまく活用して行くという途を是非とも好んでも好まないでも委

員会で一つ作っていかなければならないと思うのであります」と発言していた
(5)。南原は、「地方の自治とシャウプの考えと矛盾して、憲法の条章と照合わ
せてミニマムの意味を含めて、そういう法制を国家的に作るということは途が
ある」としてこの問題を総括し、山崎もこの南原の発言を受けて、ミニマムの
決め方の問題についても検討を要するだろうという意向を示していた(6)。

　このように、当時の教育刷新審議会総会では、シャウプ勧告による税制
の転換に伴い、地方分権の流れを汲んだとしてもなお、日本国憲法が最低
限の教育保障を要請しているのであり、そのための法制を国によって制定
していく必要性が確認されていたのである。

　続く第7回総会においては、大蔵省主税局税制第一課長の原純夫と地方
自治庁財政部長の荻原保が招かれ、シャウプ勧告に基づく税制について説
明がなされたのち、第8回総会において、第18特別委員会の委員の選出が
行われた。

1-2　第18特別委員会における標準義務教育費に関する議論

　教育刷新審議会第18特別委員会の委員には、沢田節蔵（世界経済調査
会理事長）を主査とし、副主査に関口泰（前教育研修所長）、委員として、
南原繁（東京帝国大学総長）、菊地龍道（東京都立第一中学校長）、山極武
利（東京西田国民学校長）、務台理作（東京文理科大学長）、牛山英治（東
京江戸川青年学校長）、戸田貞三（東京帝国大学文学部長）、佐野利器（東
京帝国大学名誉教授）、矢野貫城（明治学院長）、木下一雄（東京第一師範
学校長）、島田孝一（早稲田大学総長）、山崎匡輔（前文部次官）、鮎沢巌（中
央労働委員会事務局長）、淡路円次郎（立教大学教授）、小笠原二三男（日
本教職員組合書記長）、広川清隆（日本教職員組合執行委員）の総勢17名と、
その他5名の臨時委員が選出された(7)。この人選は、第8回総会の際に南
原を中心として用意されたものであり、その他、専門家として招致したい人
物としては、銀行関係者、内務省の地方財政関係者、学者等が挙げられた(8)。

　図表3-1に示した通り、教育財政に関する事項を検討した教育刷新審議

会第18特別委員会における会議開催数は36回に上り、教育刷新委員会・審議会特別委員会の中で最も多く会議を開催した委員会であったことがわかる。会議は、ほぼ週に1回の頻度で開催され、午前は特別委員会、午後から総会という日も少なくなかった[9]。

図表3-1：教育刷新委員会・審議会における会議数及び委員

設置年月日	委員会審議会	特別委員会	検討内容	会議回数	委員人数
1946年9月20日	委員会	第1	教育の基本理念	12	8
9月27日	委員会	第2	下級学校体系	21	18
10月4日	委員会	第3	教育行政	16	11
10月11日	委員会	第4	私立学校	26	14
11月8日	委員会	第5	上級学校体系	30	23
12月6日	委員会	第6	教員の身分、待遇及び教員組合	12	13
12月6日	委員会	第7	社会教育	30	20
1947年3月7日	委員会	第8	教員養成及び教員資格	13	16
5月9日	委員会	第9	文教施設の整備	6	9
12月12日	委員会	第10A	中央教育行政機構	19	18
12月12日	委員会	第10B	大学の所轄の地方委譲		7
1948年1月16日	委員会	第11	文化問題	30	29
3月5日	委員会	第12	科学者、研究者養成	4	15
3月26日	委員会	第13	宗教教育	14	12
5月7日	委員会	第14	大学の国土的配置	7	14
12月24日	委員会	第15	二年制又は三年制大学	2	19
1949年4月15日	委員会	第16	職業教育振興方策	7	8
7月8日	審議会	第17	学校暦	8	12
10月14日	審議会	第18	教育財政	36	22
1950年6月9日	審議会	第19	優良教員の養成確保	8	11
1951年2月23日	審議会	第20	中央教育審議会	2	8
3月9日	審議会	第21	ユネスコ国際委員会準備委員会	?	5

＊岩波書店 教育刷新委員会・審議会会議録 第13巻をもとに筆者作成

(1)「標準教育費」に込められた「最低基準以上」という意味

1949年10月21日に開催された第1回18特別委員会では、稲田清助初等中等教育局長により、文部省原案の「シャウプ使節団勧告に基づく立法措置について」の説明がなされ、具体的な内容として次の六つの項目を掲げている。

「一、公立学校の標準教育費等に関する法律案を作成すること、

二、この法律は、公立学校（大学は除かれるであろう。）の標準経費の確保、基準単価の算定等に関する基本原則を定め、教育の機会均等と教育費に対する国民の負担の均衡を図り合わせて教育委員会の自主性を高めることを目的とすること、

三、都道府県及び市町村に標準教育費支出義務を負わせること、

四、基準単価は学校の種類、規模、土地の状況その他特殊な事情を考慮して相当数の群に分類された教員費学用品費設備費、維持費新規建築費の生徒一人当たりの最低の単価とし、これに基づいて都道府県及び市町村の標準教育費を算定すること、

五、文部大臣は、市町村の教育委員会及び都道府県の教育委員会が算出した標準教育費を精査して地方財政委員会に報告し、地方財政委員会はこれに基づいて平衡交付金の配分を行うこと、

六、義務教育にかかる職員の給与の負担は、すべての市町村に教育委員会が設置されるまでは都道府県の負担とすること。」[10]

　以上の文部省案「シャウプ勧告に基づく立法措置について」は、のちに教育刷新審議会第32回建議事項「公立学校の標準教育費等について」（1949年10月29日建議）となるものである。この建議は、シャウプ勧告を受けて実施されようとしていた地方平衡交付金制度への対応として、公立学校の標準教育費等に関する法律案を作成するよう要請していた。その目的は、標準教育費の確保と教育委員会の自主性の向上にあるとされた。そして、同法律によって定められた基準をもとに算出された標準単価に基づいて、教育に関する支出を地方教育委員会が集計し、文部省が修正し、これを財政委員会に報告することで、平衡交付金の基礎資料とするという内容であった。

　第18特別委員会では、このような標準義務教育費の確保という論点に対し、次のような意見が出された。そもそも平衡交付金制度には、義務教育国庫負担金とは異なり、教育に対する支出義務がない。そのため、この平衡交

付金を教育事業に使うかどうか、あるいは、社会保障、公共事業等の教育以外の事業に使うかどうかは、地方の裁量に委ねられる。そこで、"標準"ないし"最低限"の義務教育費すら地方において確保できなくなってしまうのではないかという懸念を払拭するため、教育に関する支出の"最低基準"を可能な限り精密に作り、法定化を試みようという方向に議論が発展した[11]。

標準教育費法案の審議過程においては、四の「生徒一人当たりの最低の単価」に関して、「最低」にするか「標準」にするかが争点となった。「最低」という文言を是とする委員からは、「モデレートな標準として決めても標準ではそれを下廻ることも上廻ることもあ」り、有名無実だが、「最低というのは上廻っても下廻ることはない」という理由により、「最低」にすべきであるという考えが出された[12]。これに対し、「標準」という文言を是とする委員からは、飽くまでも最低を下回ることのないミニマムを保障するという趣旨を含んだうえで、さらなる教育費の要求を出す場合の参考としての性格をもたせるためには「標準」という文言にすべきである、という考えが出された[13]。

最終的には、後者の意見が採用され、「生徒一人当たりの標準の単価」へと書き換えられた。加えて、この標準単価を定める場合には、山間部や都市部といった各都道府県の状況や事情を考慮すべきことや[14]、金額だけを見れば客観的には贅沢だと捉えられる場合にも、「教育の理論的な構成」の上にある金額であることを訴えていけば、決して贅沢な金額とはいえないことも確認されていた[15]。

「最低」か「標準」かをめぐる基準の設定に関する議論においては、財政の切迫した状況の中での教育財政の最低基準の設定という難しさを抱えながらも、教育の国家責任を前提とした議論がなされていた。「最低限の教育」はもちろんのこと、「標準の教育」においても、教育に関する最低限の基準を確保した上で、最低基準以上の教育保障を目指すという解釈がとられていた点は注目されてよいだろう[16]。

(2) 標準教育費を賄える教育行政単位創出とそのための調査という施策

建議に至るまでの第18特別委員会での会議においては、先の標準義務教

育費の確保をめぐる議論に加え、標準教育費を賄える教育行政単位の設定に関する議論もなされた。まず、標準単価の決定の仕方については、第2回18特別委員会において沢田節蔵主査が「標準単価を決めるときの内容は、各都道府県の都市の状況とか、特殊の事情を考慮して決めればいい」[17] と述べ、各地域における必要性に基づいて標準単価を決定すべきことを提案した。その標準をどのように定めるのかについては、木村清司臨時委員が、最終的な決定は文部省によって行われるにせよ、「標準教育費というものは客観的の尺度で決めるべきもの」[18] と意見していた。

　当時教育刷新審議会の幹事を務め、文部省調査普及局長であった辻田力は、シャウプ勧告に対応するには、教育財政の問題と教育行政の問題を切り離さず、一緒に検討していくことを委員に要請した。その上で、文部省による全国的調査の計画の内容を第3回18特別委員会において委員に周知した。学校建築等の維持管理、教員費、学用品等の生徒一人あたりの標準単価から導かれる標準義務教育費を保障できる教育行政単位を見出すべく実施された大規模な調査が『地方教育費調査』であった。この地方教育費調査報告書の初刊には、CIE教育課の教育財政改革指導担当を務めたモーガンも巻頭言を寄せており、調査の意義について述べていた[19]。

2　標準義務教育費法案の起案と廃案

2-1　CIE文書からみる標準義務教育費法案と地方平衡交付金法案の攻防

　第18特別委員会での標準義務教育費法案に関する審議は、1949年10月28日の教育刷新審議会第9回総会（第2回18特別委員会開催日の午後）において、第32回建議「公立学校の標準教育費等について」として採択され、翌日29日に吉田茂内閣総理大臣に提出された。教育刷新審議会によるこの建議は、「標準義務教育費の確保に関する法律案」（Law Concerning Securing of the Standard Compulsory Education Expense、以下、標準義務教育費法案）の立案につながり、モーガンと文部省側との議論が重ねら

れた。同法案が閣議決定を経てなお、国会未提出廃案となった背景として、シャウプ勧告によって宣言された地方自治の原則、詰まるところ、占領政策の方針に反する法案内容であるために、GHQ/SCAP の命令によって国会への提出が取り下げられたという経緯が通説の中で語られてきた。以下では、モーガン文書等から読みとれる標準義務教育費法案をめぐる文部省と地方自治庁、GHQ/SCAP 関係組織とのやりとりに注目する。

　標準義務教育費法案につながる新たな法案作成の様子がうかがえるのは、1949 年 12 月 9 日以降である。12 月 9 日のモーガン文書では、文部省はできる限り早く学校財政法案ないし標準義務教育費法案を完成させ、第 7 回国会に提出したい意向であると記されている。また、CIE から文部省に対し、法案の中に標準教育費の計算のための公式を入れるべきことが助言されていた[20]。その後、12 月 27 日のモーガン文書には、地方自治庁が地方平衡交付金法案を提出予定であり、学校財政法案も同時に、もしくは地方自治庁よりも早く提出する必要があると記されていた。学校財政法案については、CIE 内部からも、文部省による教育統制に対する懸念が示されていたが、附則を明示的に規定する等の条件を文部省側が受け入れ、CIE との合意に向かったとみられる[21]。したがって、1949 年 12 月末以降から 1950 年の早い段階には、文部省は CIE とともに、標準義務教育費法案の制定に尽力し、地方平衡交付金から教育予算を分離させ、教育費として使途を限定するための、標準義務教育費法案の確立を試みたと考えられる[22]。

　12 月 19 日のモーガン文書には、地方自治庁が「地方財政平衡交付金法」を提案したことについての記録がある[23]。これ以降、文部省と CIE は、地方自治庁の地方平衡交付金法案に反対を唱え、文部省・CIE と地方自治庁との議論が平行線をたどることとなった。

　1950 年 1 月 28 日、同年 2 月 17 日のモーガン文書からは、GHQ の他部局による法案への賛成と、地方自治庁による廃案への働きかけがあったことが読みとれる。1 月 28 日、ESS（Economic and Scientific Section, 経済科学局）の Baron と文部省の Takase（高瀬荘太郎であると推測される）が

前日 27 日に標準義務教育費法案 [24] について会談し、Baron は次のように意見を示していた。

「a. 独立した標準義務教育費法が制定されなければならない、

b. 標準義務教育費法は地方学校標準支出の最低総額の計算のための客観的公式（objective formula）を規定しなければならない」[25]

その上で、ESS 側は法案への賛同を示していた。

2 月 11 日には「地方財政平衡交付金法案」及び標準義務教育費法案が閣議決定を経て、その後、標準義務教育費法案の最終確定に向けた修正が施された [26]。例えば、同法案の第 6 条における「見積書の作成等」は「標準義務教育費の額の決定」に改められ、同条 1 項及び 2 項の「文部省の定めるところにより」は「文部省令で定める手続き」に修正された。また、1 項及び 3 項については、標準義務教育費に関する見積書を地方財政委員会へ提出する旨の文言を削除した。これらの修正からは、文部省と地方自治庁による妥協ゆえの修正であることが見出せる [27]。

しかしながら、文部省と地方自治庁との妥協点が見出されたはずであったにもかかわらず、1950 年 2 月 17 日のモーガン文書によると、再び法案に対する地方自治庁の反対の動きがみられ始める。

「1. 2 月 16 日、全国首長会合において、標準義務教育費法案に反対するという結論が承認されたとする陳情が、地方自治庁から文部省へなされた。

2. 標準義務教育費法案に関して、都道府県議会による明確な動きはまだとられていない。にもかかわらず、地方自治庁の陳情に沿って反対へ向かう意図がある。

3. 地方自治庁は、独立した標準義務教育費法案を支持する内閣の政策方針に異議を唱えているという書簡を ESS に提出した。」[28]

と記されていた。

以上の二つのモーガン文書からは、ESS内部における標準義務教育費法案への賛同が示され、2月11日の閣議決定を経ながらも、地方自治庁における法案反対の動きが継続して存在していたことがうかがえる。

こうした、標準義務教育費法案に反対する日本政府の動向については、モーガンのみならず、カーペンターも記録を残していた。カーペンターは、CIE教育課の通常会議において"日本の教育の課題"を議題として取り上げ、「文部省以外の日本の省からの制約に関する問題」について、「日本の官僚が、公式に閣議決定された文部省提出法案に反対するだけの権力をもっている。例えば、標準義務教育費の確保に関する法律案を公式的に賛成しているにもかかわらず、非公式に反対を訴え続けたのだ」[29]と記録していた[30]。

その後のモーガン文書には、法案の最終修正案が確定する2月24日の前日、2月23日に、地方自治庁も含めて標準義務教育費法案及び、生徒一人あたり標準単価（3,200円）に賛成していることが記されていた[31]。さらに、第7回通常国会終了まで2か月と迫った1950年3月2日のモーガン文書には、地方自治庁が標準義務教育法案に反対し、GHQ/SCAPに反対するように促していること、教育刷新審議会は明日3月3日の総会において、日本政府とGHQ/SCAPが共に標準義務教育費法案を支持するよう決議するであろうことが記されていた[32]。

1950年の3月3日は教育刷新審議会会議録において第16回総会の日であったが、この回の会議録は現在欠本となっているため、いかなる会議内容となったのかは不明である。いずれにせよ、文部省、CIE、ESS、そして、GHQ/SCAPから標準義務教育費法案への賛同を得られる方向にあったにもかかわらず、地方自治庁は、各地方自治体、ESS、そしてGHQ/SCAPに対し、事前に法案への反対を促していた事実が見受けられる。地方自治庁からGHQ/SCAPへの働きかけがどれほどの意味をもったのかは定かでない。しかしながら、モーガン文書の内容からは、標準義務教育費をめぐる攻防が、占領政策の転換に伴うGHQ/SCAPによる国会提出取り下げであっ

たと単に結論づけるには慎重にならざるを得ないことも確かであろう。

2-2　標準義務教育費法案に対する世論の高まり

　標準義務教育費法案の制定をめぐっては、政府内での議論の拘泥化が察せられた一方で、同法案をめぐる世論は大きなものとなっていた。

　1950 年 2 月 14 日のモーガン文書には、徳島県教育委員会及び教職員組合が、GHQ と CIE に対し法案を支持するよう要求したと記されている。CIE 側は、徳島県の教職員組合の要求に対し、平衡交付金法案と標準義務教育費法案の現在の位置を説明し、日本政府によってどちらかに決定されなければならない問題であると回答していた [33]。

　同年 3 月 7 日のモーガン文書には、山梨県知事が法案の現在の情報を求めたと記されていた。「山梨県はとても貧しく小規模学校が数多く存在するために、同法案が極めて重要」、といった内容であった。そして、「山梨県知事に対して CIE 側は、法案の現状を説明し、参議院を除いては大きな反対意見はないようにみえる」と回答していた [34]。

　そして、第 7 回国会に提出されることなく標準義務教育費法案は最終的に廃案となってしまったにもかかわらず、会期終了後の 1950 年 6 月 26 日のモーガン文書には、「標準義務教育費法案制定の請願書」として、PTAや教職員組合、電報、手紙など、200 万筆近くの署名が文部省に届いたことが記されていた。そこには、法案制定を請願する人々から寄せられた署名や書簡の集計と、約 200 万筆の署名内訳が次のように示されていた。

　「文部省は、すでに受け取った請願書に関する情報を以下に翻訳した。

　a. PTA からの請願署名の数；1,861,766、

　b. 教職員組合；41,815、

　c. 組織代表からの電報；138、

　d. ハガキ；5,867、

　e. 手紙；327、

f. 組織代表によるものも含んだ署名の合計；1,909,013」[35]

　という報告であった。署名者の多さ、特に、PTA による圧倒的な支持を
得ていたことからわかるように、標準義務教育費法案の成否が、教職員組
合等の教育関係者にとどまらず、保護者を含む一般国民にとって、教育費
の確保という切実な国民的問題に発展したのである。

3　第5期・第6期 IFEL による 教育財政講習の展開

　第18特別委員会が1949年10月に第32回建議を提出して以降は、審議
会における中心的な議題が大学財政等に移行した。それに伴い、1949年の
10月末以降、教育関係基準法案や教育財政関連法に関する議論の中心舞
台は、第5期・第6期（1950-1951）占領期教育指導者講習（the Institute
For Educational Leadership；以下、IFEL）に移ったとみられる。
　占領期における教育財政改革においてモーガンが果たした重要な役割は、
以上に見てきた教育財政関連法案、主に、標準義務教育費法案の CIE 側と
文部省側での議論の取りまとめに加え、IFEL における「教育財政」科の講
習を担ったことである。
　IFEL は、戦後日本教育改革期に目指されていた教育の民主化という目標
を達成するために実施された施策の一つである。各都道府県や大学におけ
る日本の教育界の指導者が集められ、米国人と日本人による多種多様な講
座が開設された。また、単なる知識伝達のための講習にとどまらず、民主
主義教育、あるいは民主的生活様式までをも含めて、日本の教育界のリー
ダーたちに体得させようとするところに、この講習における大きな特徴が
あった[36]。
　1948年の秋から1952年の春までの第1期から第8期、1952年以降占領
期が終わってから日本独自で第9期 IFEL が開かれ、受講者総数は延べ1

万人にのぼった [37]。第1期から第9期 IFEL の中で、教育財政講座が開講されたのは、1950 年度の第5期及び第6期 IFEL のみである。

　1948 年度の秋から実施された第1期・第2期 IFEL は、1948 年7月に制定された教育委員会法とかかわって、教育長と指導主事の養成のために重要な役割を果たした。教育委員会法の制定により、教育委員会が各都道府県と主要都市及び一部の市町村に設置され、教育委員会には教育委員の処理する教育事務をつかさどる教育長と、教員に対して指導助言を行う指導主事とが置かれた。双方の役職に就任するためにはそれぞれ、教育長の免許、及び、指導主事の免許が必要とされ、1949 年5月に制定された教育職員免許法によって、教育長と指導主事の免許授与条件が定められた。その条件とされたのが、IFEL における教育長講習、小学校ないし中学校指導主事講習を修了することであった [38]。

　第2章第2節において紹介した、CIE 教育課教育財政改革指導担当であったバーンハートとカーペンターは、第1期・第2期 IFEL において、教育長や指導主事となる者に対して講習を行った。1949 年秋から実施された第3期 IFEL では、教育長と指導主事養成のための講習に女子補導講習が加わった。さらに、第4期 IFEL では、教員養成学部教官講習が加わり、講習の実施エリアも拡大した [39]。

　モーガンが講師を務めた第5期（1950 年9月18日から12月8日）及び第6期（1951 年1月8日から3月31日）IFEL からは、それまで行われてきた教育長・指導主事の養成ではなく、「新制大学において教職員の養成および現職教育を担当する教員の講習が中心」[40] となり、開設科目は 25 講座に上った [41]。第5期・第6期 IFEL における教育財政講座では、米国人講師をモーガンが務め、日本人側の講師は専任講師を宗像誠也（東京大学）が、科主任講師を内藤誉三郎（文部省初等中等教育局庶務課長）が務めた。以下では、モーガンによる週間レポート（Bi-Weekly Reports）を参照し、教育財政講座の具体的な講習内容を明らかにする。

3-1　第5期IFELにおける教育財政講座の内容と成果
－教育財政要領試案の試み－

　第5期、第6期IFELともに、講習は12週間ずつ、約3か月にわたって行われた。各講座を受け持つ米国人講師により、中途経過を報告するレポートが5回にわたって作成され、加えて、最終報告書が作成された。レポートには講習内容の報告や次回講習の予定等が記され、CIEのIFEL総責任者のカーレー（V. A. Carley）とCIEの局長のニュージェントに提出される手続きとなっていた。

　第5期IFEL（1950年9月18日から12月8日）において新設された教育財政講座では、講座開始日の1950年9月18日から同年10月31日までの間、図表3-2のようなスケジュールが立てられた。なお、第5期及び第6期IFELにおける教育財政科目の詳細な講習内容は、一覧にまとめた本章末尾資料を参照されたい。ここでは、その中から講座の内容を幾つか抜粋し、紹介してみたい。

図表3-2：第5期IFEL教育財政講座のスケジュール

	午前		
	9:00—10:30	10:30—10:45	10:45—12:00
平日 月曜から金曜	講習	休憩	討論
	午後		
	13:30—14:45	14:45—15:00	15:00—16:00
月	文献読解	休憩	文献読解
火	プレゼンテーション		討論
水	文献読解		文献読解
木	プレゼンテーション		討論
金	レクリエーション		

＊高橋寛人（2017）「Bi-Weekly Report of IFEL Activities/ Final Report of IFEL, 昭和25年度（第5・6期）教育指導者講習活動報告書/ 最終報告書：DVD版」所収資料 "Reports of IFEL, V th Session", Bi-Weekly Report of IFEL Activities, 25 September-7 October 1950, BoxNo.5610, FolderNo.12. をもとに筆者作成

　まず、第1週から第3週（1950年9月18日から10月7日）は、午前の

講習において、文部省や地方自治庁、地方財政委員会、大蔵省、あるいは
大学教授など、教育財政科講師団である内藤誉三郎と宗像誠也以外の関係
者が講習を担当した。講習内容は、当時の財政問題、特に、シャウプ勧告
とかかわる内容が中心的であり、その他、行政や税制の原理に関するもの
があった。午後はモーガンが講習を担当し、第1週及び第2週においては、
主に米国における行政や財政、税の原理、第3週においては、米国におけ
る教育行政や財政の内容を扱った[42]。

　第4週及び第5週（1950年10月9日から21日）になると、教育財政科
専任講師を務めた内藤誉三郎が午前中の講習を主に担当し、日本の教育に
関係する、法制や財政について講習を行った。内藤の講習の数が多い理由は、
宗像誠也が病床のため教鞭をとることができなかったことによる。そのため、
内藤と、宗像誠也の院生であった Ota（太田堯であると推測されるが定か
ではない）、そして、アドバイザーの Amatsuchi によって宗像の担当講座が
埋め合わせられることとなった。午後は、文献読解の時間が取り入れられ、
題材としてモートとルサーによる『公教育財政』[43]が選ばれた[44]。1920年
代以来発達してきた米国教育行財政がIFELを通して紹介され、教育財政
講座において精読される対象となっていたことは特筆すべき点であろう。

　第6週から第7週（1950年10月23日から11月2日）の2週間も、宗像
は不在であった。前回までの講習と異なる特徴は、現職者による講習が増
加したことである。例えば、神奈川県教育長、横浜市教育長、麹町小学校長、
そして九段中学校長である。それぞれ、現場における教育財政問題を紹介
する内容であったとみられる。その他、国立教育研究所からは五十嵐顕が「現
代地域社会と教育財政」という題目で講習を受けもった。午後は引き続き、
文献読解の時間が設けられた[45]。

　11月1日と2日、そして、第8週目以降の講習は、5つのグループに分かれ、
それぞれのグループによるディスカッションが中心となった。第8週から第
10週（1950年11月6日から25日）までの3週間は、5つのグループのレ
ポートの計画・学習・準備、各グループのレポートに対するモーガンの講習、

そして、残りの講座での活動の計画とスケジュール作成が行われた[(46)]。各グループの検討テーマ及び担当者等の詳細は図表3-3の通りである。

図表3-3：第5期IFELにおけるグループ学習の分担と内容

グループ	1	2	3
担当者	モーガン	内藤・Nakajo	内藤
テーマ	教育財政の理論	日本における教育財政の発展	学校歳入と歳出
1	教育財政と教育原理の関係性	日本における教育財政の発達	平衡補助金制度
2	教育財政の原理	米国における教育財政の発達	教育の標準費用の計算
3	行政と財政の関係性	現代日本における教育行政組織	公教育のための歳入と歳出の分配
4	一般財政と教育財政の関係性	日本における教育財政の現状	政治的財政的依存の問題
5	教育行政と教育財政の関係性	参考文献	独立学校区；通学区域
6	参考文献	付録	参考文献
7	付録	－	付録

グループ	4	5
担当者	モーガン	ファーンスワーズ
テーマ	予算と会計	その他の教育財政
1	国、県、地方の予算	学費援助；奨学金、学生雇用、入学金負債
2	国、県、地方の会計；決算、標準会計、予算管理、特別会計	寄付金
3	原価計算と原価分析	私立学校財務
4	内部および外部監査；自己分析	学校施設設備；建築、学校施設の維持管理、学校施設財務
5	経営管理	日本における学校財政問題
6	参考文献	参考文献
7	付録	付録

＊前掲高橋（2017b）所収資料 "Reports of IFEL, V th Session", Bi-Weekly Report of IFEL Activities, 23 October -2 November 1950, BoxNo.5755, FolderNo.1. をもとに筆者作成

モーガンは「5つの学習グループは、特別講習の内容、対象領域、用いるべき参考文献の計画を形づくり、その上で、編集し、統合し、公教育財

政に関する教育課程の提案としてまとめ、出版する」[47] という計画を示していた。この成果は最終的に、全 6 章からなる『教育財政の概要（Outline of School Finance）』としてまとめられた。第 1 章から第 5 章までは、先の 1 から 5 グループの成果によって構成された。加えて、「教育財政に関する教育課程」的性格をもたせた「学校制度のための政治的財政的独立（Political and Financial Independence for School System）」が第 6 章としてまとめられた [48]。

　第 11 週から最終週（1950 年 11 月 27 日から 12 月 8 日）のモーガンによる文書には、『教育財政の概要』という最終成果を残せたことから、教育財政講習の主要な目的は達成されたと記されている。さらに、参加者や日本人指導者による感想をもとに、「教育財政科講習の参加者が、将来の教育財政の指導者として確固とした自信をもつまでに充実していた」ことを記し、講習の手応えを示していた [49]。一方で、文献読解の計画については反省があったとし [50]、この点は第 6 期に引き継がれることとなった。

3-2　第 6 期 IFEL における教育財政講座の内容

　第 6 期 IFEL は、1951 年 1 月 8 日から 3 月 31 日までの 12 週間にわたって行われた。第 6 期 IFEL における教育財政講座の日本人側講師陣には、第 5 期に引き続き、科主任講師を内藤誉三郎が務め、アシスタントを中條（文部省）と菅（文部省）が、通訳兼アドバイザーを Amatsuchi（CIE）が務めた。

　教育財政講座の受講者は全国各都道府県から参加した 25 名で、初めの 2 週間の間にさらに 2 名が加わり合計 27 名を数えた [51]。この 27 名の所属はそれぞれ、大学及び師範学校の教員が 5 名、県教育委員会事務局担当者が 15 名、県教育調査研究指導者が 1 名、市教育委員会事務局担当者が 1 名、中学校長が 2 名、中学校教員が 1 名、小学校長が 1 名、県教育委員会の委員が 1 名であった [52]。以上の参加者の構成を見る限り、教育委員会事務局の担当者が半数以上を占めていたことがわかる。

　教育長と指導主事の養成のために行われた第 4 期 IFEL までの開講方針

と異なり、1950年度の第5期・第6期IFELが大学教員養成を主たる目的として実施されたものであったにもかかわらず、教育財政講座に関しては、大学関係者の参加は5名にとどまった。教育財政講座に教育委員会関係者がこれほど多く参加した背景には、1948年に制定施行された教育委員会法、及び、教育委員会事務局に「調査統計課」が必置とされたことが推測される（教育委員会調査統計課については第4章を参照）。

第6期の主なスケジュールは、第1週（1951年1月8日から12日）がオリエンテーション及び日程の計画、第2週から第7週（1月16日から2月20日）までが、午前は講習、午後は月曜がモーガンの担当で文献読解、火曜はモーガンによる講習、水曜はNakajoによる討論と講習、木曜はYamamoto教授による文献読解と討論、金曜はレクリエーション及び特別講習とされた。第8週から11週（2月21日から3月23日）になると、第5期と同じく学習グループに分かれてのディスカッション、そして、最終週の第12週（3月26日から29日）ではその成果をまとめ、評価するという流れになっていた[53]。

特別講習では、「GHQの財政政策」、「文部省の全国教育財政調査」（1949年末に実施された地方教育費調査のことを指していると考えられる）、「CIEの教育政策」、「教育の社会学的背景」、「英国やロシア、フランス等の教育財政の構造と運用」の五つの題材が取り扱われる予定となっていた[54]。しかし、1951年の1月22日から2月2日の間のレポートの記録では、講習を実施する政府関係者が国会やGHQ/SCAPとの会議に出席するため、当初の予定通りには行かず、「シャウプ勧告による国家税制度改革」、「国家予算」、「国家会計制度」、「日本における学校経営の現状と組織」、「国と地方の財政と平衡交付金制度」、「現代税制理論」、「地方公務員法」といった、教育財政というよりもむしろ、財政寄りのテーマで特別講習が行われた[55]。

また、文献読解の題材となるものとしては、日本及び米国の文献が取り上げられた。例えば、第1週から第2週では、内藤誉三郎による『教育財政』、第5期IFELに引き続き、モートとルサーによる『公教育財政』、デ・

ヤングによる『公立学校予算』、第 5 期 IFEL での成果としてまとめられた『教育財政の概要』、NEA（The National Education Association of United States, 全米教育協会）による『州教育財政制度導入の手引き』、米国教育省による『公教育財政』、シャウプ勧告レポート、第二次米国教育使節団報告書が読まれ、受講者はそれに関するレポートを提出した[56]。

　第 3 週から第 4 週には、また別の文献が 8 冊用意され（具体的には、田中二郎『行政法大意』、相良惟一『教育行政法』、モート・ルサー『公教育財政』、シアーズ『教育行政』、伊藤和衛『現代教育財政』、荻田保『地方財政』、NEA 他『アメリカ民主主義の教育政策』、AASA（American Association of School Administration, アメリカ学校管理者協会）『教育委員会の機能』[57]。以降の週については本章末尾の IFEL 講習一覧表を参照。）、第 5 期 IFEL に比べて大幅に文献課題の数が増え、重量感ある講習であったことをうかがわせる。

　第 8 週からは図表 3-4 の通り、グループ学習が行われた。このグループ学習の成果である最終レポートとしてまとめられたものが、教育指導者講習研究集録シリーズの「教育財政」にあたる。全 6 章構成で 534 ページに及ぶ大著である。

図表 3-4：第 6 期 IFEL でのグループ学習の分担

章	タイトル	担当人数	指導者
1	教育財政の原理	4	モーガン
2	教育財政の現状	2	内藤・Nakajo
3	歳出	6	内藤・Nakajo
4	歳入	7	内藤・Nakajo
5	予算、会計、監査	5	モーガン
6	教育の財政的独立	3	内藤・Nakajo

＊前掲高橋（2017b）所収資料 "Reports of IFEL, VI th Session", Bi-Weekly Report of IFEL Activities, 19 February -2 March 1951, BoxNo.5611, FolderNo.4, p.56. をもとに筆者作成

　教育財政講座は、この研究集録の他に、図書として全国教育財政協議会編『教育財政要項』[58]、そして、同じく、全国教育財政協議会によって『教

育財政の研究』を出版した。いずれも、第5回 IFEL と第6回 IFEL の最終レポートの成果が編集され、出版されたものである。このような出版図書はすべての IFEL の講座において作成されたわけではなかったことから、教育財政講座が戦後日本における教育財政研究に精力的に打ち込んだ成果といっても過言ではないだろう。モーガンは、第6期 IFEL における教育講座終了後、目的を達成したことへの充足感、また、「将来有望な教育財政の教師が誕生した」という表現で、その成果を記していた[59]。

3-3　第6期 IFEL における教育財政講習の成果
－教育財政の確立への提言－

占領期教育指導者講習研究集録「教育財政」(1951) の内容について、特筆される部分をここで紹介しておきたい。各章のタイトルは、第1章「教育財政の原理」、第2章「教育財政運営の現状」、第3章「経費における主要問題」、第4章「収入における主要問題」、第5章「予算会計制度上の主要問題」、そして第6章「教育財政の確立」という内容で構成された。冒頭にはモーガンによる序文が記され、将来の大学等の講座において同書が有益な教材となることが目指されていた[60]。大まかな目次は図表 3-5 の通りである。

第6期 IFEL 教育財政講座による研究集録「教育財政」において、教育財政研究の任務は「理論的研究の任務」と「実践的研究の任務」との二つにあるとされた。

前者の教育財政の理論的研究においては、「歴史と統計から帰納的に研究がなされて、財政特に収入部面の発展と構成についての関係を明らかにする」こと、及び、「教育財政が国及び地方団体における社会的、経済的、政治的諸要因といかなる依存関係にあるかを明らかにする」ことにあり、これらをもってして「教育財政発展の法則を推定すること」が主要な任務であるとされた。

一方で、後者の実践的研究においては、「教育行政の法及び運営の適否」と、「教育目的を達成する教育費の収入、経費、予算、会計、管理等、教育

図表 3-5：第 6 期 IFEL 研究集録「教育財政」目次

第 1 章　教育財政の原理
第 1 節　教育財政の地位
第 2 節　教育財政の本質
第 3 節　教育財政の原理
第 2 章　教育財政運営の現状
第 1 節　教育財政運営の機構
第 2 節　現行教育制度と教育財政
第 3 章　経費における主要問題
第 1 節　教育経費の分析
第 2 節　最低教育費について
第 4 章　収入における主要問題
第 1 節　教育収入の概要
第 2 節　平衡交付金制度下における教育収入
第 3 節　教育収入の確保
第 5 章　予算会計制度上の主要問題
第 1 節　現行の予算及び会計制度の概要
第 2 節　望ましい教育予算の構成
第 3 節　学校会計制度の整備
第 6 章　教育財政の確立
第 1 節　平衡交付金制度下における教育費の確保
第 2 節　教育委員会法の改正による教育財政の確立
第 3 節　教育基準の設定による教育財政の確立
第 4 節　学区制、教育税及び教育平衡交付金による教育財政の確立

＊前掲高橋（2017a）所収資料「ⅩⅩⅤ教育財政」をもとに筆者作成

財政問題の解明」により、実践的政策的性質を有する任務があるとされた。

　研究集録「教育財政」は、こうした理論と実践双方の研究により、日本における教育財政の指導原理を導こうとしたものであった[61]。以下では、第 6 期 IFEL 研究集録「教育財政」（以下、研究集録）の中でも特に重要な記述と見られる第 3 章「経費における主要問題」の第 2 節「最低教育費について」、及び、第 6 章「教育財政の確立」について詳しくみていこう。

(1) 「教育に対する国家の任務」としての教育基準の設定

　研究集録中において「最低教育費」は、「現実の教育の財政経済状態を直視し、考慮しながらも理想の教育計画の達成に一歩でも近づかんとする交差点の最低の経費を意味する」と定義され、より具体的には、「国においても、地方においても、夫々の地域社会の needs や広狭等により広く打ち樹てられた教育計画の達成のための科学的合理的教育費の算定を収入源とにらみ合わせながら測定されたもの」とされた。当時文部省において起案されていた「標準教育費の確保に関する法律案」における教育費算定は、以上に述べたような最低教育費の意味を含むものであり、その点において評価されていた[(62)]。

　第6章「教育財政の確立」では、日本の実情に即して具体的に四つの方策による教育財政の確立を論じている。すなわち第一に、地方平衡交付金制度下における教育費の確保の方策としての標準義務教育費法の制定、第二に、教育委員会法の改正による財政権の確立、第三に、教育基準法の制定による教育費の確保、そして第四に、学区制及びこれに伴う教育税並びに教育平衡交付金制度の制定である。全てを詳細に紹介する紙幅は用意されていないため、戦後当時実際に立案され審議されたという点から、第一と第三に掲げられた「標準義務教育費法の制定」と「教育基準の設定」について、詳しく見ていく。なお、引用本文中の下線はすべて筆者によるものである。

　第一に掲げられた「標準義務教育費法の制定」については、1950年の第7国会で「標準義務教育費の確保に関する法律案」が国会未提出廃案となった事態をふまえ、改めてその必要性を確認した内容と審議の過程が記されている。

　義務教育費に必要とされる経費は、（イ）教職員の給与、（ロ）学校の維持管理に要する所謂経常費、（ハ）学校の施設の整備に要する費用、（ニ）教科書、学用品、薬品及び給食費等直接児童生徒のために要する費用の4種類に分類されるとした上で、標準義務教育費法案においては、（イ）教

員給与及び、（ロ）経常費が対象とされた。（イ）についてはこれまで、義務教育費国庫負担法によって国と都道府県によって負担され、（ロ）については本来であれば市町村負担のところ、実際には PTA やその他の寄付金によって負担されてきた。標準義務教育費法案においては、教員給与費と経常費の 2 種類の単価についてそれぞれ、約 2,350 円及び約 850 円を導き、生徒一人あたり費用を 3,200 円とした。前節で既述の通り、この法案は地方分権の精神と逆行するものであることを主たる理由として強力な反対意見が出された。

　この反対意見に対して第 6 期 IFEL 教育財政講習受講者は、「本法案は国家が国民に対し憲法の責務を果たすべきことを求めるものである」、「この法案は地方公共団体に対して最低限度義務教育費に必要な金額の流用を禁止しているに過ぎない」と再反論し、義務教育の最低限度の費用の確保及び教育の機会均等の保障を訴えていた [63]。

　次に、「教育基準の設定」についてである。この「教育基準の設定」の節では、文部省において過去に起案された「学校基準法案」の再検討が行われていた。教育基本法や学校教育法に規定された教育の目的を達成するためには、適切な教育計画の樹立が必要であり、その基礎となる教育課程や教育施設設備の基準の如何こそが、結果的に教育の目的の実現を左右することになるため、このような基準を一定に設定することの必要性について記されていた。

　教育基準を国が決定することに伴う中央統制強化の問題に関しては、「教育基準の設定は決して教育の画一化を図るためのものではなく、又教育の中央統制の強化を目指すものでもない。それは教育の最低基準を設定し、最低水準を維持せんとするものであるのみならず、更により高く自由なる向上を図ること」[64] を目的とするものとされた。

　教育基準の設定の根拠は、第一には「基本的人権の尊重」、第二には「教育に対する国家の任務」に求められた。第一の「基本的人権の尊重」については、教育機関の内容や施設設備が教育上必要とされる最低限度を下回

らないことではじめて、教育の機会均等と義務教育を実現し、民主国家における基本原理が実現されることを理由とした。

　第二の「教育に対する国家の任務」については、文部省設置法（昭和24年5月31日法律第146号）第4条2号「民主的教育の体系を確立するための最低基準に関する法律案その他の教育の向上及び普及に必要な法令案を作成すること」の規定、及び、同法第5条25号「小学校、中学校、高等学校、盲学校、ろう学校、養護学校及び幼稚園に関し、教育課程、科学校図書その他の教材、施設、編成、身体検査、保健衛生、学校給食及び教育職員の免許等についての最低基準に関する法令案を作制すること」の規定を教育基準設定の根拠として提示し、これらの規定をもって「文部省が教育基準を設定することは国法によって賦与された権限であり、義務であることは明白」[65]であるとした。

　さらに、国家が教育基準を設定することについては、次のような見解を示していた。なお、文字不明の箇所は□とした。

「然るにこんにち地方分権の声喧しく、国家が一定の基準を設定して地方団体に□むことは地方自治の侵害であるかの如く呼号するものがあるがそれは大いなる誤りである。

　　かの地方分権を第一義とし地方自治の強化を図ったシャウプ勧告においても、平衡交付金制度は地方団体に対する国家の細々とした統制を最小限度のものとし、地方団体に自由を与える点を強く取上げてはいるが『他方、もしかかる自由が濫用されるようであれば、例えば特定の程度の教育の要求のごとき種類の付帯条件を課することができるであろう。中央政府が課する制度あるいは要求の数は最低限度に減少され、または望ましい程度に用いられるので平衡交付金は大きな弾力性を与えるであろう。』と述べている。すなわち、必要とする最低限度の制限あるいは要求は決して排除するものではないのである。…（中略）…

　　さらに、行政調査委員会議は右の勧告書の各論において教育行政を

論じ、学校教育については『法律で定める学校設置、学級編成、教科書検定その他の基準は最少（ママ）限度にとどめ、教育委員会が地方の実情に即して自主的に決定する余地を多からしめるものとする』とし、社会教育についても『国は基準の作成及び地方公共団体に対する助言、指導等のみを行うものとする』と述べているのは正鵠を得たものというべきであろう。

　以上述べたところにより、国家が教育基準を設定することは国家としての当然の任務であって、この事たるや戦後特に強調されつつある地方分権の思想に対しても決してもとるものではなく、却って地方自治の基盤を強固ならしめて地方自治の発展を助長することになるものであることは明らかであり、我々はここに教育基準設定の大きな根拠を見出し得るのである。」[66]

　以上のように教育基準の設定を国家が行うことにより一層地方分権が発展することを述べた上で、教育条件基準設定の現状については、わずかに高等学校設置基準等があるに過ぎず、速やかに法的措置を講じるべきことが述べられていた。

(2)「学校基準法案」

　設定すべき教育基準の内容を示すにあたり、「学校基準法案」について触れられている。同法案については1949年2月3日付の文部省資料[67]が確認されるのみであり、先行研究においてもそれ以上の情報を得ることはなかったため、やや長きにわたり、引用して詳しくみていく。

　「学校教育の基準については文部省は昭和二十四年四月において『学校基準法案』を起草し、その後同年十二月において、この法案の中の教育課程及び編成に関する事項のみにつき多少の修正を加えて『学校の教育課程及び編成の基準に関する法律案』を草したのであるが両者共に未だ法律として制定を見ていない」[68]

とあり、1949年4月4日付の学校基準法案の概要を次のようにまとめている。

「(イ) 小学校

(a) 教育課程

小学校の教科は、国語、社会、算数、理科、音楽、図画工作、家庭及び保険（ママ）体育とする。教科の学習及び選択学習の時間数は第一学年においては七百七十時間、第二学年においては八百四十時間、第三学年においては八百七十五時間、第四学年においては九百八十時間から千五十時間まで、第五学年及び第六学年においては九百八十時間から千九十時間までとし、各教科別の時間数及び選択学習の時間数は所轄庁が定める。

(b) 編制

一学級の児童数は五十人以下を標準とし六十人をこえることができないものとする。

複式学級、単学級の例外規定を設ける。

専任教諭の数は、一学級につき一人とし、六学級ごとに一人を増すことにし、結核休職者、長期研修者、産前産後の休養者を除外する。養護教諭の数は、一校一人とし、養護対象千人をこえない範囲では二校以上兼務の特例を認める。

事務職員の数は六学級以上の学校に一人とし、二十四学級以上の学校は一人を増す。

学校医及び学校歯科医は一校各一人とする。

(c) 施設及び設備

必要な施設及び設備として、同時に授業を受ける学級数を下らない数の一般教室、図書室、屋外体操場、衛生室、給食に必要な施設、教員室、事務室、手洗所、便所、その他学校管理上必要な施設、校具及び教具を挙げている。

必要に応じて設けることができる施設及び設備として、理科教室、音楽室、図画教室、工作教室、家庭教室及びこれらの附属教室、

講堂、屋内体操場、特殊教育に必要な施設、実験実習室、校長室、寄宿舎、児童の携帯品を保管する設備をあげている。

相互の施設の兼用は、教育上管理上支障なく且つ適当な設備が設けられる場合にはこれを認める。

然し、施設及び設備の基準の細目については別に省令で定めることにしている。

(ロ)　中学校

(a)　教育課程

教科は、国語、社会、数学、理科、音楽、図画工作、保険（ママ）体育、職業課程及び外国語その他中学校においてその教育目標を達成するために特に必要と認められる教科とする。

教科の学習及び特別教育活動の時間数については、毎学年千五十単位時間以上とし、各教科別の時間数及び特別教育活動の時間数は、所轄庁が定める。

(b)　編成

専任教諭の数は一学級につき一人とし、三学級ごとに一人を増すものとする。（その他の点は小学校同様）。

事務職員の数は三学級以上の学校に一人とし、二十四学級以上の学校は一人を増す。

その他、一学級の生徒数、養護教諭の数、学校医及び学校歯科医については小学校に準ずる。

(c)　施設及び設備

必要な施設及び設備としては、小学校に比して、理科、音楽、図画、工作教室、家庭及び職業の授業に必要な施設が加わり、給食に必要な施設を除く点が異なる。

必要に応じて設けることができる設備としては給食施設が加わり特別教室が必設となった外は小学校と同様である。

教室数については、一般教室と特別教室の数の合計は同時に授業

を受ける学級数を下ってはならないとする」[(69)]

　以上の学校基準法案の概要を確認した上で、同法案に対する批判を次の
ように示している。

　「文部省が、最初起草した全面的な学校基準法案を廃案として、その
一部分たる教育課程及び編成のみの基準法案に切り替えたことは、種々
の事情によるものであろうが、頗る遺憾とする所である。既に例示し
た小、中学校基準によつても知られるように、法案中の教育課程につ
いてはほとんど従来の学習指導要領によったもので何等目新しいもの
ではない。又、編成については、専任教諭の数の如きは現状よりもや
や下廻るものになるのではなかろうか。一考を要しよう。
　更に今日において最も強く要望されている施設及び設備の基準につ
いては、あまりにも概念にすぎ、具体性に欠けている。もつとも基準の
細目については省令にゆづつているのであるがそれでは力弱いものに
なる。骨子となるものについては具体的に法に規定すべきであろう。
　校地面積、校舎面積、各種教室面積等につきその児童生徒、もしく
は幼児一人当たりの最低限度を規定することが必要である。
　小学校の必要とする教室数において、一般教室のみについて同時に
授業を受ける教室数を下回らない数の教室を要求するのは不可である。
これは中学校におけると同じく一般教室と特別教室とを組み合わせて
その数を確保するようにすべきである。
　屋内体操場を、必要に応じて設けることができるものとしているが、
寒冷積雪地においては必須のものとすべきである。
　教具及び校具については更に具体的に一定の最低限度の種類を列挙
すべきである。
　衛生及び学校給食についての基準を設け、学校生活における安全と
衛生を確保すべきである。

　学校図書館は、新教育においては重要な地位を占めるものであるが、現状は甚だ不完全である。速やかにこれが基準を設けてその振興を図るべきである。

　高等学校の職業課程の振興は我が国の現状からして特に緊要であるから、その施設及び設備の基準については特に慎重にして新教育の進展を図るべきである。以上述べたものの中で、例えば学校図書館、高等学校職業課程等の如く、<u>その現状が相当に基準を下廻るものについては数段階の基準を示して漸進的向上を図る外、必ず基準の法定を裏付ける財政的措置を講ずるべきで別に補助金法案を起草すべきである。</u>」[70]

　以上の批判が指摘している通り、1949年2月3日付の学校基準法案よりも、基準の内容は抽象的で後退していることが読み取れる。しかしながら注目すべきは、教育に関する基準の法定を繰り返し強調し、かつ、その基準を裏付ける財政的保障として補助金法案を伴わしめようとしていたこと、及び、教育課程に関しては年間の授業時数と教科目名の記述にとどめられていたことである[71]。こうした内容は、国家の学校制度整備義務のあり方として提唱されてきた、学校制度的基準説とも親和性が高いものであるといえるだろう[72]。

　IFEL研究集録「教育財政」では、この後、米国のような教育平衡交付金と教育税の確立についてその必要性が説かれ、最後に、「教育財政を確立するものは教育関係者や財政担当者のみではなく国民自身であることを忘れてはなら」ず、「国民のすべてが教育の本質を理解し、そして教育行政が一般行政と協調しつつもその構成上及び運営上一般行政と異なる特殊的地位に立つべきものであることを認識することが必要である」と記されている。IFEL研究集録「教育財政」は、一般国民にこのような認識を啓蒙宣伝するという点において重要な意義をもつものであることが確認されていた[73]。

第 5 期 IFEL 教育財政講座講習全日程 [74]

週	月	曜日	日	担当者	所属	午前 講習名	担当者	所属	午後 講習名
1週	1950年9月	水	20	田中二郎	東京大学行政学教授	現代行政理論	モーガン	CIE	米国の行政構造
		金	22	鈴木勲	地方自治庁	日本における行政組織・地方自治の発展による最近の改革			
		土	23						
		日	24						
2週		月	25	扱田	地方財政委員会	シャウプ税制改革による政府間関係 (a)政府間財政関係	モーガン	CIE	米国の税の仕組み
		火	26	Ono	行政調査委員会	↓ (b)政府機能の移転	モーガン	CIE	税の原理
		水	27	Ito	一橋大学財政学教授	1950年間での税制度			
		金	28	Okuno	地方財政委員会	1950年の地方平衡交付金制度			
		金	29						
		土	30						
3週	1950年10月	日	1						
		月	2	Fujita	立教大学財政学教授	シャウプ税制改革	モーガン	CIE	米国における教育組織
		火	3	鈴木	武蔵大学教授・東京大学経済学教授	現代日本の経済の位置			
		水	4	Ishihara	大蔵省	国の予算	モーガン	CIE	米国における教育財政
		木	5	Takagi	慶応大学財政学教授	現代税制理論			
		金	6	Ogawa	大蔵省	全国国会計制度	モーガン	CIE	米国における教育財政
		土	7						
		日	8						
4週		月	9	内藤誉三郎	文部省	日本における公教育の改革と今日における構造	Amatuchi, Ota		文献読解・モーガン・ルサー、公教育財政第1,2章 評価
		火	10	内藤誉三郎	文部省	日本における憲法と法律下の教育	Amatuchi, Ota		レポートディスカッション
		水	11	内藤誉三郎	文部省	日本の教育の外的管理	Amatuchi, Ota		レポートディスカッション
		木	12	Teranaka	文部省	国家教育予算			ディスカッション
		金	13	内藤誉三郎	文部省	第二次米国教育使節団報告書			
		土	14						
		日	15						
5週		月	16	Nakajo	文部省	1940年代までの教育財政	Amatuchi, Ota		文献読解・モーガン・ルサー、公教育財政第3,4章
		火	17	Teranaka	文部省	学校経営のための国家予算	Hukuhara		岐阜県教育委員会
		水	18	内藤誉三郎	文部省	1940年における1950年代日本の教育の構造	Amatuchi, Ota		文献読解・モーガン・ルサー、公教育財政第5章
		木	19	Taniguchi	京都府教育委員会調査統計局長	京都府における予算手続きと実際			レポートディスカッション
		金	20	内藤誉三郎	文部省	日本における今日の教育財政の構造			
		土	21						
		日	22						
6週		月	23	内藤誉三郎	文部省	日本における教育財政の主要問題	Amatuchi		文献読解・モーガン・ルサー、公教育財政第5,6章
		火	24	内藤誉三郎	文部省	教育財政の現代問題	モーガン	CIE	地方学校制度における教育財政の組織と運営
		水	25	Nakamura	神奈川県教育長	県教育財政の課題		CIE	皇居訪問
		木	26	Kanno	文部省	教育施設の問題	モーガン	CIE	地方学校組織体制における教育財政単位の機能
		金	27	Hikoyoshi	横浜市教育長	市教育委員会をもつ市における教育財政問題			レクリエーション
		土	28						
		日	29						

週	月	日	曜	五十嵐顕 Saguchi, Hoshi	国立教育研究所 麹町小学校長 九段中学校長	現代地域社会と教育財政 小学校予算／中学校予算	Yamamoto Amatuchi モーガン	慶大学 CIE	文献読解：モート・ルサー、公教育財政第7章 学校予算の原理
7週		30	月						
7週		31	火				モーガン	CIE	学校予算の原理
7週	1950年11月	1	水			グループディスカッション	Amatuchi, Ota		文献読解：ヤング、学校建築 代表委員会
7週		2	木			グループディスカッション			
7週		3	金						
7週		4	土						
7週		5	日						
8週		6	月						
8週		7	火						
8週		8	水						
8週		9	木						
8週		10	金						
8週		11	土						
8週		12	日						
9週		13	月						
9週		14	火						
9週		15	水						
9週		16	木						
9週		17	金						
9週		18	土						
9週		19	日						
10週		20	月						
10週		21	火						
10週		22	水						
10週		23	木						
10週		24	金						
10週		25	土						
10週		26	日						
11週		27	月						
11週		28	火						
11週		29	水						
11週		30	木						
11週	1950年12月	1	金						
11週		2	土						
11週		3	日						
12週		4	月			グループ学習			
12週		5	火			国会見学			
12週		6	水			グループ学習			
12週		7	木						
12週		8	金						
12週		9	土						
12週		10	日						

補足記述（表中の横断メモ）：

- ◆5つのグループのレポートの計画、学習、準備（①教育財政の原理　②日本における教育財政の発達　③学校歳入と歳出　④予算と会計　⑤その他の教育財政）
- ※11月8日午後は東京目黒のアメリカンスクールを、11月9日は終日神奈川県教育委員会及び横浜市教育委員会を教育財政講座で訪問した。
- ◆グループレポートにかかわるモーガンの講習　会計記録と報告に関するもの：a.学校会計の説明責任、b.会計制度と理論、c.歳出制限、d.費用分析、e.会計記録と報告、f.学校の選択と調達の管理、物品と設備に関するもの：g.維持修繕管理、h.特別会計、i.負債
- 残りの講座での活動の計画とスケジュール作成
- ◆11週と12週のモーガンの講習の内容　a.施設稼働管理、b.資産管理、c.負債、経営、d.資本支出財務、e.保険、f.比較費用、g.地方教育財政調査
- 湯河原の教育委員会　教育委員会の設置されていない熱海の学校を訪問

＊前掲髙橋（2017ｂ）所収資料"Reports of IFEL Ⅴth Session"の各週における教育財政講座（XXV School Finance）のパートをもとに筆者作成

第6期IFEL教育財政講座講習全日程

週	1951年1月	曜日	日	午前 担当者	午前 所属	午前 講習名	午後 担当者	午後 所属	午後 講習名
1週		月	8			オリエンテーション 日程の計画			◆1月8日から19日までの間の講習および討論 1) モーガン「第5回IFELの目的と目標」 2) モーガン「米国における連邦、州、地方組織と税制度」 3) 内藤・Nakajo 日本における教育財政の諸問題」 e) NEA「州教育財政制度導入の手引き」 f) 米国教育財政」 g) シャウプ勧告レポート h) 第二次米国教育使節団報告書
		火	9						
		水	10						
		木	11						
		金	12						
		土	13						
		日	14						
2週		月	15			日本における政府構造			a) 内藤誉三郎「教育財政」 b) モート・ルサー「公教育財政」 c) チャンプ「公立学校予算」 d) 第5期IFEL「教育財政改革の概要」
		火	16	Sakuma	地方行政調査委員会研究所長	政府機能の移転			
		水	17	田中一郎	東京大学	現代行政理論			
		木	18	Fujita	立教大学	シャウプ税制改革			
		金	19						
		土	20						
		日	21						
3週		月	22	Suzuki	地方自治庁	日本における政府構造			◆1月22日から2月2日までの特別講習 1) Hara「主税局」シャウプ勧告による国家税制度改革」 2) Ishihara/大蔵省「国家予算」 3) Ogawa/大蔵省「国家会計制度」 4) 内藤誉三郎/文部省「日本における学校経営の現状と組織」 文献読解課題 1) 田中一郎「行政法大意」 2) 相良惟一「教育行政法」 3) モート・ルサー「公教育財政」 4) ナーズ「教育行政」 5) 伊藤和衛「現代教育財政」 6) 荻田保「地方財政」 7) NEA他「アメリカ民主主義の教育政策」 8) AASA「教育委員会の機能」
		火	23	Okuno	地方財政委員会	政府間財政関係			
		水	24	Okuno	地方財政委員会	平衡交付金制度			
		木	25	Fujii	地方自治庁	国家公務員法と地方公務員法			
		金	26	Kono	大蔵省	国家予算			
		土	27						
		日	28						
4週		月	29	Ogawa	財務省	国家会計制度			◆この間のモーガンによる講習 1) 米国の連邦、州、地方レベルでの行政の組織構造と機能 2) 米国の連邦、州、地方レベルでの税制構造 3) 米国の連邦、州、地方レベルでの教育行政の組織構造
		火	30	Suzuki	武蔵大学経済学部長	現代税理論			
		水	31	Tsuru	一橋大学教授	日本の経済の現状			
	1951年2月	木	1	宗像誠也	東京大学教授	教育組織の改革原理			◆2月5日から16日までのモーガンによる講習 1) 米国における教育行政の内的外的管理 2) 米国における連邦、州、レベルの公教育支援 3) 米国における州政府の傾向 特別文献読解課題
		金	2	内藤誉三郎	文部省初等中等教育局	公務員法と現状			
		土	3						
		日	4						
5週		月	5	内藤誉三郎	文部省初等中等教育局	地方公務員の法制限および運営管理			2/5 (1)浅井清「改正国家公務員法」 (2)大内兵衛「戦後日本財政の歩んだ道」 (3)AERA「教育の組織と管理」 (4)リーダー「公立学校経営の基礎」 2/6 (1)AERA「財政と経営管理(通常文献2/8モート・ルサー「公教育財政」)
		火	6	Nakajo	文部省	1940年以前の教育財政			
		水	7	内藤誉三郎	文部省初等中等教育局	1940年以後の教育政策の発達			
		木	8	宗像誠也	東京大学教授	教育行政研究法			
		金	9						
		土	10						
		日	11						
6週		月	12	Okada	文部省	国家公務員の給与表			2/12 (1)伊藤和衛「現代教育財政」 (2)Umeyama「資本主義と教育財政」 (3)Fine「日本経済の展望」 (4)AASA「良き学校への道」
		火	13						
		水	14	内藤誉三郎	文部省初等中等教育局	今日の日本における教育財政の構造			
		木	15	Nishimura	滋賀県教育長補佐	県における教育財政の実態			
		金	16	Jibiki・石川	文部省	学校施設設備の問題			

週	曜日	日付	訪問・講義等	モーガン講義・講習	講座内容	グループ学習等
7週	土	17				
	日	18				
	月	19	Haruyama	文部省	国立大学財政	
	火	20	内藤誉三郎			
	水	21	文部省初等中等教育局		日本における教育財政の現状	◆2月19日から3月2日までの特別文献読解課題 a.奥野誠亮 柴田護「地方財政法講話」 b.NEA「教育委員会の現状と実際」 c.NEA「市教育委員会の財政権」 d.地方財政協会「地方税制改正詳説」 e.CIE「日本における学生への経済補助」 f.大内兵衛「財政学大要」 g.モーガン「カリフォルニア教育会計マニュアル」 h.汐見三郎「改訂租税論」 i.経済安定本部「第4次経済白書」 j.NEA「教育の社会学的枠組み」 k.宗像誠也 教育研究法 l.Morphet「公教育補助金」など
	木	22				
	金	23	千葉市東京教育大学国立ろう教育学校 市川市立養護小学校を訪問			
	土	24				
	日	25				
8週	月	26				
	火	27				
	水	28	静岡県および市教育委員会を訪問			
9週	1951年3月 木	1	熱海市教育委員会を訪問			
	金	2	学校等を訪問			
	土	3				
	日	4				
	月	5	◆3月5日から16日までのモーガンによる講義	◆モーガンによる特別講習		
	火	6	a.教育行政の機能と目的	a.財政原理		グループ学習
	水	7	b.学校制度の目的に関する効率と経済的管理	b.税制原理		
	木	8	c.公立学校運営と教育行政との関係	c.民主的公教育の基礎原理		
	金	9	d.公立学校運営の機能と目的	d.民主主義における公立学校支援の基本理論		
	土	10	e.地方教育行政と公立学校事務制度の組織			グループ学習
10週	日	11	f.学校財政の機能と目的			
	月	12	g.公立学校の負債			
	火	13				
	水	14				
	木	15				
	金	16				
	土	17				
11週	日	18	◆3月19日から30日までのモーガンによる講習	◆モーガンによる講習		
	月	19	a.予算管理			グループ学習
	火	20	b.歳出管理			
	水	21	c.学校予算の内外の管理			
	木	22	d.予算及び歳出分類の統合			
	金	23	e.日本と米国の単一会計専用語とコード記号			グループ学習
	土	24	f.費用分析と会計			
	日	25	g.一般会計:歳入容器録と歳出予算勘定			グループ学習
12週	月	26	h.特別会計:歳入と歳出、前納と後納、財産勘定			スタッフメンバーでタ食
	火	27	i.資産台帳、負債と負債償却費、仮勘定			お茶会
	水	28	j.学校設備の選択と調達と配分			グループ学習
	木	29	k.競争入札:現物とサービスの支払い			グループ学習
	金	30	◆特別文献読解 1)NCSC「学校施設立ガイド」 2)R.A.Hamon「教室の照明」			全グループスタッフでレセプション
	土	31				

＊前掲髙橋（2017ｂ）所収資料"Reports of IFEL Ⅵth Session"の各週における教育財政講座（XXV School Finance）のパートをもとに筆者作成

小結 戦後教育改革期における 教育財政改革の到達点

　本章では、シャウプ勧告への対応として、教育刷新審議会での議論と、1920 年代以降の米国で展開した教育財政移転制度が、モーガンを中心とする CIE 教育課教育財政改革指導担当者や第 5 期・第 6 期 IFEL によって受容された過程を明らかにしてきた。この分析を通して得られた知見は次の 2 点である。

　1 点目は、第 2 章において確認した CIE の認識と同様に、日本側の教育刷新審議会においても、教育の地方分権化を目指すよりもむしろ、憲法 26 条を根拠にした最低限の教育保障を根拠として、教育財政関連法の確立を思案していたことである。教育刷新審議会総会や同審議会第 18 特別委員会会議で確認されたように、教育財政における地方分権と中央集権の緊張関係をふまえてもなお、憲法に基づいた最低限の教育が保障されなければならないことが認識されていた。その上で第 18 特別委員会では、標準単価の設定の際には地域の特性を考慮し、適切な教育行政単位を現実の必要性から見出すべきことが議論されていた。さらに、標準教育費か最低教育費かという文言をめぐる議論の過程から、最終的に決定した「標準」という文言には、「最低基準」の遵守、及び、「最低基準」を上回るべきことが含意されていたことも見逃されてはならないだろう。

　2 点目は、第 18 特別委員会において標準義務教育費法案の下地となる第 32 回建議「公立学校の標準教育費等について」提出以降、教育財政問題を中心的に議論した第 5 期及び第 6 期 IFEL 教育財政講座において、1920 年代から 1930 年代に展開した米国教育財政研究の成果がモーガンによって取り扱われていたことである。第 5 期 IFEL での成果をもとに作成された第 6 期 IFEL の成果である研究集録「教育財政」には、学校基準法案に対する画一化や中央統制の強化といった観点からの批判については明確に否定され、教育の機会均等論を根拠とする基本的人権保障、文部省設置法第 4 条

を根拠とする教育に対する国家責務の観点から、ミニマム・スタンダード保障の必要性が説かれていた。第 6 期 IFEL 研究集録「教育財政」は、教育条件整備基準及びそれを担保する教育財政法制の確立を求め、国家の学校制度整備義務を確認した、貴重な研究成果であったといえよう。

(1) 前掲鈴木 (1970) 55 頁
(2) 教育刷新審議会 (1950)『教育改革の現状と問題―教育刷新審議会報告書―』日本放送出版協会、1 頁
(3) 日本近代教育史料研究会編 (1996)『教育刷新委員会・審議会会議録』第 5 巻、63 頁
(4) 前掲日本近代教育史料研究会編 (1996) 75-76 頁
(5) 前掲日本近代教育史料研究会編 (1996) 80 頁
(6) 前掲日本近代教育史料研究会編 (1996) 80 頁
(7) 日本近代教育史料研究会編 (1998b)『教育刷新委員会・審議会会議録』第 13 巻、29-33、41 頁。臨時委員の 5 名は次のとおり。野田卯一 (日本専売公社副総裁)、木村清司 (税制審議会委員)、荒井誠一郎 (地方財政委員会委員)、有光次郎 (元文部次官)、伊藤日出登 (前文部事務次官)。また、各委員の経歴については、鈴木英一、笠井尚 (1990)「戦後教育改革期における教育審議会の委員構成の特質」『名古屋大学教育学部紀要』第 37 巻、371-404 頁を参照。
(8) なお、南原を中心とした教育刷新委員会・審議会の詳細については、山口周三 (2009)『資料で読み解く南原繁と戦後教育改革』東信堂を参照。
(9) 第 18 特別委員会会議日は次の通り。1949 年 10 月 21 日 (第 1 回)、28 日 (第 2 回)、11 月 11 日 (第 3 回)、19 日 (第 4 回)、25 日 (第 5 回)、12 月 2 日 (第 6 回)、9 日 (第 7 回)、16 日 (第 8 回)、23 日 (第 9 回)、1950 年 1 月 13 日 (第 10 回)、20 日 (第 11 回)、27 日 (第 12 回)、2 月 3 日 (第 13 回)、10 日 (第 14 回)、24 日 (第 15 回)、3 月 3 日 (第 16 回)、10 日 (第 17 回)、31 日 (第 18 回)、4 月 14 日 (第 19 回)、28 日 (第 20 回)、5 月 19 日 (第 21 回)、6 月 2 日 (第 22 回)、16 日 (第 23 回)、30 日 (第 24 回)、7 月 14 日 (第 25 回)、28 日 (第 26 回)、10 月 13 日 (第 30 回)、11 月 17 日 (第 32 回)、12 月 1 日 (第 33 回)、15 日 (第 34 回)、1951 年 1 月 12 日 (第 35 回)、2 月 2 日 (第 36 回)。なお、会議録が欠本となっているのは、第 27 回、第 28 回、第 29 回、第 31 回であり、第二次米国教育使節団が来日している期間 (1950 年 8 月 27 日～9 月 22 日) の前後にあたるとみられる。日本近代教育史料研究会編 (1998a)『教育刷新委員会・審議会会議録』第 12 巻。
(10) 前掲日本近代教育史料研究会編 (1998a) 63 頁、稲田清助初等中等教育局長による朗読「シャウプ使節団勧告に基く立法措置について」。なお、審議会当日配布資料は、井深雄二解題 (2017b)『教育刷新審議会配布資料集』第 1 巻、クロスカルチャー出版、229-230 頁を参照。
(11) 山崎匡輔副委員長の発言からは、平衡交付金制度が教育の性質にそぐわない交付金制度であることへの懸念が読み取れる。「…これには第四のような最低基準というものを作りますからそれほどの不公平がなくなるということでありますが、ただ私ここで考えますのは最低基準という事を作るのに相当数の分配、分類をやるというふうに非常に細か

に、そういうふうに細かにして実際のものに成可く近い、到底実際に本当に合うような
ことは私はできないと思うのですが、成可くそれに近いようなものを骨を折ってでき上っ
た平衡資金というものは極めて雑駁で、どこへでも行けるという形は、一方の方の非常
な精査度に対して一方は非常にラフになる。全体の運用としては非常に厳密であって、
無論起債であるから厳密だろうということだと思うのですが、余りに意味がなさすぎる
と思うのであります。…結局こういうような法律の手続きをお取りになるということは、
これはどうしても最小限度必要でありましょうが、何か全体を通じてやはり教育費とい
うものを確立して行くという方法が必要だろうと思う。」前掲日本近代教育史料研究会編
（1998a）67頁。

(12) 前掲日本近代教育史料研究会編（1998a）76頁、淡路円治郎委員の発言。

(13) 前掲日本近代教育史料研究会編（1998a）77頁、野田卯一副総裁の発言。

(14) 前掲日本近代教育史料研究会編（1998a）85頁、沢田節蔵主査、稲田清助初等中等教
育局長の発言。

(15) 前掲日本近代教育史料研究会編（1998a）122-123頁、牛山栄治委員、小笠原二三男委
員の発言より。「教育の理論的な構成」というのは、例えば、学級数に基づく教室数や学
校の校舎、設備、あるいは、地方の事情に基づいた場合に、東北・北海道地域では薪炭
費などの消耗品費が最も必要になること等の、教育に関する必要性を考えた場合に、自
ずと構成されてくる学校教育の全体像のことをここでは指している。

(16) 教育財政の地方分権のあり方として同旨、世取山（2014）「教育財政の地方分権化」
日本教育法学会編『教育法の現代的争点』法律文化社。

(17) 前掲日本近代教育史料研究会編（1998a）85頁、沢田節蔵の発言。

(18) 前掲日本近代教育史料研究会編（1998a）88頁、木村清司の発言。

(19) 『地方教育費調査報告書1949年度』（1951）の冒頭に、当時の文部大臣の天野貞祐、
その他の文部官僚とともにモーガンの言葉が寄せられている。詳細については第5章を
参照。

(20) Walter E. Morgan, Proposed school finance law; Also Year-End Bonuses for Teach-
ers, Reports of Conference - CI&E, *GHQ/SCAP Records*, Box no. 5145 (1), 9 Decem-
ber 1949. なお、これ以降、"School Finance Law", "School Finance Bill", "Law Concern-
ing the Security of the Standard Compulsory Education Expense" の三つの法案の名称
が混在してモーガン文書に登場する。日付から推測する限り、いずれも「標準義務教育
費の確保に関する法律案」のことを指していると思われるが、その使い分けについては
他の文書とも合わせて更なる検討が必要である。

(21) Walter E. Morgan, Proposed school finance law, Reports of Conference - CI&E,
GHQ/SCAP Records, Box no.5362 (9), 27 December 1949.

(22) 天城勲は、地方平衡交付金と全国基準と教育制度の話について、CIE教育課長のルー
ミスと話し合いをする中で、全国基準設定の提案についてはルーミスからなされたと回
想しているが、その提案が何月何日時点のものなのかは明らかでない。前掲ハリー・レ
イ（2005）「＜ハリー・レイ　オーラルヒストリーシリーズ＞天城勲」99頁。

(23) Walter E. Morgan, Local Autonomy Office Proposed Legislation, "Principles Con-
cerning Local Finance Equalization Grant", Reports of Conference - CI&E, *GHQ/SCAP
Records*, Box no. 5145 (2), 19 December, 1949.

(24) 以下、レポート原文においては "School Finance Law" と記述されているが、内容か

らして「標準義務教育費法案」を指していると思われる。

(25) Walter E. Morgan, Proposed School Finance Law; Report of Conference between Minister of Education Takase, and ESS Official, Conference Reports, Education Division – Morgan, *GHQ/SCAP Records*, Box no. 5362（9）, 28 January 1950.

(26) 井深雄二（2020）『現代日本教育費財政史』勁草書房、269 頁

(27) 標準義務教育費の確保に関する法律案・1950 年 2 月 4 日案と、同法・1950 年 2 月 24 日案のその他の項目の変化については、前掲内沢（1978）6-8 頁の表を参照。

(28) Walter E. Morgan, Proposed Law for Standard Compulsory Education Expense; Proposed Amendment to Equalization Grant Bill; Revised Estimates of Cost of Compulsory Education, Conference Reports, Education Division – Morgan, *GHQ/SCAP Records*, Box no. 5362（9）, 17 February 1950, p. 1.

(29) CI & E, Regular meeting of Education Division Staff, Administration & Finance Office, Program & Plans, *GHQ/SCAP Records*, Box no. 5738（10）, 2 May 1950. なお、本レポートの冒頭に、4 月 25 日に予定していた会議が延期され、5 月 2 日の開催となったことが記されている。

(30) モーガンやカーペンターが以上のような問題視をした具体的な要因として、2 月 11 日に標準義務教育費法案の閣議決定後に地方自治庁が GHQ に対して提出した「標準義務教育費に関する法律案に対する意見（昭和 25 年 2 月 16 日）」の存在が挙げられる。地方自治庁は標準義務教育費法案を「独立の法律案として制定することは、不適当であり、地方財政交付金方に統合すべきもの」として反対していることに対し、文部省側は「一旦閣議の承認を得、政府の政策として決定したものを総司令部に具申してこれを覆す挙に出たことは明らかに公務員法違反である」と反論したという。詳細については前掲井深（2020）270 頁を参照。

(31) Walter E. Morgan, Partial Agreement Between Ministry of Education and Local Autonomy Office in re Equalization Grant Bill and School Finance Bill, Conference Reports, Education Division – Morgan, *GHQ/SCAP Records*, Box no. 5362（9）, 23 February 1950, p. 2.

(32) Walter E. Morgan, School Finance Bill; Draft of Local Finance Commission Establishment Law, Conference Reports, Education Division – Morgan, *GHQ/SCAP Records*, Box no. 5362（9）, 2 March 1950.

(33) Walter E. Morgan, Support for Standard School Finance Bill, Conference Reports, Education Division – Morgan, *GHQ/SCAP Records*, Box no. 5362（9）, 14 February 1950.

(34) Walter E. Morgan, Status and Support of the Proposed School Finance Law, Conference Reports, Education Division – Morgan, *GHQ/SCAP Records*, Box no. 5362（9）, 7 March 1950.

(35) Walter E. Morgan, "PETITON FOR ENACTMENT OF STANDARD COMPULSOLY EDUCATION EXPENSE LAW", Conference Reports, Education Division – Morgan, *GHQ/SCAP Records*, Box no. 5362（10）, 26 June 1950.

(36) 高橋寛人編（2012）『占領期教育指導者講習基本資料集成 The Institute for Educational Leadership；CD-ROM 版』アルヒーフ編、すずさわ書店、第 1 巻所収資料「解説 IFEL と本書収録資料について」26 頁。なお、IFEL についての詳細は、高橋寛人（1995）

『戦後教育改革と指導主事制度』風間書房、131-172 頁を参照。

(37) 前掲高橋（2012）7 頁

(38) 前掲高橋（2012）10 頁

(39) 前掲高橋（2012）15 頁

(40) 前掲高橋（2012）19 頁

(41) 25 の具体的な講座科目名は、人文科学関係、社会科学関係、自然科学関係、教育原理、教育心理、教育社会学、教育評価、生徒指導、幼稚園教育、小学校管理、小学校教育課程及び教授法、中等学校管理、中等学校教育課程及び教授法、特殊教育、青年指導、成人教育、公開講座、通信教育、職業教育、工業教育、家政科教育、保健体育、養護教育、図書館学、教育財政である。前掲高橋（2012）18-19 頁。

(42) 高橋寛人解題（2017b）「Bi-Weekly Report of IFEL Activities/ Final Report of IFEL, 昭和 25 年度（第 5・6 期）教育指導者講習活動報告書 / 最終報告書：DVD 版」すずさわ書店所収資料 "Reports of IFEL, Ⅴ th Session", Bi-Weekly Report of IFEL Activities, 25 September-7 October 1950, BoxNo.5610, FolderNo.12, pp.87-92.

(43) Paul R. Mort & Walter. C. Reusser（1941）*Public School Finance ; Its Background, Structure, and Operation*, McGRAW-HILL BOOK COMPANY.

(44) 前掲高橋（2017b）所収資料 "Reports of IFEL, Ⅴ th Session", Bi-Weekly Report of IFEL Activities, 9-21 October 1950, BoxNo.5610, FolderNo.16, pp.43-46.

(45) 前掲高橋（2017b）所収資料 "Reports of IFEL, Ⅴ th Session", Bi-Weekly Report of IFEL Activities, 23 October -2 November 1950, BoxNo.5755, FolderNo.1, pp.54-58.

(46) 前掲高橋（2017b）所収資料 "Reports of IFEL, Ⅴ th Session", Bi-Weekly Report of IFEL Activities, 6-25 November 1950, BoxNo.5755, FolderNo.1, pp.53-55.

(47) 同上、p.53

(48) 前掲高橋（2017b）所収資料 "Reports of IFEL, Ⅴ th Session", Bi-Weekly Report of IFEL Activities, 27 November-8 December 1950, BoxNo.5610, FolderNo.17, pp.44-47.

(49) 同上、p.47

(50) 前掲高橋（2017b）所収資料 "Reports of IFEL, Ⅴ th Session", Final Report of IFEL, Ⅴ th Session, 27 November-8 December 1950, BoxNo.5610, FolderNo.13, pp.49-51.

(51) 前掲高橋（2017b）所収資料 "Reports of IFEL, Ⅵ th Session", Bi-Weekly Report of IFEL Activities, 22 January-2 February 1951, BoxNo.5611, FolderNo.2, p.56.

(52) 前掲高橋（2017b）所収資料 "Reports of IFEL, Ⅵ th Session", Bi-Weekly Report of IFEL Activities, 8-20 January 1951, BoxNo.5611, FolderNo.1, p.60.

(53) 同上、p.61

(54) 同上、p.64

(55) 前掲高橋（2017b）所収資料 "Reports of IFEL, Ⅵ th Session", Bi-Weekly Report of IFEL Activities, 22 January-2 February 1951, BoxNo.5611, FolderNo.2, p.57.

(56) 前掲高橋（2017b）所収資料 "Reports of IFEL, Ⅵ th Session", Bi-Weekly Report of IFEL Activities, 8-20 January 1951, BoxNo.5611, FolderNo.1, p.64.

(57) 前掲高橋（2017b）所収資料 "Reports of IFEL, Ⅵ th Session", Bi-Weekly Report of IFEL Activities, 22 January-2 February 1951, BoxNo.5611, FolderNo.2, p.56.

(58) 前掲高橋（2012）22 頁

(59) 前掲高橋（2017b）所収資料 "Reports of IFEL, Ⅵ th Session", Final Report of IFEL,

Ⅵ th Session, 8 January-31 March 1951, BoxNo.5611, FolderNo.7, p.70.

(60) 高橋寛人他解題（2017a）「占領期教育指導者講習研究集録 昭和 25 年度（全 25 科）：DVD 版」すずさわ書店所収資料、昭和 25 年度教育指導者講習会（IFEL1950-1951）編（1951）「ⅩⅩⅤ教育財政」『第 6 回教育指導者講習研究集録』

(61) 同上、1-2 頁

(62) 同上、160-161 頁

(63) 同上、489-495 頁

(64) 同上、506 頁

(65) 同上、506 頁

(66) 同上、507-508 頁

(67) 文部省戦後教育改革資料Ⅶ -31「学校基準法案」1949 年 2 月 3 日付

(68) 前掲高橋（2017a）511 頁

(69) 同上、511-512 頁

(70) 同上、513 頁

(71) 森田孝（1947）もまた、「政府で法令上決めているのは、教科目の名前だけで、その他一切のことは、教員の責任感と教育力に一任している。」との見解を示していた。「中学校教育」文部省調査局編『教育要覧』時事通信社、41 頁。

(72) 兼子仁（1978）『教育法〔新版〕』有斐閣、369-386 頁、中川律（2023）『教育法』三省堂、134-137 頁

(73) 前掲高橋（2017a）、537-538 頁

(74) 前掲高橋（2017b）所収資料 "Reports of IFEL Ⅴ th Session"、及び、"Reports of IFEL Ⅵ th Session" の週間レポートは、各講座の担当者が 2 週間毎にレポートを作成し、これを全 25 講座分集約したものである。IFEL 責任者であった CIE のカーレーが、各講座担当者から寄せられた 2 週間のレポートについて総括し、冒頭でコメントを寄せ、続いて各講座のレポートが記される体裁であった。1 期間 12 週間にわたる講座であったため、教育財政講座に関しては、第 5 期 IFEL で 6 本、第 6 期 IFEL で 6 本の、計 12 本の週間レポートが存在する。各週間レポートの 25 番目に収録されていた教育財政講座に関するレポートを抜粋して作成したのがこの日程表である。

第Ⅱ部

福祉国家型教育財政を支える
教育条件整備行政

第4章

福祉国家型教育財政を担う
教育条件整備行政の生成、展開、
そして衰退

はじめに

　国家が学校制度整備義務を担い、教育行政が教育条件整備を行う際、教育人権を保障するために教育的必要を充足させなければならないとする教育的必要充足原則に則れば、教育条件整備行政の義務は、次の三点に集約できるだろう。

　第一に、時代可変的な教育的必要性を恒常的に明らかにすること（教育条件にかかわる実態調査）、第二に、調査に基づく事実を、教育関係者のみならず国民に対して正確かつ平易な情報にまとめて公にすること（調査結果の公表とその普及）、第三に、調査結果に基づいた教育的必要性を、教育条件基準、あるいは、立法事実に転換する責務を負うこと（最低基準に関する立法）である [1]。

　本章では、戦後教育改革期において教育財政改革を実行するのと同時並行的に進められてきた教育行政改革に着目し、特にその組織変遷に焦点を絞る。冒頭において述べたように、教育条件整備行政は民主主義的基盤の上にのみ成立し、そこに権力の介入が許されれば政治的介入も容易になり、条件整備は成立しえないことが、戦前から戦後の日本の教育学者によって確認されてきた。カリフォルニア州における教育行政改革の事例で確認したとおり、調査研究を行う組織が教育行政に設置され、かつ、住民の目が行き届くことで権力的介入を防ぎ、サービス機関として教育行政が機能していたことと、教育財政改革とは密接に関係していた。つまり、戦後日

本の教育財政改革においては、教育財政の理論と制度の内容の精緻化に加え、教育条件整備行政組織の構造と機能の変革が必要不可欠であったといえる。

　中央政府における教育条件整備行政組織の変遷を明らかにする手立てとして、以下では第一に、統計法（1947 年法律第 18 号）を、第二に、文部省設置法（1949 年法律第 146 号）を扱う。さらに、地方政府における教育条件整備行政組織の変遷を明らかにするため、第三に、教育委員会法（1948 年法律第 25 号）に着目する。

1　教育条件整備行政組織成立の　背景としての統計法

　占領期において、行政機関における調査研究に関する部局の必要性が問題となっていた。その背景には、戦後統計制度改革の遅れがあった。敗戦後すぐ、日本政府が提示する不正確な「数値」は、GHQ による戦後日本民主化改革の大きな障壁となっていた。統計制度改革の契機は、米の必要輸入量調査であった [2]。ここで示された根拠不在の数値により、日本の統計への信頼は損なわれ、統計制度改革の緊急実施と米国統計使節団の召喚という事態を招いたという経緯があった。本節では、教育条件整備行政組織の確立の背景と特徴を、統計改革及び統計法の制定過程から明らかにする。

1-1　戦後統計制度改革による中央省庁改革への影響

　1946 年 5 月、吉田茂内閣の組閣と同時に、首相自らが統計制度改革を先導した [3]。5 月 22 日には、関係行政機関、民間調査機関、そして、日本統計研究所を構成員とする統計懇談会が開催され、同懇談会は 7 月 19 日に「統計制度改善に関する委員会」（以下、改善委員会）に発展、同委員会を内閣に設置することが閣議決定された [4]。改善委員会には各省関係課長も構成員に加えられ、文部省からは、委員として辻田力（のちの文部省調査普及

局長)、幹事として内藤誉三郎が出席した⁽⁵⁾。

　同年8月24日に改善委員会第1回総会が開催された後、小委員会で4度の再検討を経て決定案が最終的にまとめられ、10月21日に「統計制度改善に関する委員会の答申」として吉田総理大臣に答申された。この答申は「統計制度改善に関する緊急処置要綱」となり、11月22日に閣議了解を得た。その概要は、①統計に関する機構の整備、②統計関係職員及び統計調査員の質的向上、③統計の公表、④統計に関する基本法の制定、⑤要望事項であった。例えば①に関しては、内閣のもとに中央統計委員会（会長は内閣総理大臣、副会長は経済安定本部総務長官、委員は専門家10名以内）を設置し、中央統計委員会には事務局を置くこと、同委員会は各省との連絡調整にあたること、各省に統計管轄の局または課を置くこと等が提案された⁽⁶⁾。12月20日には統計委員会10名が選出され、翌1947年に施行を控えた統計法が機能しうる国家行政組織機構が整備されつつあった。

　以上の答申を受け、各省には統計調査に関する局が以下の各省に設置された。すなわち、農林省統計調査局（1947年4月）、商工省調査統計局（同年6月）、厚生省公衆保健局衛生統計課（同年8月）、労働省労働統計局（同年9月）、大蔵省官房調査統計部（1948年）であった⁽⁷⁾。これらの局課が1947年から1948年に整備された一方で、文部省調査局は1946年12月に新設されており、他省の調査統計研究に関する局の設置に先立って設置されていたことになる。また、国家行政組織法（1948年法律第120号）を根拠とした各省設置法施行（1949年）の際、1省1局削減という行政組織改革が行われたため、各省における調査統計部局は、部や課への縮小を迫られた。この行政組織改変要求に対して、各省は大臣官房の中に統計調査部を移管設置して対応した中で、文部省のみが、調査研究を所掌する1局として調査普及局をなおも残存させる対応をとっていたことは注目されてよい⁽⁸⁾。

1-2　統計に関する勧告の影響―ライス使節団報告書―

　文部省において調査統計部局がなぜそれほど必要とされたのかを確認す

る前に、戦後日本の統計制度改革を後押しした統計使節団が、いかなる統計制度改革を勧告したのかを押さえておく必要がある。なぜなら、ライス使節団の勧告内容の要は、次節で述べられるように、調査普及局を中心とする教育行政の責務の理念と通底しているからである。

　統計学者と経済学者から成るライス使節団は 1946 年 10 月 31 日に GHQ からの要請を受けて来日した。第一次使節団は 1946 年 12 月 22 日から 1947 年 1 月 18 日、第二次使節団は 1951 年 3 月 25 日から 4 月 20 日の期間滞在し、実地調査などを経て戦後日本における統計制度や経済に関する勧告を二つの報告書にまとめている[9]。両使節団の団長を務めたライス博士（Stuart Arthur Rice, 1889-1969）は、国内外、そして学界の統計を牽引した人物である。また、彼は、アメリカ国内のニューディール政策に呼応し、統計の近代化を促進するために大統領に提言を行った人物でもあった。その提言の一環として設置されたのが、中央統計委員会（Central Statistical Board）であった。この委員会は、1943 年に大統領府予算局の組織に発展し、ライス博士は使節団として来日した当時、大統領府予算局統計基準部（Division of Statistical Standard of the Bureau of the Budget and the Government）の長を務めていた[10]。

　ライス使節団第一報告書、及び第二報告書に共通した勧告の要は「民主主義的理念に基づく統計的思考法」を養うことであった。報告書では、日本国民に統計的な思考の習慣を発達させ、事実をありのままに知る現実的要求とその事実を利用する方法を培うことの必要性が説かれていた[11]。また、「統計の正確さと客観性の必要性」については、不正確な統計は無益というよりむしろ有害であり、確実（正確）であるように見せかけた杜撰で偏頗な統計は人を欺くこと[12]、日本の統計活動は「現実的（Realistic）であるよりむしろ儀礼的（Ritualistic）になる傾向」[13]があること等を勧告した。

　統計法は、ライス使節団報告書に後押しされる中で、1947 年 3 月に制定された。同法は、「統計に関する唯一の基本法」[14]として位置付けられ、その第 1 条には「この法律は、統計の真実性を確保し、統計調査の重複を除き、

統計の体系を整備し、及び統計制度の改善発達を図ることを目的とする。」という目的が掲げられた。

こうした統計改革の成果としての統計法の制定、及び、その理念が、文部省調査普及局においても踏襲され、教育の実態調査をもとにした教育条件整備行政を確立させるための基盤とされたとみられる。

2 中央教育行政における教育条件整備行政の確立

本節では、戦後教育改革期において教育行政に新設された文部省「調査普及局」の局課の設置の経緯、及び、設置目的とその機能を明らかにする。さらに、同局の設置以後、教育条件整備行政組織としての組織構成がいかなる変遷をたどり、最終的に解体されることとなるのか、その経過をたどる。具体的には、1946年から1966年までの、文部省調査局の新設、文部省調査普及局の設置と調査局への改組、そして、文部省調査局が廃止されるまでの期間において、教育条件整備行政としての組織変遷を明らかにする。

2-1 文部省調査普及局の前身としての調査局

(1) 調査局設置の経緯

終戦直後に文部大臣に就任したのは前田多門であった。戦後教育改革がいわゆる官僚ではなく、学者を中心に推し進められてきたのは周知の通りである。その背景の一つには前田文部大臣による人事の影響があった[15]。前田の後には、安倍能成が、さらにその後は、田中耕太郎が文部大臣に就任した。調査局の設置は、安倍と田中による提案であった。

図表4-1に示した通り、1946年12月4日の「文部省に調査局を置く勅令」(勅令589号) によって、それまで散在していた調査や研究に関する課が他の局から統合される形で「調査局」が新設された。調査局には、審議課、調査課、統計課の3課が設置され、同勅令の第2条には、調査局の所掌事務

が 3 項目にわたって規定された。すなわち、教育刷新に関する事務の連絡調査に関する事項、内外における教育制度及び調査研究に関する事項、統計一般に関する事項であった[16]。

図表 4-1：文部省組織図（1946 年）

1946.3.15 文部省訓令等

文部省	大臣官房	秘書課
		文書課
		会計課
		宗務課
		臨時教育施設部
		適格審査室
		審議室
	学校教育局	（次長）
		大学教育課
		専門教育課
		師範教育課
		中等教育課
		青少年教育課
	社会教育局	社会教育課
		文化課
		芸術課
		調査課
	科学教育局	（次長）
		科学教育課
		人文科学研究課
		自然科学研究課
		調査課
	体育局	体育課
		振興課
		勤労課
		保健課
	教科書局	庶務課
		第一編修課
		第二編修課
		調査課

1946.12.4 勅令589号

文部省	大臣官房	秘書課
		文書課
		会計課
		宗務課
		臨時教育施設部
		適格審査室
		文部省大阪出張所
	学校教育局	（次長）
		大学教育課
		専門教育課
		師範教育課
		中等教育課
		青少年教育課
	社会教育局	社会教育課
		文化課
		芸術課
		企画課
	科学教育局	（次長）
		科学教育課
		人文科学研究課
		自然科学研究課
		科学資料課
	体育局	体育課
		振興課
		学徒厚生課
		保健課
	教科書局	庶務課
		第一編修課
		第二編修課
		教材研究課
	調査局	調査課
		審議課
		統計課

＊文部省（1972）『学制百年史・資料編』文部省局課変遷表 (382 頁) より筆者作成

1946 年 1 月に文部大臣に就任した安倍能成は、調査局を新設する必要性

について、のちに調査普及局長を務める辻田力に対して次のように語った
と、辻田が回想している。

「安倍能成さんから、今後全ての政策を立案するのには、勘でいくの
はなしに科学的に色んなデーターを集め、そしてその科学的基礎の上
に政策を立案しなければいけない。その為には今までの勘というよう
なものでいくのは避け…（中略）…調査局をつくり、そこに科学的な根
拠を置くような仕事をやるということになって、それだけを安倍先生か
ら言われまして、組織づくりをしろということで、私は文書課長として
組織づくりをしたんです。」[17]

　このような調査局の構想は、安倍が文部大臣を退いた後、田中耕太郎に
よって一層具体化されることになる。田中は、内務省を経験したのちに文部
省に入省したこともあり、教育行政のあり方に対して明確な意見をもってい
た。それは、教育行政の一般行政からの独立と、教育行政における民意の
反映であった。田中耕太郎の教育行政構想については、田中二郎が次のよ
うに回想している [18]。

「教育行政というもののあり方について、田中耕太郎先生は、かねて
からひとつの信念を持っておられました。それは、先生が若くして内務
省の役人をされた経験、その後文部省に入って学校教育局長という仕
事をされていた経験に基づくところもあろうかと思いますが、教育行政
の基本的なあり方について、はっきりとした意見を持っておられました。
　第一に、教育行政を中央で完全に掌握しているという従来のゆき方
に大きな疑問を持っておられました。
　第二に、その教育行政がその当時の府県の段階で、一般の府県行政
の一環として、大学を出て間もない学務課長とか、教育には全く素人
でただ栄進のための一つのステップとしてその職に就く学務部長とか

が、その道の大先輩であり、人間的にも立派な校長や教師に対して、非常に専横な態度で訓示をしている姿を、実に見るに忍びない、ということを、よくおっしゃっていました。先生は、教育行政というものは、一般の行政から独立して公正中立な立場に立ってやっていくようにしなければならないと考えられていたようであります [19]。

　第三には、戦後の教育行政のあり方として、教育行政に民意を反映する方法を考えていかなければならないということです。…（中略）…このようにして、教育行政については、一般の行政からは完全な独立を認め、大学の自治と同じような意味で、教育の自治というものを広く認めていくべきだと考えられていたようであります。」

　教育行政の独立についてこのような理念を抱いていた田中耕太郎が、調査局設置の構想をしていたことについては、「安倍能成先生がしりぞかれて、田中耕太郎先生が文部大臣になられて、先生の手で教育問題の根本的な改革を計画しなければならないことになったんですね。そういった教育関係の立法をする為に、文部省に調査局を設けたいというのが、田中先生の一つの構想を実現する為の出発点としてとりあげられたと思うのです」と田中二郎は回想した [20]。

　以上のように、安倍と田中の構想から、科学的実証的データに基づく教育政策を策定する必要性、及び、教育の基本的な法案を立案する中枢部局の必要性から、調査局が新設されるに至ったのである。

　1946年12月4日の勅令による組織改変により、調査局長には山崎匡輔が就任し、年明けの1947年1月からは辻田力が局長に就任した。調査局には当初、田中二郎が局長として命ぜられていた。すでにCIE側にも田中調査局長の就任について連絡がなされ、新聞報道までなされていたにもかかわらず、大学の職務等の理由から調査局長の就任を断っていたという事情があった。調査局が設置されたのち、審議課において教育基本法をはじめとする法律がここで立案、検討される際、田中二郎が文部大臣官房審議室

参事事務取扱を命ぜられ、教育基本法の立案に携わっていたことには、こうした事情が関係していたとみられる[21]。

このように調査局は、戦後日本教育の将来における法制度の基盤となる科学的・客観的データを収集・蓄積すること（安倍能成案）、及び、戦後教育改革期における教育関係の新しい法案を準備するという当時の緊急な要請に対応すること（田中耕太郎案）、という恒久的かつ一時的な時代要請によって設置された局であったといえる。

(2) 教育刷新委員会・審議会との関係からみた調査局

調査局は、調査課、審議課、統計課から構成され、科学的基礎データに基づく教育政策の立案のための中心的な局として機能してゆくことになる。その実態は、調査局と教育刷新委員会・審議会（以下、教刷委審）との関係性からも見出すことができる。すなわち、調査局が教刷委審の実質的な事務局となっていた、ということである。

調査局が他局に比して強い権限を与えられたことは、以下の辻田の発言からも明らかである（引用文中の下線は筆者による。以下同じ）。

> 「当時の調査局について、先に申しましたように安倍先生が考えられたのは科学的に研究した上で政策というものは立案されなければいけないというところから出発しているわけです。従って、調査局の機構も調査課という課と、統計課というのがまあ調査局らしい課であって、…（中略）…その二つのところで具体的に研究し、事実は調査して、それを審議課で政策に移してゆくという建前だった。その審議課というのは、一方においては<u>教育刷新委員会の事務局的な存在である</u>というのですから、従って…（略）…今のような観点からいいますと、やはり私の在任中は少なくとも法律をつくるということと、司令部との折衝というのが非常に多かったですよ。それで、私自身が手がけたのは教育基本法とか、教育委員会法とか、それに教育公務員特例法とか、それを調査局長時代に手がけたんです。」[22]

　以上の辻田の発言にあるように、「法律をつくること」や、「司令部との折衝」
という任務から、占領期であったことを考慮してもなお、調査局は文部省に
おける事実上の筆頭局として機能した局であったといっても過言ではない
だろう。

　当時、教刷委の組織構成は、官制によれば、委員長 1 名と副委員長 1 名、
委員 50 名以内で組織され（第 2 条）、さらに、委員会には「幹事」と「書記」
を置くこと（それぞれ第 7 条、第 8 条）が規定されていた。「幹事」は、第
7 条において「上司の指揮を承けて、庶務を整理する」ことを任務とされて
いる[23]。

　佐藤秀夫（1995）によれば、第 7 条中にある「上司」は、内閣総理大臣、
文部大臣等の関係省庁の責任者や、委員長、副委員長、特別委員会主査・
委員のことを指すという。そして、「幹事」が「議事の進展に合わせてそれ
ら『上司』の指示に従いつつ、会合日程の調整、議題に関わる資料の準備、
及び会議録など記録の整備など、委員会（審議会）の運営全般の実務を取
り仕切ったもの」[24] と推測されている。事実として「幹事」には、旧法制
下の奏任身分の書記官相当者が任用され、そのほとんどが文部事務官によっ
て占められていたという。

　加えて、審議会の文書の保管場所に関しても、佐藤は次のような指摘を
している。内閣に設置された教育政策審議機関関係の記録が、最初の臨時
教育会議から戦前最後の教育審議会まで、すべて総理府総務課記録係に保
存されていたにもかかわらず、教刷委審の記録だけが、文部省大臣官房総
務課公文書保存官室に保存されていたというのである。

　佐藤は以上の人事面と資料所在の事実から、「とくに、文部省内に教育刷
新委員会に関する業務を専務とする審議室や調査局（調査普及局）が設置
されてからは、その室長や局長が事実上の『幹事長』役を担当」し、「教育
刷新委員会の事務局が事実上文部省内に置かれていた」[25] として、当時の
調査局と教刷委審との関係の重要性を指摘していた[26]。

2-2　教育条件整備行政組織を構成する文部省設置法

－調査局から調査普及局へ－

(1) 調査普及局設置の経緯

　1949年の文部省設置法により、調査局は調査普及局に改組された。国家行政組織法のもと、各省庁において行政組織の規模縮小が迫られていたことは、前節において確認した通りであった。こうした経緯がありながらも、調査局はむしろその組織規模を拡大した。

　文部省設置法案の提出理由は、「文部省機構の簡素化」と「戦後の教育の民主化の推進」であった。そして、調査普及局の設置に関しては、改編された文部省機構の説明の中で、「調査普及局は、新しい文部省に極度に必要とされる調査研究および統計調査のほか、文教政策の普及、国語の調査及びその結果の普及も併せて行うことといたしました」[27]と、国会の各委員会で説明がなされていた。

　戦後教育改革期以降、文部省官僚の中でも、教育行政組織のあり方に最も関心を寄せていたのは、当時大臣官房文書課長を務めた森田孝であったとみられる。森田孝は、東京帝国大学時代に蠟山政道に行政学を師事し、蠟山同様、社会実態としての行政学を追究する姿勢を貫き、調査研究機関の必要性を繰り返し説いてきた人物である。

　彼は、1949年文部省設置法による文部省組織構成について、国会の各委員会で詳述している。1948年の国家行政組織法の実施にともない、各省機構改革の目的に「行政の簡素能率化」が掲げられたが、特に文部省においては、これに加えて「戦後教育民主化の一貫としての教育の地方分権」を目的に掲げている、と説明した。その例として、文部省設置法第4条における文部省の任務規定については、他の省の設置法が非常に包括的な表現であるのに対して文部省が具体的にこれを掲げていることには、これまでの中央集権的な色彩を払拭する理由があると述べた。このことは、「文部省は、その権限の行使に当つて、法律に特別の規定がある場合を除いては、行政上及び運営上の監督を行わない」と明記された第5条2項の文部省の権限

規定についても同旨であると説明した[28]。

　以上の行政改革の目的のもと、文部省組織の構造については次のように説明した。すなわち、初等中等教育局、大学学術局、及び、社会教育局には「権力的なもの或いは権力を付随せしむる虞れのあるような行政事務は（中略）持たせないという方針」であること[29]、そして、以上の教育の内容面を受けもつ三つの局と調査普及局との関係については、別の文書内において、「これらの内容面の指導助言が、官僚的独善に陥らないように保証するには、綿密、正確な調査にもとづく統計材料から判断された結果であることが絶対必要である。文部省の基本政策の普及徹底とともに一局（調査普及局という）を設けたゆえんである」[30]とも述べていた。

　このように、調査普及局には、教育行政による指導助言や教育政策の基礎に、客観性や科学性のある教育調査や研究が据えられようとしていた。また、指導助言や政策が「官僚的な独善」に陥らないようにするために文部省内に調査普及局が置かれたことは、同局の設置理由として重視されるべきであろう。

(2) 調査普及局の組織とその特徴

　次に、調査普及局の組織法上の特徴について概観するために、文部省設置法と文部省組織規程を見てみよう。ここで調査普及局設置にかかわる法令と所掌事務を確認することは、教育条件整備行政組織としての特徴を見出すことにとどまらず、第4節において詳述する通り、1966年に調査（普及）局が廃止されることの意味を見出す際にもまた重要となる。

　調査普及局設置の根拠法令は、文部省設置法（1949年法律第146号）と文部省組織規程（1949年省令第21号）の二つである。文部省設置法によって一つの官房と五つの局（大臣官房、初等中等教育局、大学学術局、社会教育局、調査普及局、管理局）の組織と所掌事務、及び、文部省組織規程によって各局における課、つまり、調査普及局における、調査課、統計課、地方連絡課、国語課、刊行課の組織と所掌事務が規定された。

　図表4-2は、文部省設置法及び文部省組織規程によって設置された局課

を示したものである。先述した森田の発言に沿って図表4-2を見ると、教育の内容面に関する局とされた、初等中等教育局と大学学術局と社会教育局には、権力的な力が付随するような行政事務を担う課が置かれていないようにみえる。森田によれば、「権力が付随する」というのは、具体的には、ヒト・モノ・カネに関連する行政事務である。権力の付随する行政事務の組織について森田（1949）は、「（権力を付随させる恐れのある）行政事務は、官房及び管理局にこれを集約してあるのであります。金の面につきましては、官房の会計課で行うようになり、又物の面、及び法令に基づきますと

図表 4-2：文部省組織図（1949 年）

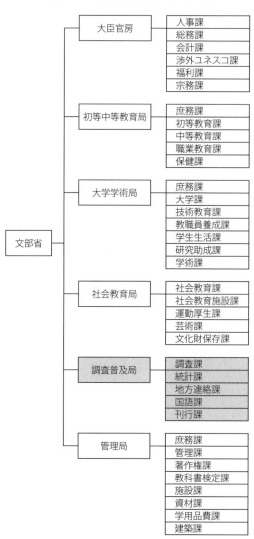

* 文部省組織法及び文部省組織規程より筆者作成

ころの権力的な権限行為というようなものにつきましては、管理局に集約する方針を取ったのであります」[31] と説明した。こうして、権限行為は管理局に[32]、会計及び人事に関する事務は、大臣官房に置かれることとなった[33][34]。

　以上の組織構造をふまえ、まずは、文部省の任務規定についてみていく。1949 年の文部省設置法においては、第 4 条に「文部省の任務」すなわち国の行政事務、第 5 条にそれを遂行するための「文部省の権限」、そして、第 6 条以降において内部部局の組織と各局の事務内容が規定された。

　同法によって与えられた文部省の任務の中で、調査普及局との関係で重要とされるのは、同法第 4 条（文部省の任務）1 号の「教育委員会、大学、研究機関（他の行政機関に属するものを除く。以下同じ。）その他教育に関する機関に対し、専門的、技術的な指導と助言を与えること」、同条 2 号の「民主教育の体系を確立するための最低基準に関する法令案その他教育の向上および普及に必要な法令案を作成すること」、同条 7 号の「教育に関する調査研究を行い、及びその調査研究を行う機関に対し、協力し、又は協力を求めること」、そして、第 5 条（文部省の権限）2 項の「文部省は、その権限の行使に当つて、法律（これに基づく命令を含む。）に別段の定がある場合を除いては、行政上及び運営上の監督を行わないものとする」との規定であろう。

　以上の規定を念頭に置き、次に、1949 年の文部省組織規程をみていこう。文部省設置法第 4 条 2 号の「民主教育の大系を確立するための最低基準に関する法令案の作成」に関しては、文部省組織規程において、初等中等教育局の庶務課、大学学術局の庶務課、社会教育局の社会教育課、及び、管理局の庶務課の各局筆頭課の所掌事務として分散させている [35]。これらの各局から出された法令案は、大臣官房に集約されることになっていた [36]。

　一方で、調査普及局に関しては、文部省設置法第 4 条 7 号の「教育に関する調査研究」にかかわる任務が、文部省組織規程第 29 条から 33 条の調査普及局の各課の所掌事務の規定に示されていた。同規程第 29 条には調査普及局調査課のつかさどる事務が規定され、調査課は、調査研究について連絡調整を行うこと [37]、及び、文部省の政策に関する資料を準備し、それらを大臣官房に提供することが規定されていた [38]。つまり、内容面と資金資材面をつかさどる局からは法令案が、調査普及局からはそれらに関係

する調査研究資料が、それぞれ大臣官房に集約されたことがわかる。ここから、双方の局からの資料をつき合わせるかたちで、法令案の審査にあたるという仕組みがとられていたことが推測されるのである。

　また、他局との関係に着目してみると、調査普及局が中心となって調査統計に関する専門的・技術的援助を行う一方で[(39)]、初等中等教育局、大学学術局、社会教育局の、教育内容面に関する局においても基礎的研究を行う体制が整えられていた[(40)]。このような調査普及局との協力体制のもとで、それぞれの所轄する教育機関（初等中等教育局ならば、小学校・中学校・高等学校、など。）に対して専門的、技術的な指導助言が行われる仕組みをとっていたとみられる。

　さらに、教育刷新審議会との関係については、1949年の文部省設置法及び文部省組織規程をみる限り、調査局内に設置されていた審議課が調査普及局内に設置されておらず、教育刷新委員会との連絡調整という調査局審議課当時の任務がなくなったようにみえるが、調査普及局調査課がその庶務を引き継いだことがわかる。文部省組織規程の第29条10号には、教育刷新審議会の事務局的な役割を、調査普及局の調査課が担うことが規定されていた[(41)]。

3　地方教育行政における　教育条件整備行政の確立

　文部省内の教育行政組織改変が行われた一方で、地方教育行政組織においても同様に、調査研究を重視した改組がみられた。ここでは、中央教育行政（文部省）から、地方教育行政（教育委員会）に焦点を移し、中央教育行政組織と地方教育行政組織がいかなる関係性をもっていたのか、その上で「教育の地方分権」をどのように実現しようとしていたのかを明らかにする。

3-1　地方教育委員会における調査統計課の設置
－教育基本法の理念と教育委員会法－

　教育委員会法（1948年法律第25号）は、1945年からすでに安倍能成や田中耕太郎文部大臣らによって構想が練られ始めていた。そこでは、教育の一般行政からの分離独立と、教育及び教育者の自主性を確保する方向性のもと、公選制教育委員会の提案が有力となった[42]。この構想が、教育刷新委員会の第3特別委員会に引き継がれ、1946年の第17回総会における中間報告での採択を経て、第1回建議事項「教育行政に関すること」が内閣総理大臣宛に提出された。そこには、教育行政を根本的に刷新する際の留意点として、(1)従来の官僚的な画一主義と形式主義との是正、(2)教育における公正な民意の尊重、(3)教育の自主性の確保と教育行政の地方分権、(4)各学校教育の間および学校教育と社会教育との間の緊密化、(5)教育に関する研究調査の重視、(6)教育財政の整備、の6点が掲げられた。

　教育委員会法に関しては、新たな地方教育行政制度として、特に、上記(1)、(2)、(3)の精神が重視された。「旧教育基本法第10条の心髄を具体化したともいうべき」[43]教育委員会法は、その第1条において「この法律は、教育が不当な支配に服することなく、国民全体に対し直接に責任を負って行われるべきであるという自覚のもとに、公正な民意により、地方の実情に即した教育行政を行うために、教育委員会を設け、教育本来の目的を達成することを目的とする」ことが掲げられている。同法第1条は、その解説書によれば、「新しい教育行政機関としての教育委員会制度の根本方針を明示すると共に、今後の教育行政がのつとるべき根本方針をもせん明したものとして見ることができ」[44]、したがって同法の根本的な狙いがここに凝縮されていること、「教育の民主化、地方分権化、自主性の確保」の3点を眼目にしていることが説明されていた[45]。

　教育委員会法の制定前後に調査局の審議課長を務めていた相良惟一（1948）は、同法の先の三つの基本理念について次のように説明した。すなわち、公選制の教育委員会の設置によって、教育を国民のものとし、国民自ら

の手によって教育を運営しようとする「教育の民主化」、教育の画一性・形式性を是正するために、教育行政権を地方に委譲し、中央と地方の上下指揮命令を断絶する「教育行政の地方分権化」、そして、真理と平和を目指す新たな教育理念と、未来を展望し未来に備えるという教育の特殊な性格とを、あらゆる不当な支配から守り育てることが必要であるとする「教育の自主性」が、制度的にも機能的にも保障されなければならないと説かれていた[46]。

　さらに相良は、先の教育刷新委員会の建議の(1)〜(3)の精神をもとにしているこれら三つの根本理念の他に、「建議に述べる教育行政刷新の根本方針のうち、教育における研究調査の意見(5)の項目は、教育委員会制度による教育行政の機能として極めて重視し、法律においてもこの点を取り上げている」とし、その具体的な組織として、教育委員会の法定必要部課とされた「調査統計課」の存在について言及していた[47]。

3-2　教育委員会法における調査統計課の位置づけ

　教育委員会法の第2章(第7条〜)においては教育委員会の組織、第3章(第48条〜)においては職務権限が規定された。教育委員会の組織は、都道府県においては7名、市町村においては5名の教育委員で構成され、それぞれ1名を除いては地域の住民によって選挙される。残りの1名は当該地方自治体の議会によって選出されるとし、これは教育委員会と議会との円滑な運営をはかるためであるとされた（第7条）。委員の任期は4年で、2年ごとに半数が入れ替わり（第8条）、委員の中からは、委員長と副委員長が選挙された（第33条）。教育委員の他には、委員の指揮監督を受け、委員の処理する教育事務をつかさどる教育長と、その事務を処理するための事務局とが置かれることによって（それぞれ第41条、43条）、地方教育委員会が構成された。

　教育委員会の事務局規定には、第44条に調査統計部課の設置に関する規定が設けられた。すなわち、「都道府県教育委員会の事務局には、教育委員会規則の定めるところにより、必要な部課（会計及び土木建築に関する

部課を除く。）を置く。但し、教育の調査及び統計に関する部課並びに教育指導に関する部課は、これを置かなければならない」として、但し書きで調査統計部課の必置が明記されたのであった。また、同条をうけて、第49条17号においては、教育委員会の事務として「教育の調査及び統計に関すること」が規定され、第55条には、「都道府県委員会は、地方委員会に対し、文部大臣は、都道府県委員会及び地方委員会に対し、各所轄区域の教育に関する年報その他必要な報告書を提出させることができる」という報告書の提出に関する規定が設けられていた。

　以上の教育委員会事務局における調査統計課の法定必要部課の規定に関しては、「教育行政を単なる思い付きによって指導する危険をさけ、科学的合理的な調査統計の裏づけのある教育行政を行っていくために、必要であり、且つ今後の中央、地方を通ずるいわゆる縦の連絡は報告書の提出という線で結ばれていく（法55条）、この機能を正しく果たして行く為に地方教育行政の第一線の正しい調査や統計が期待できなければ到底果たしえない」との説明が、解説書の中に記されていた(48)。

　当時文部省の事務官を務めていた天城勲（1948）もまた、調査統計課の設置について、「地方分権と新しい教育行政のあり方をこの課の存在によって意図しているつもりです」(49)と説明し、教育委員会における調査統計課の存在が、新しい地方教育行政たらしめることを強調していた。

3-3　教育委員会事務局調査統計部課の特徴

　教育委員会の調査統計にかかわる職務権限は、教育委員会法第49条17号の「教育の調査及び統計に関すること」に規定され、次のような解釈が示されていた。

　　「…（略）…教育政策が定められるまでにはその裏付けをなす十分な調査と正しい統計資料が必要であり、政策実施の暁においては、その政策の適否や効果についての評価がなされなければ次の政策も又進歩も

ありえないのである。これらの点を考え且つ過去のわが国の行政の在り方を反省するとき教育行政上、調査、統計の機能を如何程重視しても強きにすぎることはない。本号はこの意味で教育委員会としてはきわめて重視すべき規定である」[50]。

　さらに、第55条に規定された「報告書の提出」義務については、提出する報告書のほとんどが調査統計に関する資料の報告書になることからも、調査統計の使命の重要性が指摘されていた[51]。

　教育委員会における調査統計部課の所掌する事務は、

「一、文部省に対する年報その他必要な調査統計に関する報告書の作成提出、

　二、教育の重要事項に関する調査統計の実施、

　三、国の実施する調査統計に関する事務、

　四、教育資料の収集、整理供覧等に関すること、

　五、調査統計、教材等の教育資料の編集、出版に関すること、

　六、教育の調査、統計、研究等の機関並びに都道府県調査統計部課との連絡、

　七、委員会事務局内部における調査統計事務の調整連絡、

　八、調査統計に関する地方教育委員会との連絡協力、

　九、調査統計に関する教育の普及及び指導」

の九つがあると想定されていた[52]。

　これらの所掌事務の作成過程については、増田（1949）によって「調査統計部課は、どんなふうに作ったらよいかということが一つの問題となってくる。そこで（文部省―筆者）調査局では、調査・統計・審議の三課が相寄って協議し、一応の試案を作成して見たのである」と説明されており、その"試案"には、調査統計部課の所掌事務の案とする次の10項目があげ

られていた。

　　「1　文部省に対する年報その他必要な調査統計に関する報告書の作
　　　　成・提出、
　　　2　教育の基本的事項に関する調査統計の実施、
　　　3　国の実施する調査統計に関する事務、
　　　4　教育資料の収集、整理、供覧に関すること、
　　　5　調査統計・教材等の教育資料の編集・出版に関すること、
　　　6　教育の調査・統計・研究等の機関並びに都道府県調査統計部との
　　　　連絡、
　　　7　教育委員会事務局内部における調査統計事務の調整連絡、
　　　8　調査統計に関する地方教育委員会との連絡協力、
　　　9　調査統計に関する教育の普及および指導、
　　　10　教育委員会及び都道府県民に対する管下教育の状況に関する年
　　　次報告その他報告書の作成・提出」[53]

　1 から 9 までは、先の教育法令研究会による九つの項目とほぼ同じである
が、唯一の違いとして、“試案” には「教育委員会及び都道府県民に対する
管下教育の状況に関する年次報告その他の報告書の作成・提出」が想定さ
れていた。この 10 項目目は、アメリカの教育委員会がその地域の住民に対
しても、年次報告等によって教育の実情を知らせていることを根拠とし、考
案されたものであった。教育法令研究会による解説にはこの 10 項目全ては
記されていなかったものの、第 5 章において確認する通り、実際には、各
地の教育委員会によって様々な教育の実態に関する報告書が作成されてい
たことから、実質的には、県教委や都道府県民に対する報告書づくりも主
要事務の一つとして根付いていたことがうかがえるのである。

4 教育条件整備行政組織の衰退

　以上のような経過をたどって戦後教育改革期に整えられた、中央と地方における教育条件整備行政組織は、三つの段階を経て徐々に縮小し、最終的に1966年に文部省調査局が大臣官房へ吸収され、事実上、局として廃止されるところで、教育条件整備行政組織としての目的や役割が変容することになる。その過程を、教育条件整備行政の縮小化、及び、教育に関する調査研究部局の設置目的の変容または乗り換えと捉え、時系列順に詳しくみていく。

4-1　教育行政における教育条件整備行政組織の縮小

(1) 第一段階（1952年）調査普及局における組織の縮小と変容

　教育条件整備行政組織衰退の第一段階は、1952年7月31日の「文部省設置法の一部を改正する法律」（1952年法律第271号）、1952年8月1日の「文部省組織規程」（1952年省令第19号）、及び、1952年8月30日の「文部省組織令」（1952年政令第387号）の制定施行によるものである。

　まず、文部省設置法の改正に関しては、審議過程における政府委員の説明によれば2点の改正があり、1点目は「文部省の内部組織の簡素化」、2点目は「従来の機構のうち不合理不便な点」の改善、すなわち、チェック・アンド・バランス方式の取りやめであった[54]。

　1点目の、「内部組織の簡素化」については、具体的には、大臣官房における人事課、総務課、会計課以外の課、すなわち、渉外ユネスコ課、福利課、宗務課を、関連局へ吸収させることによる課の廃止と、管理局に属していた「教育施設部」の廃止のことを指すとされた[55]。教育施設部は資材課に、学用品費課は学校給食課と教育用品室にそれぞれ引き継がれたため、実質的に廃止された課は、教育施設部の施設課と建築課であった[56]。

　2点目の、「チェック・アンド・バランス」の取りやめについては、次のような説明がなされた。この方式によって、「一つの行政を実施する場合に、

一つの局だけで以てそれができないで他の局にも関与させる、お互いに牽制させして独断専行を防ぐ」[57]ことが保たれていた。例えば教科書行政については、初等中等教育局において教科書内容に関する事務、管理局において教科書検定に関する事務、そして調査普及局において刊行に関する事務が任されていた。しかし、実際に行政を行うにあたり、「管理行政というものと指導行政、助長（ママ）行政というもの」が別々の局において行政を行うと、「政令二途に出るというようなことがありますし、それから手数がかかる」[58]という理由から、行政の一元化を図ったという。その一端として、「調査普及局」については、刊行に関する事務が初等中等教育局へ移動し、「普及」にあたる事務がなくなったことから、「調査局」に名称が改められた、との説明がなされた。

　このチェック・アンド・バランス（相互牽制）については、荻原（1996）も指摘するように、1952年の組織改変時点において初めて登場した理論であり、1949年の文部省設置法時点の文部省の性格転換の組織論を否定する立場から述べられていることに注意が必要である[59]。

　戦後文部省の組織改変の意義を心得ていた森田（1958）は、1949年の文部省設置法による組織構造が、"事務の煩雑さ"を伴ったために、1952年の文部省設置法の一部改正で行政組織が"簡素化"されたことについて次のように述べている。すなわち、「文部省の公務員たちが、事務が混乱してやり難いと非難し合っていたが、彼らの考えが、権力を背景にして自分の考えを臣民に押し付けていた中央集権時代の官僚意識を依然として持っていることを反省しないでいる証左である」と指摘し、さらに、「新憲法や教育基本法（昭和22年3月31日法律第25号）の精神に基づく文部行政の従事者として不適格性を自ら暴露しているものと言わねばならない」として、厳しく批判していたのである[60]。新しい文部省の機構の重要性を最も認識していた森田のこのような発言は、注目されてよい。

　以上の2点の改正に加えて、1952年の一連の組織規定の改変による3点目の変更点として、文部省設置法第4条に掲げられた文部省の任務が縮

小されたことが指摘できる。具体的には、同条1号の「指導助言」と同2号の「最低基準に関する法令案の作成」が文部省の任務から排除された。この改正により、1949年以来、内外の教育条件整備に関する任務としての「指導助言」と「最低基準に関する法令案の作成」を含めた9項目にわたる任務が、1952年の改正後は、「文部省は、学校教育、社会教育、学術及び文化の振興及び普及を図ることを任務とし、これらの事項及び宗教に関する国の行政事務を一体的に遂行する責任を負う行政機関とする」の一文に縮小された。

1949年に制定された文部省設置法第4条の任務規定については、森田が言及していたように、「最低基準に関する法令案の作成」といった任務の具体的記述がなされており、そこには、「これまでの中央集権的な色彩を払拭する」という理念と理由があったはずであった。1952年の改正文部省設置法における文部省の任務規定が、学校教育等の「振興及び普及を図ること」とされたことは、1949年の文部省設置法の任務規定に比して任務の具体性に欠け、どのように「振興及び普及を図る」のかが不明確である。具体的な任務の不在はすなわち、任務の内容が相当に拡大する可能性をも有していたといえよう。

最後に4点目の改正点として、初等中等教育局、大学学術局、社会教育局の、教育内容に関する局における調査研究に関する事務が、すべて消失したことに注目しなければならない[61]。森田（1949）によれば、これら三局による各所轄機関への指導助言は、政治的独善に陥らないために科学的調査に基づくことが必要とされており、加えて、調査普及局との連絡調整が必要とされていたはずであった。初等中等教育局、大学学術局、社会教育局における調査研究に関する事務が消失したことは、調査（普及）局との連絡調整における受け皿が消失したことを意味し、その流れが円滑ではなくなることを想起させるのである。

(2) 第二段階（1956年）教育委員会調査統計課必置義務規定の削除

教育条件整備行政組織衰退の第二段階は、「地方教育行政の組織及び運

営に関する法律」（1956 年法律第 162 号、以下、地方教育行政法）の施行
に伴う教育委員会法の廃止である。この法律の制定に伴い、新しい教育委
員会制度が発足することとなった。新しい教育委員会制度がこれまでの教育
委員会制度と異なる点として、第一に、教育委員の公選制の廃止と任命制の
採用による民意反映ルートの断絶、第二に、教育長の任命承認制や文部大
臣の措置要求権等を設けることによる教育行政の中央集権化、第三に、教育
委員会の予算原案送付権の削除による地方首長への従属性強化であった[62]。

　以上の点に加えて、地方教育行政法の施行に伴う新しい教育委員会の組
織編成については、その第 18 条において「教育委員会の権限に属する事
務を処理させるため、教育委員会に事務局を置く」とあり、また、同条第 2
項において「教育委員会の事務局の内部組織は、教育委員会規則で定める」
と規定された。これは、1948 年の教育委員会法第 44 条に規定された教育
委員会事務局に関する規定にあたるものである。

　つまり、教育委員会法においては調査統計課が法定必要部課とされたこ
とに対し、地方教育行政法においては各教育委員会規則の裁量に委ねられ
ることとなったのである。教育調査に必要とされる専門的人員や資源の確
保、何より、教育委員会法の制定施行当初から、教育調査に必要なこれら
の資源と予算の不足が訴えられていたことをふまえれば、地方教育行政法
の施行に伴う組織編成規定の変更により、財政状況の厳しい自治体が、調
査統計課の縮小あるいは廃止の路線に手をつけることは想像に難くない。
実際に調査統計課が地方教育行政法の施行とともに廃止された様子もうか
がえた[63]。

(3) 第三段階（1966 年）調査局の廃止に伴う組織関係の変化

　第三段階は、1966 年 4 月 5 日に公布された「文部省設置法の一部を改正
する法律」（1966 年法律第 47 号）の制定施行による文部省組織の改変である。
同法の施行によって、1949 年の文部省設置法第 6 条 1 項に規定された調査
普及局は、文化局に改められることとなり、独立した一局としての調査（普及）
局は事実上廃止された。ただし、同法を受けて施行された「文部省組織令

の一部を改正する政令」（1966年政令第136号）からは、調査局に置かれていた調査課・統計課については大臣官房へ移動したことが記されている。以下では、課の移動とその所掌事務の変化に着目する。

1949年に調査普及局に置かれていた調査課、統計課、地方連絡課、刊行課、国語課の5課は、1952年の文部省設置法改正によって、刊行課が廃止され、初等中等教育局の教科書課に移動した。同時に、地方連絡課は初等中等教育局地方課へ移動した[64]。そして、1966年の文部省組織令の一部改正により、大臣官房の人事課、総務課、会計課の3課に加わる形で、調査課、統計課、企画室の2課1室が新たに設置されることとなった。

以上の改正に伴い、教刷委審との連絡調整を担う課も次のように変更された。1946年に内閣総理大臣の所轄として設置された教育刷新委員会は、文部省調査局の審議課が、また、1949年に改称された教育刷新審議会は、文部省調査普及局調査課が、教刷委審の総合調査の事務を担っていたことから、調査（普及）局が教刷委審の実質的な事務局的役割を果たしていたことを確認してきた。その後、1952年7月31日に文部省設置法が改正される直前、1952年6月6日に、教育刷新審議会は廃止され、文部大臣の諮問機関として新たに中央教育審議会（以下、中教審）が発足した。

中教審は、それまでの教刷委審とは根本的に異なる性格を有していた。平原春好（1993）は、中教審の構成員に着目し、「教育刷新委員会＝同審議会にくらべて教育専門家が著しく後退したこと」、及び、「代わって財界代表者が大幅に進出したことであり、総じて政府・文部省に近い人々が任命されたことが一目瞭然」[65]であると指摘した。

中教審と文部省との連絡調整については、1952年7月31日に文部省設置法の一部を改正する法律が施行された後、中央教育審議会の庶務は、「調査普及局」が「調査局」へと内部組織変更されたことをうけて、同年8月8日「大学設置審議会令等の一部を改正する政令」（政令第338号）第5条において、中央教育審議会令（政令第176号）第8条中の「文部省調査普及局」を「調査局」に改め、「審議会の庶務は、文部省調査局において処理

する」こととされた。その後、1966 年 4 月 5 日の文部省設置法の一部を改正する法律の施行により調査局が廃止されたことに伴い、同年 4 月 30 日に公布された文部省組織令の一部を改正する政令の附則の 3 には、「中央教育審議会令（昭和二十七年政令第百七十六号）の一部を次のように改正する。すなわち、第 8 条中『調査局』を『大臣官房』に改める」との規定がなされた。つまり、これまで調査局で行われてきた各教育審議会の連絡調整の事務は、大臣官房で行われることとなったのである。

　以上のように、1946 年に設置された調査局以来、1949 年から 1952 年の占領期に展開した文部省調査普及局及び教育委員会調査統計課からなる教育条件整備行政組織機構は、それ以降、1966 年にかけて徐々に他局へと分解・吸収・変容させられた。その影響は、財界・政府関係者を主要メンバーとする中教審の事務局として機能するようになったことからもうかがえるのである。

4-2　調査局の官房への吸収とその行政学的意味

　そもそも行政組織とは、現代国家の行政の性格が反映されたものであり[66]、それはまた、当時の政治事情に支配されやすく、社会的必要に迫られて随時的に設置されるものであるといわれてきた[67]。その意味で、戦後教育改革期において改組された文部省組織は、新たな民主的国家を機能させるための行政組織であった。調査（普及）局は、本章において見てきたように、これまでの中央集権的な教育行政を克服するため、文部省から関連機関への指導助言を政治的独善から守ること、そして、将来的な教育政策に役立てられる基礎的調査研究や資料作成を目的として設置されたものであった。このような目的のもと、一局として設置された調査（普及）局が、設置からわずか 20 年にして大臣官房に吸収されたことは何を意味するのだろうか。ここでは、行政学における官房に関する研究を頼りに、その意味の抽出を試みる。

　古川貞二郎（2005）は、「5 人の総理大臣の下で 8 年 7 か月内閣官房副長官を務め、2 人の厚生大臣の下で 2 年間大臣官房長を務めた」という自身

の経験に基づき、省内の官房の機能について次のように述べている[68]。内閣官房が総理の直属補助機関として国政の遂行にあたるのに対し、各省における官房は、各局並びの一部局の位置付けとされている。各省における大臣官房の主な事務は、人事、機構定員、予算・会計、法案審査、国会対策、公文書類の扱い、所掌事務の総合調査や政策の企画・立案、あるいは国際問題の窓口等である。しかし、「実際には、各省大臣の下に副大臣、事務次官がおり、政策の企画・立案や総合調整は事務的には大臣のもとで次官が采配をふるうことが多」いということであった。したがって、各省官房長の仕事については、主に国会対策と、OBを含めた人事について次官を補佐することであるという[69]。

古川による各省における官房と事務次官との関係は、文部省における官房と事務次官との関係についても当てはまるようである[70]。図表4-3は、調査（普及）局設置期間中の文部省の歴代事務次官を示したものである。

事務次官の采配の大きさをうかがわせる一例として、1966年10月31日の中教審答申「後期中等教育の拡充整備について」の別記「期待される人間像」が、当時次官を務めていた内藤によって提案されたというエピソードがあげ

図表4-3：文部省歴代次官（事務次官）

年代	役職名	氏名
1946年	次官	大村清一 山崎匡輔
1947年	次官	山崎匡輔 有光次郎
1948年	次官	有光次郎 井出成三
1949年	事務次官	井出成三 伊藤日出登
1950年	事務次官	伊藤日出登 劔木亨弘
1951年	事務次官	劔木亨弘 日高第四郎
1952年	事務次官	日高第四郎 劔木亨弘
1953年	事務次官	劔木亨弘 西崎恵 田中義男
1954年	事務次官	田中義男
1955年	事務次官	田中義男
1956年	事務次官	田中義男 稲田清助
1957年	事務次官	稲田清助
1958年	事務次官	稲田清助
1959年	事務次官	稲田清助
1960年	事務次官	稲田清助 緒方信一
1961年	事務次官	緒方信一
1962年	事務次官	緒方信一 内藤誉三郎
1963年	事務次官	内藤誉三郎
1964年	事務次官	内藤誉三郎 小林行雄
1965年	事務次官	小林行雄 福田繁
1966年	事務次官	福田繁 斉藤正

＊文部省大臣官房人事課（1963）「文部省歴代職員録—1962年10月現在」、渡部宗助編（2003）「資料・文部省の機構と人事（1945-1970）」をもとに筆者作成

られる。この答申は、1963 年 6 月 24 日に荒木萬壽夫文部大臣による中央教育審議会への諮問「後期中等教育の拡充整備について」に対して用意され、その後 3 年間にわたって審議されたものであり、愛国心育成に関する内容で世論を喚起した答申として知られている。「期待される人間像」は、中央教育審議会第 19 特別委員会において、高坂正顕主査のもと、審議がなされたものであった [71]。同答申が出された当時、内藤は事務次官在職期間であった。

　内藤は、教育基本法と「期待される人間像」について、1980 年 4 月 14 日に行われたハリー・レイによるインタビューで、次のように回想している。「私は教育基本法というのはあんまり好かないんですよね。あれの中の一番弱いのは、教育の目的がないんですよ」、「昔は日本には教育勅語があったんだよ。『父母に孝に兄弟に友に夫婦相和し朋友相信じ恭儉己れを持し博愛衆に及ぼし』ということがあったんだけど、そういう目標が全然ないの、教育基本法には。」、「そこで後に、私が文部次官のときに『期待される人間像』というのを諮問したの。」以上のエピソードは、文部省次官としてのその影響力をうかがわせる場面として注目されてよいだろう [72]。

　一方で、行政理論上の官房の位置付けをめぐっては、「積極説」と「控除説（消極説）」が提示されてきた。前者は、人事・会計・文書管理を通じた行政の中枢として官房を位置付け、その機能を強調するものである。対して後者は、局課を行政の中核とみなし、局に入りきらない業務が官房に押し込められているとし、官房の機能を重視しないものである [73]。戦後日本においては、以上の二説のうち、過程論及び人的集団という官僚の行動様式を根拠に積極説を基礎付ける官房機能の実態があったとみなされている。

　牧原（2005）は、フランス及びヨーロッパの官房と日本の場合との比較から、以下の二つの点において日本における官僚集団の行動様式にこそ、官房の積極説の基盤があると指摘している。第一に、過程論分析において、ヨーロッパの官房においては「行政職員は権限の担い手である前に、まずもって行政を職業とする集団の一員と心得ており、権限に先行する職能集団を起点

とする発想を有しており、権限に埋没せず、逆にこれを突き放して捉え直す意識をもつ」とされる。これに対して日本の官房は、権限を媒介として集団化し、権限を細分化し、すべての行政職員が行政意思の決定に包み込まれるよう采配されており、その中核に肥大化した官房が位置しているという。第二に、人的集団という側面から見た場合、フランスではその後、政治家や民間企業へ転向するのに対し、日本の場合は長期にわたって官房に専門的な官僚がそのポストを占めているとされる。戦後になると、官房にはキャリア官僚が配属されることが通例となったという [74]。

　官房の制度に着目してみると、官房は内閣制度の成立とともに登場する。局が各省によって異なる名称で組織を有することに対して、官房は各省共通の制度であり、加えて、「大臣」や「長官」と結びついた政治性を含むことから内部管理にとどまらない要素をもつ機関であるとされる [75]。事実、文部省の場合には、他局、他省庁、与野党をはじめとする他の政治的主体との関係において官房の機能が定まっていると指摘されるように、省内外との調整機能が官房には期待されているのである [76]。

　文部省の大臣官房は、1949年から1966年までの間はごく小規模であり、小官房制をとっていた。官房三課といわれる人事、総務、会計のみで構成され、調査（普及）局が「準官房的な事務」を分担していたとされる [77]。文部省の大臣官房が大きく変化するのは1966年の改組であり、ここで、調査局が廃止されると同時に、調査局の所轄課であった調査課と統計課、そして企画課が大臣官房に加わった。この統合は「総合調整機能と企画調査機能を…一体化して、トップマネージメントを直接補佐する体制を強化」することがねらいとされた [78]。ここに、官房機能強化のための構造が文部省において整えられ始めている様子を見ることができる [79]。

　以上のように、調査局の組織が1966年に大臣官房に移動したことは、行政理論や行政制度、及び文部省内部における官房の機能とその実態に照らしてみると、文字どおり、省内外との調整機能と企画調査機能の体制強化に貢献したといえるだろう。

小結　教育条件整備行政における
調査研究部局設置の意義

　本章において明らかになった要点は以下の通りである。

　第一に、教育条件整備行政組織には、二つの特徴が認められた。一つは、教育の実態を明らかにするために、各省は統計調査研究を行う中枢部局を有し、かつ、他局及び地方教育行政においても、これと連絡調整にあたる組織を有していたこと。もう一つは、その任務に関し、民主教育の体系を確立するための最低基準に関する法令案、その他教育の向上及び普及に必要な法令案を作成するための調査研究を行うという任務を有し、教刷委審の実質的な事務局をも担っていたことであった。文部省調査普及局の設置過程からは、統計法及び文部省設置法に由来しながら、教育条件整備行政組織が成立していたことが明らかになった。

　第二に、他省庁の設置法との比較を通して見た場合、文部省においては特に、調査研究部局の設置が重視されていたことである。国家行政組織法によって各省庁での規模縮小の要請があったにもかかわらず、文部省調査普及局は一局として存続し、局としてむしろ規模を拡大する路線をとったことからも、その重要性がうかがえる。

　第三に、教育委員会法制定時において、調査統計課の設置が、旧教基法第10条との関係から重要視されていたことである。また、同法第55条が、後述するように、学力調査報告書作成の根拠ではなく、そもそもは教育条件整備のための教育調査報告書の提出を目的として設けられていたことも注目されなければならない。

　第四に、以上の中央と地方における教育条件整備行政機構が、三段階を経て漸進的に後退し、のちに実質的に廃止されたことである。すなわち、1952年には教育の内容面に関する局（初等中等教育局、大学学術局、社会教育局）における調査研究事務の規定がなくなり、1956年には教育委員会調査統計課の法定設置義務が任意設置へと変更された。そして、1966年に

調査局は文化局に改められ、実質的な局の廃止に至った。

　第五に、調査（普及）局内部に設置されていた調査研究に関する課が大臣官房へ移動したことが、行政学の観点からみた場合に、省内外の連絡調整をつかさどる、いわゆる政治性を帯びた部局へ移動したという意味として捉えられることも明らかになった。その場合、教育条件整備を中央と地方で実施するために設置された調査（普及）局や教育委員会事務局の調査統計課が、徐々に教育条件整備のための組織と所掌事務を剥奪された過程として整理されるにとどまらない可能性が指摘できる。

　例として、1950年代半ばから実施されてきた学力調査とその調査報告書の存在が指摘されるべきである。1956年から1967年までの間、学力調査に関する調査報告書が作成されたが、その中心的な担い手となったのは、文部省調査局、及び、大臣官房調査課であった。1956年から抽出調査、1961年から中学校における悉皆調査が開始され、1966年度の調査報告書をもってその作成は終了した[80]。全校一斉学力調査が、池田勇人内閣による「国民所得倍増計画」における人材の早期選抜の要としての教育政策であったことは周知の通りである[81]。

　このような、教育条件整備行政組織の国策遂行組織への成り替わりともいえる過程は、神田修（1970）が明らかにした明治憲法下における視学制度の成立前期、組織化期、成立期の組織変遷と非常に似通っているように思われる。戦前期においては、視学制度が成立したのちに、視学官に関する予算が文部省から内務省に移され、実質的に教育行政機関が形骸化する、「教育行政の一般行政への吸収」とでも表現できる過程を辿る。

　「戦後の教育行政を考えるにあたって、戦前との断絶が法制上明白であるのに、『地方自治』の形骸化に対応して、あるいはそれを通じて教育行政のいわば反動的な編制が、ある点では戦前と同じような形で進められるという面も見落とし得ないのではないか」[82]という神田の問題意識が想起されるのである。

(1) 新自由主義社会における政策理論としての EBPM（Evidence Based Policy Making）に対して、本書は批判的立場をとっている。教育的必要を満たすための教育条件整備が教育人権保障を目指す一方で、EBPM は人的資本形成を目指す教育投資論の文脈にある。両者はその目的の相違において厳密に区別される。

(2) 1945 年 10 月、物資不足と米の不作による飢餓死が見込まれることを理由に、当時の農林省が米の必要輸入量を 450 万トンと推計したが、実際には 70 万トンの輸入量で十分であったという。この顛末が日本の統計制度の杜撰さを露呈させ、政治問題へ発展させた。島村史郎（2008）『日本統計発達史』日本統計協会、265-266 頁。

(3) 歴代内閣のうち統計に関する業績を残した首相は、大隈重信、原敬、吉田茂の 3 人とされるが、吉田による改革はあくまでも GHQ の影響によるものであった。島村史郎（2009）『日本統計史群像』日本統計協会、31 頁。

(4) 宮川公男（2017）『統計学の日本史―治国経世への願い―』東京大学出版会、197-201 頁

(5) 財団法人日本統計研究所（1963a）『日本統計再建史―統計委員会史稿資料篇（Ⅰ）』資料 1-7、124-125 頁

(6) 1946 年 8 月 24 日の総会における川島孝彦による私案から答申に至るまでの最大の変更点は統計予算であった。川島私案では統計予算に国家総予算の 5% を充てるという提案がなされたが、大蔵省から反対を受けたため、答申では具体的な予算額に関する文言は削除され、「必要なる経費は速に支出する様取計うこと」とされた。前掲財団法人日本統計研究所（1963a）資料 1-23、256-260 頁。なお川島私案は同書資料 1-5、121-123 頁。

(7) 前掲島村（2008）278 頁

(8) 山中四郎・河合三良（1950）『統計法と統計制度』統計の友社、214-218 頁

(9) 第一報告書は、スチュアート・A・ライス「日本の統計組織の近代化の必要」財団法人日本統計研究所（1963b）『日本統計再建史―統計委員会史稿資料篇（Ⅱ）』資料 3-2、83-119 頁、第二報告書は、スチュアート・A・ライス＋カルヴァート・L・デドリック（1951）『日本の統計機構の在り方―第二回統計使節団報告書』全国統計協会連合会を参照。

(10) 島村史郎（2013）『欧米統計史群像』日本統計協会、183-193 頁

(11) 前掲財団法人日本統計研究所（1963b）資料 3-2、88-89 頁

(12) 前掲財団法人日本統計研究所（1963b）資料 3-2、90 頁

(13) 前掲スチュアート・A・ライス＋カルヴァート・L・デドリック（1951）6 頁

(14) 前掲山中・河合（1950）87 頁

(15) 前掲鈴木（1970）557-558 頁、徳久恭子（2008）『日本型教育システムの誕生』木鐸社、97-98 頁

(16) 文部省に調査局を置く勅令（昭和二十一年・勅令第五八九号）第 1 条　文部省に臨時に調査局を置く。第 2 条　調査局は左の事務をつかさどる。1. 教育刷新に関する事務の連絡調査に関する事項、2. 内外における教育制度及び教育事項の調査研究に関する事項、3. 統計一般に関する事項。国立公文書館デジタルアーカイブより（最終閲覧日：2023 年 7 月 4 日）。

(17) 辻田力（1969）「辻田力氏の談話記録」北海道大学教育学部教育制度研究室編『教育基本法の成立事情』30 頁

(18) 田中二郎（1975）「地方自治と教育委員会制度」『日本教育法学会年報；地域住民と教育法の創造』第 4 号、有斐閣、29-30 頁

(19) 田中耕太郎本人の経験について詳しくは、田中耕太郎（1949）「跋文―地方教育行政

の独立について―」辻田力監修・文部省内教育法令研究会『教育委員会―理論と運営―』時事通信社、223-232頁を参照。ここでは、文部省の官僚的支配により、地方においても同様に官僚的支配構造がとられ、それゆえに政治的激流の侵入による影響を免れなかったという田中の経験に基づく見解が示されている。

(20) 田中二郎（1969）北海道大学教育学部教育制度研究室編『教育基本法の成立事情』、6頁

(21) 鈴木英一（1982）「戦後教育改革と田中二郎先生―教育基本法を中心として」『法律時報』第54巻4号

(22) 前掲辻田（1969）34頁

(23) 前掲佐藤（1995）xvi

(24) 同上

(25) 同上

(26) 教育刷新委員会の"裏舞台"として文部省の審議室（のちの調査局審議課）の存在があったことについては、田中二郎の証言をもとに鈴木（1970）も同様の指摘をしている。すなわち、「教育基本法の立案過程に即していうと、むしろ、省議における田中文部大臣、局長などの意見にもとづいて、審議室が技術的な立案に当ったという方が正解」であり、その根拠として、教育刷新委員会の第1特別委員会において旧教育基本法が審議されたときの参考案は、調査局審議課の前身である、文部省大臣官房審議室で審議された案が母体になっていることを挙げている。前掲鈴木（1970）248頁。

(27) 柏原義則（1949年4月25日）衆議院内閣委員会14号、衆議院文部委員会11号、高瀬荘太郎（1949年5月6日）衆議院内閣・文部委員会連合審査会1号、佐藤義詮（1949年5月6日）参議院内閣・文部連合委員会1号、中川幸平（1949年5月23日）参議院本会議32号、いずれも国会会議録検索システムより（最終閲覧日：2023年7月4日）。

(28) 森田孝（1949年4月25日）衆議院文部委員会11号、同（1949年5月6日）参議院内閣・文部連合委員会1号、国会会議録検索システムより（最終閲覧日：2023年7月4日）。

(29) 同上

(30) 森田孝（1949b）「文部省機構改革の要点」『時事通信内外教育版』第157号、1頁

(31) 前掲森田（1949年5月6日）

(32) 文部省組織規程第35条1号（管理局庶務課のつかさどる事務）「この局の所掌事務に関し、他課と連絡して法令案を作成し、及び予算案を取りまとめること」

(33) 文部省組織規程第2条1号（大臣官房人事課のつかさどる事務）「職員の任免、分限、懲戒、服務その他の人事に関する事務を処理すること」

(34) 文部省組織規程第4条1号（大臣官房会計課のつかさどる事務）「各部局の準備した予算案に基いて、文部省所管の予算案を作成する等予算に関する事務を処理すること」

(35) 文部省組織規程第9条1号（初等中等教育局庶務課のつかさどる事務）、第15条1号（大学学術局庶務課のつかさどる事務）、第23条1号（社会教育局社会教育課のつかさどる事務）、第35条1号（管理局庶務課のつかさどる事務）において、それぞれ、「この局の所掌事務に関し、他課と連絡して法令案を作成し、及び予算案を取りまとめること。」とある。

(36) 文部省組織規程第3条4号（大臣官房庶務課のつかさどる事務）「法令案その他重要文書の審査に関する事務を処理すること。」

(37) 文部省組織規程第29条1号（調査普及局調査課のつかさどる事務）「文部省の所掌事

務に関する調査研究について、連絡調整すること。」

(38) 文部省組織規程第 29 条 4 号（調査普及局調査課のつかさどる事務）「文部省の計画及び政策に関する資料を準備し、及びそれを大臣官房に提供すること。」

(39) 文部省設置法（1949）第 11 条 3 項（調査普及局の事務）「他部局及び教育委員会その他の機関の調査統計計画に対し、専門的、技術的な援助と助言を与えること。」

(40) 文部省設置法（1949）第 8 条 6 項（初等中等教育局の事務）「初等教育、中等教育及び特殊教育に関する基礎的調査研究を行い、その結果及びそれを学校に関する諸問題に適用することについての情報を提供すること。」、第 9 条 5 項（大学学術局の事務）「大学教育及び学術に関する統計調査を行い、必要な資料を収集し、解釈し、及びこれらの結果を利用に供し、又はそれらに関し指導し、若しくは協力すること。」、第 10 条 5 項（社会教育局の事務）「社会教育に関する基礎的調査研究を行い、それを解釈し、及びその結果に関する情報を提供すること。」

(41) 文部省組織規程第 29 条 10 号（調査普及局調査課のつかさどる事務）に「教育刷新審議会との連絡に関すること。」とある。また、日本近代教育史料研究会（1996）5 巻、17 頁、教育刷新審議会第 1 回総会（1949 年 6 月 10 日）における辻田力調査普及局長の発言には、「この教育刷新審議会のことと申しますか、教育刷新全般に関する総合調整の事務は、一応調査課の方で所管することになっておりますので、このことを御紹介申し上げたいと思うのであります」とあった。

(42) 詳細は前掲鈴木（1970）408-412 頁を参照。

(43) 前掲鈴木（1970）408 頁

(44) 辻田力監修・文部省内教育法令研究会（1949）『教育委員会―理論と運営―』時事通信社、36 頁

(45) 前掲辻田力監修・文部省内教育法令研究会（1949）35-36 頁

(46) 相良惟一（1948a）「教育委員会法について（一）」文部省編『文部時報』第 852 号、ぎょうせい

(47) 相良惟一（1948b）「教育委員会法について（完）」文部省編『文部時報』第 853 号、ぎょうせい

(48) 前掲辻田力監修・文部省内教育法令研究会（1949）111-112 頁

(49) 辻田力、西村巖、天城勲、安達健二（1948）「教育委員会法の解説（上）」『時事通信内外教育版』第 2 巻 114 号、317 頁

(50) 前掲辻田力監修・文部省内教育法令研究会（1949）140 頁

(51) 前掲辻田力監修・文部省内教育法令研究会（1949）140 頁

(52) 前掲辻田力監修・文部省内教育法令研究会（1949）112 頁

(53) 増田幸一（1949）「教育委員会事務局調査統計部課運営に関する試案」文部省編『文部時報』第 857 号、ぎょうせい、5-8 頁。

(54) 今村忠助（1952 年 5 月 14 日）衆議院内閣委員会 17 号

(55) 前掲今村忠助（1952 年 5 月 14 日）、相良惟一（1952 年 6 月 3 日）参議院内閣委員会 35 号、河井彌八（1952 年 7 月 21 日）参議院・本会議 67 号による説明。いずれも国会会議録検索システムより（最終閲覧日：2023 年 7 月 4 日）。

(56) 荻原克男（1996）『戦後日本の教育行政構造―その形成過程―』勁草書房、138 頁、表 -6「文部省の局課再編（1949 年 /1952 年）」参照。

(57) 前掲相良（1952 年 6 月 3 日）

(58) 前掲相良（1952 年 6 月 3 日）

(59) 前掲荻原（1996）113-114 頁

(60) 森田孝（1958）「教育行政組織論」『愛知学院大学論叢法学研究』第 1 巻 1 号、130 頁

(61) 脚注 40 の通り。

(62) 浪本勝年（2011）「教育委員会と学校における職員会議の在り方 - 東京地方裁判所に提出した鑑定意見書（2010.5.24）」『立正大学心理学研究所紀要』第 9 号、111 頁

(63) 例えば、新潟県教育委員会は、1948 年の教育委員会法の公布・施行を受け、1949 年教育委員会規則を制定し、庶務課、教職員課、調査統計課、指導課、社会教育課、健康厚生課の 6 課を置いた。調査統計課は 1951 年に調査課に改称される。その後、1956 年の地方教育行政法を受けて、調査課は教職員課とともに学事課に吸収された。新潟県教育庁総務課編（2000）「図説新潟県教育 20 世紀のあゆみ：21 世紀教育へのかけはし」新潟県教育庁総務課、105 頁、図 51「県教育庁の教育行政組織の変遷」参照。

(64) 前掲鈴木（1970）621 頁、前掲荻原（1996）138 頁、表 -6「文部省の局課再編（1949年 /1952 年）」参照。

(65) 平原春好（1993）『教育行政学』東京大学出版会、144 頁

(66) 佐藤功（1979）『行政組織法〔新版〕』有斐閣、26 頁、前掲荻原（1996）101 頁

(67) 蝋山政道（1930）『行政組織論』日本評論社、258 頁、牧原出（2005）「『官房』の理論とその論理構造」『日本行政学会年報；官邸と官房』第 40 号、ぎょうせい、53 頁

(68) 古川貞二郎（2005）「総理官邸と官房の研究—体験に基づいて」『日本行政学会年報；官邸と官房』第 40 号、ぎょうせい、3 頁

(69) 前掲古川（2005）12-13 頁

(70) 青木栄一（2006）は、文部省における大臣官房の内部管理や大臣補佐、さらに、各局の調整を、事務次官が担っていたことを明らかにしている。青木栄一（2006）「第 7 章 文部省における官房長設置の政治行政過程」結城忠監修・青木栄一編集『戦後教育法制の形成過程に関する実証的調査研究 最終報告書』国立教育政策研究所、185 頁。

(71) 山田真由美（2015）「戦後教育学における『京都学派』：政治的批判と哲学的再評価の間」慶應義塾大学大学院社会学研究科編『慶應義塾大学大学院社会学研究科紀要：社会学・心理学・教育学：人間と社会の探究』第 80 号、慶應義塾大学大学院社会学研究科、57 頁

(72) ハリー・レイによる内藤誉三郎に対するインタビューの中で、内藤は学校教育法の立案を担当していたことを述べた後にこのように述べていた。ハリー・レイ（2012）「＜ハリー・レイ　オーラルヒストリーシリーズ＞内藤誉三郎」明星大学戦後教育史研究センター編『戦後教育史研究』第 26 号、明星大学戦後教育史研究センター、46 頁。

(73) 前掲牧原（2005）50-51 頁

(74) 前掲牧原（2005）60-61 頁

(75) 前掲牧原（2005）59-60 頁

(76) 前掲青木（2006）191 頁

(77) 前掲青木（2006）147 頁、荻原克男（2006）「第 6 章 教育行政組織の分化と統合—戦後文部省史への予備的考察—」結城忠監修・青木栄一編集『戦後教育法制の形成過程に関する実証的調査研究 最終報告書』国立教育政策研究所、162 頁

(78) 手塚晃（1966）「文部省の新しい機構について」『文部時報』1065 号、10 頁、前掲荻原（2006）163 頁参照。

(79) ただし、人事面において官房が高地位へと上昇するのは 90 年代後半以降であると指

摘されている。荻原克男・青木栄一（2004）「文部省の官房機能―機構面と人事面からの分析―」日本教育制度学会紀要編集委員会編『教育制度学研究』第 11 号、152-154 頁。

(80) 1951 年に調査普及局調査課より「中学校学力検査と講評 問題正解特集号」が刊行されているが、同書が "調査" ではなく "検査" と題されていること、及び、現物を確認できていないことから、これを除いた 1957 年以降 1967 年までの学力調査報告書を同じ性格のものと仮定する。調査報告書は以下の通り。文部省調査局調査課（1957）「昭和 31 年度全国学力調査報告書国語・数学」、同（1958）「昭和 32 年度全国学力調査報告書社会科・理科」、同（1959）「全国学力調査報告書：小学校―音楽、図画工作、家庭、教科以外の活動；中学校―英語、職業・家庭：高等学校―英語、保健体育」、同（1960）「昭和 34 年度小・中・高全国学力調査報告書（国語・数学）」、同（1961）「昭和 35 年度全国学力調査報告書」、同（1962）「昭和 36 年度全国小学校学力調査報告書」、「昭和 36 年度全国高等学校学力調査報告書」、「昭和 36 年度全国中学校学力調査報告書」、同（1963）「昭和 37 年度高等学校学力調査報告書数学編」、同（1964）及び（1965）「昭和 37 年度全国小学校学力調査報告書」、「昭和 37 年度全国中学校学力調査報告書」、「昭和 38 年度全国小学校学力調査報告書」、「昭和 38 年度全国中学校学力調査報告書」、文部省調査局統計課「昭和 38 年度高等学校適性能力・学力に関する調査報告書」、文部省大臣官房調査課（1966）「昭和 39 年度全国小学校学力調査報告書」、「昭和 39 年度全国中学校学力調査報告書」、同（1967）「昭和 40 年度全国小学校学力調査報告書」、「昭和 40 年度全国中学校学力調査報告書」、「昭和 41 年度全国小・中学校学力調査報告書」、「昭和 36 年～ 40 年度中学校学力調査の追跡調査報告書」。文部省初等中等教育局教科書管理課（1981）「文部省刊行物目録総覧」151-153 頁より。

(81) 西本勝美（2004）「企業社会の成立と教育の競争構造」渡辺治編『日本の時代史 27 高度成長と企業社会』吉川弘文館、166 頁

(82) 神田修（1970）『明治憲法下の教育行政の研究』福村出版、ii

第5章

教育条件整備行政の
所掌事務としての教育調査

はじめに

　本章の目的は、第4章において明らかにされた教育条件整備行政組織の主たる所掌事務としての「教育調査」の具体的な内容を明らかにすることにある。文部省調査（普及）局と教育委員会調査統計課、及び、国立教育研究所と地方教育研究所が、阿部や海後によって発展させられてきた教育条件整備のための科学的客観的教育調査法という共通項をもちながら、異なる役割を果たしてきたことを、各機関における実際の教育調査の内容から明らかにする。

　まず、文部省調査（普及）局が中心に行った調査に関して、その目的や内容を、文部省調査（普及）局調査課及び統計課による調査報告書、並びに、同局によって刊行された雑誌を頼りに、これらの調査がいかなる役割を果たしたのかを明らかにする。また、これらの調査報告書の内容が、第4章で確認された文部省内組織改変に伴ってどのように変化したのかについても注目する。

　続いて、中央教育研究所及び国立教育研究所、並びに地方教育研究所が、文部省調査（普及）局及び教育委員会と協力関係を保ちながら、文部省調査（普及）局及び教育委員会によって行われたような教育の外的事項に関する教育調査ではなく、主として教育内容にかかわる教育調査を担っていたことを明らかにする。

1　教育の外的事項を対象とする　　教育条件整備行政

1-1　教育の正確な実態把握とその普及を求めて
－ 教育調査の必要性の所在 －

　1949 年文部省内に設置された調査普及局の局長に就任した辻田力、及び、1952 年以降、調査普及局の廃止まで同局調査課長を務めた伊藤良二は、新しい教育行政における教育条件整備行政としての任務、特に教育調査の重要性をどのように見出していたのだろうか。その内容が記された、『教育要覧』(1948 年)、及び、『月刊教育調査』創刊号 (1950 年) における辻田と伊藤の言葉を、やや長きにわたるが引用する。なお、引用文中の下線はいずれも筆者による。

　まず、辻田 (1948) は、教育行政と国民との関係における教育調査の重要性を説いている。すなわち、教育に関する実態把握、及び、把握した実態についての正確な情報提供を行うその担い手こそが、戦後の新しい教育行政であること、そして、教育関係者に限定されない多くの国民が、教育の事実から派生した問題意識を醸成することによって、真に教育の民主化が実現されると認識している。辻田はこの循環こそが教育行政の任務、すなわち、教育調査によって生み出されるのだと認識していたことが以下の記述から読み取れる。

　　「…しかし、これらの制度的方面の改革は、いまだ教育の民主化への第一歩を踏みいだしたに過ぎない。これらの改革をして真にその実を挙げしめるためには、単に教育者又は教育行政当局者のみならず、広く国民ひとりびとりが教育に対して関心と熱意を寄せ、その普及と向上に向かって不断の努力を重ねなければならないのである。こうしてはじめて教育を国民のものとすることができるのである。それにはまず、日本の教育の真相が正しく把握せられなくてはならないと思う。この

ような理由からして、教育の民主化のために、教育関係者のみならず、広く国民に対して、教育に関する正確な情報を提供することは、われわれ教育行政当局者に課せられた第一の義務といわなくてはならない。このたび調査局が中心となり、各方面のご協力を得て編集した『教育要覧』はいささかこの義務の一端を担いうるかと思う。」[1]

また、伊藤（1950）は、教育行政が教育調査を用いることの重要性について次のように述べている。

「教育調査は、学校行政官・教育行政官等の実際に役立つものでなければならない。ちょうどこのことは、教育行政官の本来の姿が教師のために役だつようつとめることにあり、教師はまた、生徒児童の個性の育成に役だつのがその任務であると同様、民主主義における原則である。調査を離れた教育行政は、古い型の非科学的行政に陥る一方、行政に役だたない、いわゆる調査のための調査は、今日ではその意義がほとんど認められないといってよい。すなわち、良き教育行政官たるためには、直属の調査スタッフをもち、つねに重要問題の解決には調査を活用していくことが必要である。」[2]

つまり、教育の実態把握及び情報提供の担い手となる教育行政が、教育調査をもとにしながら優れた教育行政官及び調査員とともに問題解決を行うことが教育現場に必要とされるのであり、一方でそこには、教育調査に基づかない教育行政に対する戒めともいえる言及が見受けられる。

最後に、辻田（1950）は、教育行政の機構と任務に関する具体的な認識を明らかにしている。旧教育基本法第10条に規定された教育条件整備義務を遂行するための中央と地方の教育行政機構は、文部省設置法及び教育委員会法によって実体化されたこと、さらに、それらの任務、すなわち、教育条件整備行政としての任務については、従来の非科学的態度の教育行政を

省み改め、教育の実態を正確に捉えうる教育調査を出発点とした国民のための教育行政であるべきことを次のように説いている。

「…新しい教育目的を達成するための教育行政の在り方については、教育基本法第十条にうたわれているとおり、『教育は、不当な支配に服することなく、国民全体に対し直接に責任を負って行われるべきものである。教育行政は、この自覚の下に、教育の目的を遂行するに必要な諸条件の整備確立を目標として行われなければならない』のである。したがって、新しい教育行政の具体的な使命といわれるべきものは、教師の最善の能力を自由に発揮せしむるようなよい雰囲気を造り出すこと、すなわち一言にしていえば、よい教育の環境を作り出すことにあるといってよい。新しい教育行政官への期待と責任は、ここにかかっているわけである。この考え方によって中央ならびに地方における教育行政の、新しい機能と機構が作り出された。その主軸をなすものは、中央においては文部省設置法の制定であり、地方にあっては教育委員会法の設定である。

　文部省設置法によれば、文部省は、(1) 教育委員会・大学・研究機関その他教育に関する機関に対し、専門的・技術的な指導と助言を与えること。(2) 民主教育の体系を確立するための最低基準に関する法令案、その他教育の向上及び普及に必要な法令案を作成すること。(3) 教育のための予算案の作成および国庫支出金の割当、配分を行うこと。(4) 教育のための物資の確保について援助すること。(5) 大学および研究機関の調査活動を連絡調整すること。(6) 国際的な教育に関する国内における諸活動を連絡調整すること。(7) 教育に関する調査研究を行い、およびその調査研究を行う機関に対し、協力し、または協力を求めること。(8) 教育に関する専門的、技術的な資料を作成し、および刊行頒布すること等を遂行する責任を負う行政機関となったのである。

　すなわち、文部省の新しい任務を、教育・学術・文化の振興のため

必要なあらゆる援助と助言を、国民の要求に応じてできる限り与える、というサービス的官庁としたわけである。

　かく国民を主体とした行政においては、従来のような行政官のカンによる一方的処理法は当然廃止されねばならず、日本教育の実態を明確にとらえた科学的行政に切り替えられるべきはいうまでもない。教育行政の出発点となるものは、教育の調査であることが、ここに再確認されるに至ったのである。

　従来の行政官は調査の必要性を軽視し、従来の調査担当者はまた、ともすれば研究のための研究をなしたり、いたずらに非現実的な理論に没頭したりしがちであったため、行政と調査の提携は満足すべき状態になかった。このことについては、行政官の非科学的態度が責められるべきであると同時に、調査担当者達の怠慢も責められねばならぬであろう。

　そもそも教育調査は、実際的必要から始められるべきであり、解決を要する問題をもって調整に着手し、なんらかの結論と提案とをもって結末されるべきものである。しかしてこのような調査のためには、広く世界の状勢および国内の教育実体を歴史的社会的観点から正確に理解分析することが必要である。これら歴史的社会的な面からみた考察に加えて、先進国における実状の調査考察もなされた上に立ってはじめて、今後の教育のあり方、方向が決定されねばならないのである。

　情報・指導の提供ならびに奨励活動を、その主要な任務とするアメリカの中央教育行政機関、すなわち連邦教育局においては、調査がその大部分の業務となっている例にもみるごとく、わが国においても、今後の新しい文部行政と、教育調査の活動とは切りはなして考えることのできないものといわねばならない。」[3]

　以上の辻田や伊藤の記述からは、教育条件整備行政として、教育調査こそ最重要任務であると認識していたことが読みとれる。つまり、辻田や伊藤は、教育調査を主たる所掌事務とする文部省調査普及局、及び、教育委

員会調査統計課こそが、教育条件整備行政を担う中心的な組織であると認識していたと解することができる。

　教育に関する統計や調査研究が「統計のための統計の作成に終わらないように」することや、「行政整理の目標」とされないようにすることは、当時の調査普及局の関係者がまさに憂慮していたことでもあった[4]。教育の実相を正しく把握することは、辻田や伊藤らをはじめとする当時の文部省官僚が強く認識していた教育行政の責任であり、それを広く公表することで真に教育を国民のものとすることができると考えられていたのである。

　その意味で、戦後改革期に設置された教育行政組織は、調査研究に関する部局を中核として、国民の教育を受ける権利を保障する教育条件整備行政として機能しようとしていたといえるのである。当然ながらそれは、戦前の阿部重孝や戦後の田中耕太郎が指摘してきたように、権力の排除が前提にされなければならなかった。

1-2　教育条件整備にかかわる調査とその普及

　ここでは、1946 年の調査局設置以降に実施された教育の外的事項の教育条件整備にかかわる教育調査報告書、及び、それを一般に普及させる役割を果たした雑誌、以上の 2 種類の文部省調査（普及）局による刊行物に着目する。これらの刊行物から、文部省調査（普及）局、及び、地方教育委員会調査統計課の実態を明らかにする。調査普及局による調査報告書の中でも特に、「地方教育費調査」及び「父兄負担教育費調査」については、調査普及局の役割が特に重要視される内容であるため、それぞれに項を設け、詳細にみていく。

図表 5-1：外的教育条件整備のための教育調査報告書等刊行物

調査年度	調査報告書名		雑誌
	指定統計	文部省による調査	
1947	学校教員調査(9号)		
1948	学校基本調査(13号)		

調査年度	調査報告書名		雑誌
	指定統計	文部省による調査	
	学校衛生統計調査(15号)		
1949		地方教育費調査	
1950		国立初等・中等学校教育費の調査	月刊教育調査
			教育統計月報
1951			教育統計
1952	産業教育調査(47号)	父兄負担教育費調査	
		教員勤務負担量調査	
		小・中学校教員に対する「へき地手当」支給規定の概要と実情	
1954	学校設備調査(74号)	修学旅行調査	
1955	学校給食調査(82号)		
1964		就学援助に関する調査報告書	

＊文部省初等中等教育局教科書管理課（1981）「文部省刊行物目録総覧」より、現物を確認できた調査報告書のみをまとめて筆者作成

＊「学校教員調査」は「学校教員統計調査」に、「学校衛生統計」は「学校保健統計」に、「父兄負担教育費調査」は「子供の学習費調査」（後述）に調査名称を変更して現在も刊行継続中。なお、網掛けは刊行継続中の調査。

　図表5-1は、調査（普及）局が設置されてから廃止されるまでの期間に刊行された外的教育条件整備にかかわる教育調査報告書を、調査実施年及び刊行年別にまとめたものである。第6期 IFEL 教育財政講習の成果の研究集録「教育財政」において示された義務教育に必要とされる経費の枠組みに則れば、①教職員の給与、②学校の維持管理に要する経常費、③学校の施設の整備に要する費用、④教科書、学用品、薬品及び給食費等直接児童生徒のために要する費用の4種類に分類される [5]。その場合、①から③については、1949 年に開始された地方教育費調査によっておおよそ明らかにされたことになる。一方で、④の子どもの学習に直接必要とされる学習費に関しては、「父兄負担教育費調査」を中心として「修学旅行調査」や「学校給食調査」が実施された。

　続いて、1950 年からは「国立初等・中等学校教育費の調査」が実施された。国立初等・中等教育費の調査報告書は、地方教育費調査の姉妹編として位

置付けられ、「この調査報告書と『地方教育費の調査報告書』とを合わせることによって、わが国の高等学校以下の公教育費の全容をはあくすることができる」[6] と説明された。つまり、国立初等・中等学校教育費の調査によって義務教育経費の①、②、③が一層正確に把握されることとなったのである。

　また、外的教育条件整備のための教育調査として注目されるべきは、「教員勤務負担量調査」（1952 年）であろう。同調査は、小学校教員勤務負担量調査についてまとめられた第一部、及び、中学校・高等学校教員勤務負担量調査についてまとめられた第二部から構成されている。

　第一部の小学校教員を対象とした勤務負担調査においては、「A 調査の動機」として、「学校教育が本来の使命を発揮しようとすればするほど、教師の仕事は複雑になり、それに即応する研修が必要となってきた。このような事情で教師側から勤務負担過重の声が起り、労働基準法その他の関係法令が整備されるに至って、その声も一段と高まってきたので、教師の勤務負担の実態を明らかにして、教師の使命を正しく全うさせるための資料が必要になってきた。」とあり、続く「B 調査の目的」には、「小学校教師がどのような仕事にどの程度の時間を費やしているのかを調査して、勤務負担の適正を期するための参考資料にする。」と記されていた [7]。

　ちなみに、小学校教員の勤務負担調査結果には、1,500 名の教員を対象に、1952 年の 1 月 21 日（月）から 26 日（土）の 6 日間にわたって調査が行われたこと、1 日あたりの男女教師平均労働時間は、11.34 時間（所定勤務時間以内 7.74 時間、所定勤務時間以外 3.60 時間）であったことが記されていた [8]。以上の調査結果を受けた「むすび」においては、教師の負担を軽くするために事務職員を配置することや、高学年担任の教師の勤務量が多くなっていることから担任配置の際に考慮されるべきといった教育条件整備にかかわる改善案が提示されていた [9]。以上の教員勤務負担量調査は、教師に特殊な勤務形態の実態を明らかにすることで、それに合った給与体系を構築することや教師の労働条件を整えるための資料とされたことが推測される。

次にとりあげる学校設備調査は、昭和29、35、36、41年度に実施されたものである。学校設備調査は、1953年の理科教育振興法、及び、学校図書館法の制定をうけて、各法に規定された教材基準に達するまでの間、国庫補助ないし負担によってその充実を図るため、加えて、高等学校においては、同じく1953年に定時制教育及び通信教育振興法の制定をうけて、これらの学校においても設備の充実を図るため、実施された調査であった。調査の目的には、「学校教育に必要な教材その他の設備について調査し、その現状を明らかにするとともに、これらの設備の充実計画のための基礎資料を得ることを目的とする。」とあった[10]。

　以上の学校設備調査の方法には、教育調査に基づく教育条件整備として注目したい計算式がある。すなわち、教材等が充実した状態の基準となる"基数"を設定し、その基準（基数）に達していない状態を"不足"としたのである。したがって、同調査においては、不足＝（基数×集計学校数）－（現有－超過）との計算式が用いられていた。調査結果としては、教材、理科設備、学校図書館、定時制課程設備、高等学校通信教育設備のすべての項目において、「現有」よりも「不足」している学校が多く存在していることが指摘された。学校設備調査において示された、特定の教育条件基準、現状実態、そして、基準に対する不足あるいは超過状態を明らかにし、それにしたがって、教育条件整備を行っていく流れこそ、辻田が言及したような教育条件整備行政としての任務をまさに現実化したものともいえるだろう。

　なお、学校設備調査において用いられた「基準」として用いられた「基数」については、「ただし、この調査においてしめした設備の品名や規模別の基数等は、この調査実施の必要上定めたものであって、前記諸法律に基づく補助のための充実計画数量の算定または設備時基準とは直接関連を有しない。」[11]と断り書きがなされていた。この断りは、当時の財政事情を慮って付されたものと推測され、教育条件整備行政として消極的な文面とも捉えられるが、一方で、直ちに国と地方に教育条件整備を促すわけではないものの、動かぬ教育の実態を示したことに変わりはない。

　以上のような教育条件に関する調査報告書の刊行とともに、教育の実態に関する一般向け雑誌の普及にも力が注がれていた。代表的な雑誌として、文部省調査局統計課によってその編集が手がけられた「月刊教育統計」（のちの「教育統計（月報）」）（1950 年〜 1966 年）、そして、文部省調査普及局調査課によって編集された「月刊教育調査」（1950 年〜 1951 年）は注目されてよいだろう。

　前者の統計課によって編まれた「月刊教育統計」は、教育調査が戦後教育改革において重視されてきたことに伴い、教育に関する統計が、教育委員会や学校、教師に必要とされてきたことから、基本的な教育統計の内容と方法を普及するために刊行され始めたものであった [12]。

　他方、後者の調査課によって編集された「月刊教育調査」は、教育調査の専門誌として位置付けられた雑誌であった。国内外における教育調査の現在やその歴史、各地方における教育委員会の調査統計課の活動、文部省調査普及局等による教育調査の概要や速報、官僚の見解、さらには、各教育委員会における刊行物目録 [13] 等が収められていた。また、「月刊教育調査」の具体的な頒布先には、都道府県教育委員会及び同調査統計課長並びに指導課長、各学校が想定されていたようである [14]。

　「月刊教育調査」は、わずか 1 年間、第 10 号までの刊行に終わったが、そこに凝縮された情報は今日から見ても着目すべきものが多い。同雑誌には、「Ⅰ 日本の教育の全分野について、客観的・実証的な調査が、現在よりはるかに強力に行われるための一つの礎石になりたい。Ⅱ 日本の教育に関する科学的な調査の仕事が、一つの独立した科学にまで成長し結晶するための、その事のための、発表・練磨の場所でありたい。Ⅲ 日本の教育調査に関係する人が、自由に考えを述べ合い、励まし合う明るい集合場所でありたい」 [15] という、「『月刊教育調査』の立場」が記されていた。ここには、辻田や伊藤が述べていたような、国民に対して教育に関する正しい情報を提供するという、教育行政の条件整備義務を全うしようとする姿勢が示されていたといえる。

1-3　外的教育条件整備のための教育調査（事例1）
－ミニマム・スタンダード設定のための「地方教育費調査」－
(1) 地方教育費調査実施の経緯

　地方教育費調査は、シャウプ勧告の影響による地方平衡交付金制度に伴って実施されたものである。シャウプ勧告による「恒久的、安定的な税制」の確立を理念とした抜本的な税制改革が行われ、これまでの国税主導の税制からその財源を地方に移転することで、地方自治を尊重した地方主導の税制へと転換された。この改革による教育費確保への影響が懸念され、同年の10月には「教育財政に関する事項」を検討する第18特別委員会が教育刷新審議会に設置された経緯があった[16]。

　第3章において触れたように、地方平衡交付金制度実施を目前に、文部省側と教育刷新審議会側では、憲法に基づいた最低限の教育費を確保するため、「標準義務教育費の確保に関する法律案」が練られていた。1949年10月29日の第18特別委員会による第32回建議ののちに文部省において構想された同法律案は、地方平衡交付金制度に特例を設け、一定額を教育費支出に充てることで最低限の教育費を確保することを内容としたものであった。そのため、第3回教育刷新審議会第18特別委員会において辻田が説明したように、ミニマム・スタンダードに迫る標準教育費を設定する前提作業ともいえる全国的な教育調査が、1949年末に実施される運びとなったのである。"標準"ないし"最低"の教育費とそれを保障できる教育行政区の適正規模の基準を調査によって明らかにするため、文部省調査普及局と教育委員会調査統計課が中心となって調査が実施された。このような大規模な全国的調査の実施は、地方教育費調査が戦後初であったとされている。

　まずは予備調査のため、調査普及局の調査員が予備調査実施県（福島、静岡、滋賀の三県）に派遣された。また、文部省内には地方教育行政単位の標準設定及び標準教育費の設定に関する参考資料を作成するために、「地方教育行財政調査協議会（仮称）」が設置され、その中に第一部会（地方教育行政単位調査部会）と第二部会（標準教育費調査部会）が

置かれた⁽¹⁷⁾。

　この予備調査を通して、総合的な教育行財政調査⁽¹⁸⁾が困難であることや、調査の支出分類においては学校活動の機能に応じた分類の方が記入しやすく利用度が高い、といった改善点が見出されたため、先の三県において実施された予備調査の翌年に行われた全国調査にあたっては、これらの点が改められた。また、こうした改善に伴い、調査の目標も、「地方教育行政単位の標準設定」及び、「標準教育費の設定に関する参考資料の作成」から、「地方教育費の支出の実情を明らかにすること」、及び、「最低標準教育費算定の基礎資料を作成すること」へと変更された。このことから、予備調査を通して、地方教育費調査によって新たな教育行政の単位を設置するという当初の目標から、その前段階として、各地域における教育費の実態を明らかにすることに目標を変更して実施されたことがわかる。

(2) 地方教育費調査の実施とその背景

　予備調査を経て、全国的に地方教育費調査を実施するにあたっては、文部省調査普及局から教育委員会調査統計課を経由して、調査票が各学校へと配布された。調査項目は、「A 消費的支出」、「B 資本的支出」、「C 債務返還費」に分けられ、A には教授費（教員給与、学校図書費等）、維持費（用人の給与、消耗品費、燃料費等）、修繕費（校地の補修費、建物の修繕費、設備の修繕・補充費等）、サービス費（衛生費、給食費等）、所定支払金（保険料、地代借料等）があり、B には土地費や建築費が示された。そして、それぞれが「起債・寄附以外の公費」、「寄附」、そして「起債」という支出の原資別に区分され、該当する金額を学校の担当者が記入することになっていた。調査票は各学校から教育委員会へと回収され、最終的に調査普及局によって集計された。集計作業は手作業で行われ、延べ 1,050 人が作業にあたり、文部省調査普及局と教育委員会調査統計課とが、文字通り総動員された大規模な調査となった⁽¹⁹⁾。

　本調査実施の背景には、CIE 教育課において教育財政改革指導を担当したモーガンによる協力があった。1951 年に刊行された「昭和 24 会計年度

地方教育費調査報告書」の冒頭には、文部大臣の天野貞祐、調査普及局長の関口隆克、そして CIE 教育課のモーガンが序文を著した。関口は、地方教育費調査の内容・方法、集計表内容、報告書の作成にあたって、モーガンによる細部にわたる協力によるところがきわめて多かったと記していた。また、モーガンは、日本においてこの調査が高い価値をもち、また、期待が寄せられていることを述べつつ、この調査結果の行政的適用と、これに基づく財政政策の確立は細心の配慮を必要とすることはいうまでもないとして、今後も調査が改良され、継続されていくことを期待していると記していた。

　モーガンは、『月刊教育調査』第 10 号において「全国教育調査の社会学的意義」という論稿を寄せており、その中で、教育のもつ究極の目的と社会学のそれとが同様に「一般の福祉の増大」にあるとした上で、教育分野における全国調査の意義について次のように述べている。

　　　「教育分野における全国調査は、慎重に、かつ科学的に、計画され、遂行される限りにおいて、相当客観度の強い、正確な、多くの資料を提供するが、これは、社会学者にとっても価値あるものである。例えば、財政・人事を含む行政部門の諸調査から導き出されるようなデーターは、政策とプログラムの決定に一つの基礎を提供することによって、社会学における公共的な事業の目標達成に直接貢献するものである。最近完成された日本における地方教育費の全国調査、（この調査は今後毎年行われることになっている）また近く予定されている地方学校行政単位に関する調査等は、こうした性質をもつ調査にほかならない。」[20]

　日本における初の全国規模の調査の実行にあたり、米国カリフォルニア州教育省調査局での業務を長年経験してきた CIE のモーガンの知識やノウハウが、地方教育費調査に活かされていたことが推察される。

1-4　外的教育条件整備のための教育調査（事例 2）
－義務教育無償化のための「父兄負担教育費調査」－

　続いて、「父兄負担教育費調査」について詳しくみていこう。現在隔年実施されている「子供の学習費調査」は、文部省調査局によって昭和 27 年度（1952 年度）に開始された「父兄負担の教育費調査報告書」を源流とするものである。「父兄負担教育費調査」は、前項で確認した「地方教育費調査」において明らかにすることができなかった「父兄が学校に寄附した納付金・学校徴収金」以外の保護者の私費負担教育費を明らかにし、その私費負担額を公費負担とすることで、義務教育の無償化を実現するという目的をもって始められたものである。

　図表 5-2 の通り、昭和 27 年度の調査開始以来、調査報告書名、調査目的、調査方法等に変更が加えられてきた。時代の変化とともに調査の目的や手法が変化することは当然のようにも捉えられる。しかしながら、調査報告書名や調査目的の変化とともに、教育行政の私費教育費負担に対する見解が変化していることに注意する必要がある。

図表 5-2：「父兄負担教育費調査報告書」の調査報告書名及び調査目的の変遷

年代	調査報告書名称	調査目的
1952年～62年度	「父兄負担の教育費調査報告書」	「義務教育無償制度樹立のため」
1963年～81年度	「父兄支出の教育費調査報告書」	「父兄負担の軽減」
1982年～93年度	「保護者が支出した教育費調査報告書」	「教育費に関する基礎資料を整備」
1994年～2010年度	「子どもの学習費調査報告書」	「教育費に関する基礎資料を得る」
2012年度～現在	「子供の学習費調査報告書」	同上

（1）就学必需費無償説／学修費無償説に立つ調査の解説

　「父兄負担教育費調査報告書」の創刊号である昭和 27 年度の調査報告書から、昭和 30 年度の報告書までは、子どもの学用品費を含めた義務教育の無償に関して重要な指摘がなされている。少々長くなるが、それぞれの年度の報告書を引用する（下線はすべて筆者による）。

ア）父兄負担教育費調査（昭和 27 年度調査）

　まず、義務教育の無償の解釈については、以下のように、父兄が教育費を負担しないことであるとの見解を明確に示している。

　　「わが教育基本法は、憲法にいう義務教育無償の規定を『授業料を徴収しない』という程度に限定しており、現実に小・中学校においては授業料は徴収されていないが、これをもって義務教育の無償は実現されたといい得るであろうか。教育の無償とは、字義通りに解すれば、その教育に要する経費はすべて公費によってまかなわれ、父兄に直接負担をかけないということであらねばならない。ゆえに無償か否かは、公費を父兄負担教育費との相対関係に基いて判断されるべきである」[21]

　また、公費で賄うべき最低限度と寄付金への依存状態についても次のように言及していた。

　　「学校教育のために必要な人的、物的施設の設置・維持・運営に要する経費は、すべて公費によりまかなわれることが公立学校の絶対的要件であるということは、わが国においては広く承認されてきたところである。これが公費で負担すべき最低限の限度であるといえよう。しかし、終戦後のわが国においては、かかる性格の経費さえも、公費の負担だけでは不足し、寄付金によつて補填している状態にある。この寄付を募集する際、最も安易な方法としてこれを父兄に依存する結果となっている」[22]

　この解説での文部省の解釈として着目すべき点は二つある。一つは、憲法 26 条 2 項後段における「義務教育は、これを無償とする」との規定を、無償の範囲が授業料に限定されるものではなく、保護者の私費負担がない状態として解釈していること、もう一つは、義務教育に必要とされるすべて

の費用が、国の負担すべき最低限度であると解釈していることである。

イ）父兄負担教育費調査（昭和 28 年度調査）

　翌年の解説においても前年度と同様に、国が負担すべき公教育費について言及している。他国においては教育の機会均等のために力強い措置を講じていることを指摘したうえで、「公学校教育における基本的な教育計画を達成するために必要な人的・物的経費は公費によって負担されるべき最低限度であることが広く認証されているにも拘らず、このことすら完全に実現されず、その一部を父兄その他の団体・個人による寄付金に依存しているわが国教育の現状においては、まず公費及び父兄の教育費との関係を究明することから出発しなければならない。そしてこの結果から、社会的・経済的等諸般の条件を考慮することによって、公費支弁の合理的にして妥当な線が見出し得られるであろう」との説明がなされていた[23]。

ウ）父兄負担教育費調査（昭和 29 年度調査）

　続いて昭和 29 年度の調査報告書においては、教科書の無償給付について触れられている。「憲法に定められながら完全実施にはほど遠い『義務教育の無償』の原則が、この年度からはさらに後退して、前年度まで実施されていた小学校新入生に対する教科書の給与がこの年度には停止されたことは、大いに問題にされなければならないことであ」るとしている。文部省調査課が当時「各国の教科書制度」（1955 年 6 月）という報告書を刊行したことに触れ、同報告書の中で、教科書無償措置は 17 カ国中 14 カ国で実施されていることが紹介されていた[24]。当時日本において教科書の無償給与が停止されたことについて、昭和 29 年度の「父兄負担教育費調査」では、「世界的風潮に逆行している」と批判的な見解が示されていた[25]。

エ）父兄負担教育費調査（昭和 30 年度調査）

　最後に、昭和 30 年度の報告書の概要においては、「たとえば社会福祉事業団体や PTA などから贈与された物品なども、時価に換算して所用教育費として計上する建前になっているので、完全な無償制（たとえば義務教育学校の授業料や盲ろう学校の一部の生徒の交通費）がとられない限り、こ

の調査の上では、父兄負担教育費の提言となって現れない」とし、一貫して義務教育の無償制度樹立に向けた姿勢を崩さなかった⁽²⁶⁾。

（2）義務教育無償制度樹立という調査目的の変化

　次に、調査目的に焦点を当ててみると、徐々にその目的が義務教育の無償措置から遠ざかっていったことがわかる。まず、昭和 28 年度から 30 年度までの父兄負担教育費調査報告書の調査目的が「義務教育無償制度樹立への指標設定に寄与する」とされていたことからも、当時文部省が義務教育の子どもの学習費までをも含めた完全な無償制度を企図していたことは明らかである。

　昭和 28 年度の調査目的は四つあり、「1. 義務教育無償制度樹立への指標設定に寄与する、2. 教育扶助金の合理的な算定に必要な基礎資料を作成する、3. 育英資金の合理的な算定に必要な基礎資料を作成する、4. 家計における教育費の計画的支出を促進するための参考資料を父兄に提供する」とされていた。

　また、昭和 29 年度及び 30 年度の調査目的は、1 項目追加され、「1. 義務教育無償制度樹立への指標設定に寄与する、2. 盲・ろう学校義務制完全実施のための指標設定に寄与する、3. 教育扶助金および育英資金の合理的な算定に必要な基礎資料を作成する、4. 家庭において、教育費を計画的に支出するための参考資料とする」とされた。

　調査目的に「無償制度樹立」を企図する旨が記されていたのはこの 3 年度のみであり、それ以降は、「教育費を軽減する施策の資料」となること、昭和 35 年度調査からは「こどもを公立学校に通学させる父兄が、私的にどれくらいの教育費を負担しているかを明らかにする」ことが調査の目的とされ、徐々に完全無償化を目指していた調査目的から後退していく。

（3）調査報告書の利用

　父兄負担教育費調査は当時の国会において、予算請求や政策への質疑の場面においてたびたび資料として国会議員に用いられていた。例えば、矢嶋三義は、予算折衝の場面において概算要求の資料の提出を要求し、大達

文政の重点政策の骨子について質問している。「先般文部省の担当局で教育費の父兄負担を調査されました。これは私は非常に敬意を表します。新聞で拝見いたしましたが、これを見ましても、相当父兄負担というものは多くなっておって、税でない別の形の教育関係の費用が概算二、三千億円父兄が負担しているという状況です。」とした上で、自治庁は高校授業料の値上げで対応すると言っているが、文部大臣（大達茂雄）はどう思われるかといった文脈であった[27]。

　また、木村禧八郎は、昭和30年度暫定予算に反対するとして「…政府のこの文教費が足りないために、今父兄の負担は、税金による教育費の負担以外に、実に千三百五十四億円の父兄の税金以外の教育費負担になっておる。PTA会費とか寄付金とかそういうものを合わせると千三百五十四億円になる。ちょうど学校の先生の給料に等しいといわれているのです。これは文部省調査であります。…」との発言をしていた[28]。

1-5　地方教育委員会における教育調査の実施

　以上、中央教育行政（文部省調査普及局）における教育条件整備行政が担った外的教育条件整備のための教育調査の具体的な内容を明らかにしてきた。以下では、地方教育委員会における調査統計部課が実際に行っていた教育調査に焦点を当てる。

　調査統計課の主な所掌事務とされた「調査統計資料の報告書の作成、提出」は、全国各都道府県の教育委員会調査統計課によって担われ、1951年には、北海道から鹿児島までの46県によって、実に459もの教育調査の計画が寄せられていた[29]。教育調査の種類や数は、各県ごとにかなりのばらつきがあり（最多の山口県では32件、最少の岩手・三重県では2件）、それぞれの地方によって教育調査の普及に差があったことがうかがえる。

　これは、各県の教育委員会の調査統計課長と当時の文部事務官とが、教育統計調査に関するワークショップ[30]を開催した際、各地方が抱える問題点について議論された内容からも明らかであった。例えば、文部省からお

ろされた統計調査だけでは、地方の実情や要望にそぐわないこと、業務の量に対する人手不足、教育行政になお残されている封建的色彩のためにせっかく資料をつくっても生かされないこと、文部省からの調査の要求に反して用紙も費用も地方におりてこないこと、調査主体も客体も統計について理解を深める必要があること等が、地方教育委員会における調査統計課の運営上の問題点として浮上していた[31]。

　一方で、調査統計課の職務に対する理解の深化をうかがわせる声もあった。鳥取県教育委員会教育長の鶴田（1951）は、地方教育委員会における調査統計課の成長について次のように述べた。

　　「調査統計課設置以来、あたかも教育行政の大転換の時期だったし、何に就けても基礎調査、実態調査と次から次へ目の回る忙しさだった。中学校では組合立への統合が激しい対立すら含んで問題となっていた。これを円滑におし進めるためには、各町村からの通学距離、各町村の財政負担の割当、さては生徒一人当たりの教育費の算定など、ともかく一応の基礎数字を示さなければならない。そういう数字に政治が入ってこないように細心の注意も要るし、地方統計の現場には言うに言われぬ苦労がある。教育費の算定にしても、こちらは教科書や学用品ぐらいを考えていると、村の親達の中には学校が近ければ早く帰って来て野良仕事を手伝ってくれる子供の労働単価から、げたやくつの縁分まで勘定に入れてくる。こうしてでき上がった表を通して我々は今日の社会の動きを見るのである。今日ようやく地方教育の統計機構もその機能も、いくらか軌道に乗ってきたようだし、これからいい資料がだんだん世の中に出るだろうと思う。」[32]

　さらに、各地方教育委員会調査統計課が独自に編纂していた調査報告書も徐々に刊行され始め、各地域における教育実態の特徴や教育条件について、広く知らしめようとしていたことがうかがえる[33]。例えば、新潟県教

育委員会調査統計課は、高田教育研究会の発行する『教育創造』という雑誌の中で「教育予算はどうなっているか『新潟県教育財政調査報告書』」という、教育費に関する調査結果を紹介している[34]。そこには、学校種別（小学校、中学校、盲ろう学校、全日制高等学校、定時制高等学校、幼稚園、その他の学校）、地域別（当時の市と郡ごと）[35]に、教育予算が公費（国県、市町村）と寄附と起債とに分類されて表にまとめられていた。この記事の中で集計結果の分析を詳細には行っていないものの、注釈には「(c) 公費の補助とは学校の経常費（建築費を除く）で当然公費でまかなわれるべき性質のものをＰ・Ｔ・Ａで補助支出しているものを指す」[36]との記述があり、当時の新潟県の教育予算、あるいは、国の教育財政のあり方に関する議論を提起するような記事となっていた。

　また、愛知県名古屋市教育委員会においても、独自に統計資料が刊行された。指定統計の学校基本調査と学校衛生統計調査を、広く親しまれやすいものとさせるためであった。報告書の冒頭には、これまでの業務報告資料は一般には関心が薄く、教育関係者の間にさえ顧みられなかった実情があったが、教育基本法に示されているように、「教育は民主的文化国家の建設、世界の平和、人類の福祉への貢献を実現せんとする原動力に他なら」ず、「この教育の普及徹底こそは正しい現実の認識の上に実現されなければならない」ことから、実施されたと記されていた[37]。

　一方で愛知県では、シャウプ勧告後、地方平衡交付金法の教育費確保への影響に鑑み、文部省による地方教育費調査の実施とあわせて独自に大規模な調査を実施していた。愛知県教育委員会による「愛知県教育財政の実態」は、標準義務教育費法案が1949年末に全国的な問題となったことを受けて、県内の標準義務教育費を調査したものであった[38]。そこでは、「標準単価は全国共通に標準生徒一人3,200円、内教員費2,350円、経常費850円と定めている」ことをふまえ、生徒一人あたり金額を市町村別に比べ、愛知県においては「全地域にわたつて、標準単価3,200円より高額な市町村が多い」ことを明らかにしていた。加えて、上級地に行くほど金額が上昇しているこ

とから、地域別補正係数の調整が必要であることを示していた[39]。

　以上のように、各地域において多種多様な教育調査が実施され、教育条件整備のために各地方教育委員会の調査統計課が動き出していたことが認められた。こうした教育調査の実施は、文部省組織規程第31条に規定された、文部省調査普及局の地方連絡課の所掌事務とされた、地方教育委員会との連絡調整にあたること、及び、教育委員会法第55条に規定された中央教育行政から地方教育行政への唯一の権限行為である「報告書の提出」が法的根拠となり、中央教育行政と地方教育行政とをつないでいた[40]。この連なりが、あくまでも教育条件整備を実行する前提としての教育調査実施の仕組みとして機能していたことを見逃してはならない。

　また、地方教育行政においては、調査統計課長協議会[41]といった全国的な会議による連携も拡大した。このような中央教育行政と地方教育行政との連携及び地方教育行政同士の連携からは、教育調査という任務を通じ、新しい教育行政組織体制が地方からも形成されようとしていたことをあらわしているといえよう。

2　教育の内的事項を対象とする
　　教育条件整備行政

　本節では、教育の内的事項にかかわる教育条件整備を担う教育行政のあり方についてみていく。前節で確認した通り、文部省調査普及局と教育委員会調査統計課は、教育の外的条件整備にかかわる調査を担ってきた。教育行政は教育の諸条件の整備を行うことがその任務であるとされた以上、教育内容への介入は許されず、教育内容決定権は、教師の手に委ねられたのである。

　したがって、戦後学習指導要領試案が1947年に公表されるまでの間、民主的な教育を行うようにと転換した学校現場において、科学的真理に基づいた教科教育をいかに授業として展開していくのかが喫緊の課題とならざ

るを得なかった。そこで、教育内容や地域教育計画に関しても、やはり、子どもや地域の実態調査に基づいて教育課程を編成する方法に注目が集まった。その中心的な担い手となったのが、中央教育研究所と国立教育研究所、そして、各地方教育研究所であった。

　以下では、中央教育研究所及び国立教育研究所の設置過程と、各地方教育研究所とがそれぞれ、戦後の教育課程編成に与えた影響を明らかにし、教育の内的事項、特に、教育内容にかかわる教育条件整備を担う機関として措定し、その役割に注目していく。

2-1　岡部教育研究室から中央教育研究所へ

　第1章3節において、戦前日本における教育調査研究が、阿部重孝や海後宗臣を中心に行われたことを確認してきた。その後、戦局悪化のために1943年から閉鎖されていた岡部教育研究室は、戦争が終結した1945年に岡部教育研究室を再興すべきであるという卒業生からの意見をうけて、1946年7月に再び活動を始める運びとなった。そこで「岡部教育研究室」は「中央教育研究所」と改称された。

　1946年の7月頃から組織された中央教育研究所は、戦後直後の何もない状況下において、民間の教育研究所として活動するための資金を、財団法人三井報恩会と文部省から受けることになった。さらに、研究所の移転に伴い、組織も再編されることとなった。この組織再編計画については岡部教育研究室の立ち上げにも関わった村上俊亮が主としてあたった。村上の他7名、計8名の理事により中央教育研究所が設立された[42]。所員には、岡部教育研究室時代から中心的に活躍していた飯島篤信と矢口新も加わり[43]、実行委員にはのちの文部省調査普及局の重役となる釘本久春（当時文部省国語課長）と伊藤良二（当時文部事務官）があたった。

　再編された中央教育研究所の設立趣旨には、「わが国における教育再建の重要性にかんがみ、広く内外における教育の組織、内容、方法等について基礎的、実証的な調査研究を行い、もって教育科学の推進に培い、教育現

実の発展と文教政策の確立とに寄与することを目的として設立された」とあった。また、民間の機関であることについては、「教育の民主的改革を推進してその堅実なる発展を期するためには、この際特に民間において堅実なる教育研究所を設立し、客観的な教育の研究とその成果の普及を図ることが最も必要であることを痛感し、熱心にこれを協議企画した」という理由があった[44]。

　以上のような経緯で、岡部教育研究室以来のメンバーと、新たなメンバーを加えて再スタートを切った中央教育研究所は、戦後初の事業である埼玉県川口市における地域計画、すなわち、「川口プラン」というカリキュラムづくりを行った。このプランと岡部教育研究室との連続性について、矢口（1981）は、「戦前、岡部教育研究室では、農村と都市の教育調査をしましたが、戦争のために途中で終わってしまった。それをカリキュラムまでもってくることができたのは川口プランです」[45]と述べている。中央教育研究所においても岡部教育研究室時代の方針が貫かれ、さらに、戦前の農村と都市の教育調査を基盤とした問題提起と解決方策としての学校体系を提示することから一歩進んで、地域の実情に沿ったカリキュラムへの結実を試みたことがうかがえる。

2-2　中央教育研究所から国立教育研究所へ

　中央教育研究所よりも1年早い1945年に設置された教育研修所の初代所長には城戸幡太郎が就任した。城戸は、各地に設置されていた教育研究所との連絡機関としての役割を教育研修所に期待していた。また、教育研修所には研究調査部が設置され、国及び地域における教育計画樹立のため、関係諸科学の立場から相互立体的に調査研究がなされることが期待された[46]。その後、1949年の文部省設置法によって、教育研修所は国立教育研究所として改組された。

　国立教育研究所の初代所長は日高第四郎であり、調査部長は村上俊亮であった。CIEとしては、教育研究所は大学に設置すべきという考えを有し

ていたため、文部省直轄機関としての教育研究所の任務と性格については
CIE との交渉に難航がみられたようである[47]。大学に設置された研究機関
や文部省に設置された研究機関（調査普及局）と、国立教育研究所との差
異や、独自性をどこに見出すのか、国立教育研究所の目的の設定については、
日高を中心に検討が重ねられた[48]。日高は、国立教育研究所の性格につい
て、次のように説明している（引用文中の下線は筆者による）。

　　「要するにこの研究所は、大学付置の研究所と文部省の調査普及局
　と密接な関係に立ちながら、両者と区別されるべき独自の性格をもつ
　ものと言えるであろう。すなわちそれは、1. 中央、地方の文教政策の
　実施並びに教育行政の展開に役立ち、併せて新教育の内容及び方法の
　改善充実に貢献するという実践的実際的目的をもち。2. かかる見地か
　ら中央地方の教育行政機関並びに地方の教育研究所ないし学校等と密
　接なる連関を保ちつつ必要あるいは切実なる具体的問題を一定の期限
　内に解決せんことを期し。3. その処理の方法は、学問的、科学的研究
　法によることを期し、かつ、研究者の個人的興味に偏することを戒め、
　計画的共同研究に重点を置く。4. 具体的問題にして調査普及局の問題
　と接触する場合には、じゅうぶんなる連絡打ち合わせの下に、問題の
　区分、分担を明確にするとともに、相互に補足協力して重複遺漏なき
　を期す。5. かかる成果を得るためには各方面の専門家の援助の下に研
　究員の陣容を強化するとともに、評議員会の批判、審議、助言によって、
　研究運営の適宜を図らなければならない」[49]

　以上の方針のもと、具体的な共同研究調査としては、1. 六・三制義務教
育の実態調査（教育課程及び学習指導、教育効果、能力調査、学校運営
及び学級経営、各教科内容の最低必要量）、2. 新制高等学校をも含む教育
行政基本単位についての研究、3. 新制大学の学科課程とその運営の問題、
4. 進学適性検査、入学考査方法についての根本的解決、が挙げられた。こ

の調査内容から、国立教育研究所の調査研究の重心が主に教育課程や教育内容、方法等に置かれ、文部省との棲み分けを試みていたことがわかる。

1950年6月には、中央教育研究所において中心的な活動を担ってきた飯島篤信と矢口新が、国立教育研究所に入所した[50]。飯島と矢口が入所した後の国立教育研究所においては、矢口を中心として「地域教育計画」に関する研究が進められた。岡部教育研究室や中央教育研究所での経験、知識と技術を携えた彼らを中心に、国立教育研究所での研究がリードされることとなったのである[51]。

2-3 地方教育研究所の設置とその意義

教育研究所は1949年頃には全国各地に設置されていた。1946年12月の教育刷新委員会第1回建議事項の四、教育行政に関すること（1946年12月27日第17回総会採択）において、都道府県単位で地方教育委員会と地方教育研究所を設置すべきことが明記された。教育研究所は、「現実に即して教育に関する調査研究を行い、その成果を市町村及び府県教育当局に勧奨する」[52]ものとされた。同建議には機関構成が図表5-3のように示された。図表5-3から、教育総長の付属機関として教育研究所が想定されていたことがわかる。その後、1947年3月に、文部省は「教育研究所開設に関する通達」を出し、師範学校長に教育研究所を開設することを勧奨し、また、地方長官に開設協力を依頼した[53]。しかし、教育研究所の設置が制度化されることはなかった。

1947年10月には、教育研修所が全国の教育研究所に呼びかけ、第一回教育研究所

図表5-3：教育刷新委員会建議における地方教育研究所の位置付け

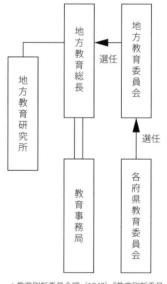

＊教育刷新委員会編（1948）『教育刷新委員会建議』第1集をもとに筆者作成

連絡協議会が開催される運びとなった。その狙いは、近年開設されつつある
教育研究所の方針を確定し、連絡の方法を相談することにあった。この呼び
かけのもと、師範学校、府県立教育研究所、開設準備中の教育研究所、郡
市教育研究所、教科書会社等の民間教育研究所、教育研修所、そして文部
省師範教育課、調査課、教材研究課が参加した。その後、1948 年 6 月には
第二回連絡協議会、1948 年 12 月には第三回が開催された。この第三回連絡
協議会において、「全国教育研究所連盟」が発足した⁽⁵⁴⁾。

　1950 年 5 月の第六回教育研究所連絡協議会は、公開研究発表大会を兼ね
て合宿形式がとられ、教育研究所の設置数の増加に伴う問題について議論
された。特に、教育委員会事務局の調査統計課の事務と、教育研究所にお
ける調査研究との関係について中心的に話し合われたという。具体的には、
両者が実際において明確に区別ができかねるということであった。教育委
員会事務局調査統計課との関係性については、次のような説明がなされた。

「1　公立教育研究所の任務

　教育研究所の調査問題並びに調査の方法は、事務局調査課のそれと
は異なった性格をもつ。すなわち事務局調査課の分担する調査問題は、
直接、教育行政事務にかかわる問題に重点がおかれるが、その結果の
比較研究、問題の所在の科学的検討については、教育研究所の研究に
待たなければならない。」

　もう一つの大きな論点は、現場に対する指導主事による指導助言の任
務と研究所員が依頼される現場の研究指導との関係であった。これにつ
いては、

「現場指導を主なる任務とする事務局指導課と教育研究所はまたおのず
から異なる機関である。指導課の任務は、現場の日常の教育実践に対
して直接的に具体的指導助言を与えるものであるが、教育研究所は現

場の根本的な問題についての客観的な調査研究を担当する。具体的な
指導助言について必ずしも直接の責任を負うものではない。」

とされた[55]。

　つまり、教育委員会の調査統計課によって行われた調査研究に対してさ
らなる分析を教育研究所において行い、現場との関係に関しては、客観的
な調査研究をもって指導助言にあたるものとしていたことが読み取れる。
　その後、1958年の全国教育研究所連盟十周年の際には、関口連盟委員長[56]
によってさらに具体的に教育研究所の任務について述べられていた[57]。

　　「私共は、教育研究所の存在の理由を、次のように考えて参りました。
　　一、教育委員会は教育に関する諸問題について不断の基礎的、科学
　的な研究を行い、必要に応じて適切な資料が利用できるよう、各種の
　資料を収集整理しておかねばなりません。そのために教育研究所は特
　設されております。
　　二、教育委員会は、法令の定めるところに従い、地方の実情に即した
　教育計画を樹立しなければなりません。絶えざる総合的、科学的、基
　礎的な教育の研究が、これ等の任務遂行の不可欠な要件であります。
　教育委員会がこのような機能を十分発揮するために、教育研究所は特
　設されております。」

　さらに、三として、

　　「教育委員会は、教職員の資質の向上をはかるために、絶えず教職員
　の自主的な研修を助けなければなりません。今後の自主的な研修に欠
　くべからざるものは、科学的な研究を背景とする指導助言とその研究
　に基づく基礎的な資料や文献の整備であります。かかる指導助言と資
　料の収集整備は、専門的な能力、経験、技術と、その組織的な運営を

必要とします。教育研究所の特設されておりますゆえんであります。」

　以上の二つ目の任務からは、教育委員会事務局調査統計課による事務が円滑に行われるために教育研究所が設置されており、教育研究所に教育委員会の補助機関的な役割を担わせようとしていたことがうかがえる。また、教育委員会法の規定における教育委員会調査統計課との関係からみると、教育委員会法第 44 条の調査統計課の必置に伴って想定された同課の所掌事務の「四　教育資料の収集、整理供覧等に関すること」及び、「六、教育の調査、統計、研究等の機関並びに都道府県調査統計部課との連絡」に特にかかわるものであったことがわかる。

　さらに、教師への指導助言に関しては、科学的・客観的な研究を背景に指導助言をもとに行われるべきこと、加えて、それらの研究に関する文献や資料が整理されるべきことが言及された。

　全国教育研究所連盟によって編集出版されていた『全国教育研究所連盟研究報告集年報』には、各都道府県や市町村の教育研究所から教育計画やカリキュラム、教育課程調査に関する内容を中心とした論稿が寄せられた。そこでは、各地域における教育計画や教育方法、また、教育委員会による調査などが共有されていた。学習指導要領が試案段階だった当時においては、学校現場、とりわけ教員にとって、各地域に設置された教育研究所が、貴重な情報交換の場、あるいは、研究に関連する資料や文献にアクセスできる場となっていたことは注目されてよいだろう[58]。

小結　教育条件整備行政たる条件としての調査研究組織の設置

　本章では、戦後教育改革期に新設された教育条件整備行政組織による調査研究という所掌事務に着目し、特に、文部省調査普及局及び教育委員会調査統計課、そして、国立教育研究所及び地方教育研究所、これらの諸機

関の役割と関係性を明らかにしてきた。以上の教育条件整備行政組織の構造を図示すれば、図表5-4のようにまとめることができよう。

図表 5-4：内外教育条件整備行政組織構造の全体像

中央教育行政機関	文部省調査普及局	国立教育研究所
地方教育行政機関	教育委員会調査統計課	各地域教育研究所
	教育の外的事項に関する 教育条件整備行政組織	教育の内的事項に関する 教育条件整備行政組織

　以下に、本章の要点をまとめる。

　第一に、文部省調査（普及）局と教育委員会調査統計課が担った教育調査からは、教育の外的事項にかかわる教育条件整備行政としての性格が見出せたこと、そして、国立教育研究所と地方教育研究所による研究成果からは、教育の内的事項にかかわる教育条件整備行政としての性格が見出せたことである。これらの諸機関は、内外事項区分論に基づいて棲み分けされながらも、実際の協働の場面においては連絡を取り合い、協力しながら、教育条件整備行政としての教育条件整備や指導助言、そして、そのための調査研究を行っていたことが明らかになった。

　第二に、文部省調査（普及）局は、外的な教育条件整備にかかわる調査を通して、公教育費の全体像を浮上させる役割を果たしたことである。まずは、「地方教育費調査」をベースとして公立学校教育費の実態を明らかにし、加えて、国立学校教育費については「国立初等・中等教育費」の調査によってこれを明らかにすることで、国公立義務教育費の実態を捉えることを可能にさせた。さらに、「父兄負担教育費調査」によって直接父兄が負担している私費負担教育費が明らかにされた。これを国公立義務教育費と合わせることで、本来公費負担とされるべき教育費の全体像が明らかにされ

た。さらに、教員勤務負担量や学校施設設備、学校給食など、個別の教育条件にかかわる調査を付加することで、より良い教育条件のもとで公教育を営むために必要とされる費用を一層明瞭にさせた。これらの内容については、雑誌刊行を行うことにより、国民に対して教育の実態に関する情報を提供し、教育の民主化を図っていた。

　第三に、文部省調査普及局によって実施された「地方教育費調査」との関係から見る標準義務教育費法案の評価である。標準義務教育費法案は、国会に提出されることなく廃案となり、また、学校基準法案や学校財政法要綱案と比べた場合には教育条件整備の側面からは相当にその内容は劣るといった評価がなされてきた。しかしながら、「地方教育費調査」との関わりから同法案の意義を考えた場合には、教育条件整備のための全国的な実態調査を日本において初めて実施させる契機を与え、結果として教育条件整備のための教育調査を遂行可能とする地盤を作った法案であった点において評価することは可能であろう。

　第四に、文部省調査普及局によって実施された「父兄負担教育費調査」の中で、憲法26条に規定された義務教育の「無償」の範囲について当時の文部省の見解として就学必需費無償説／学修費無償説の立場を採用し、義務教育無償制度の樹立が目指されていたことである。「字義通りの無償」というこの解釈からは、対日占領教育政策のもと学用品費までを含む教育費の無償制度をとらなければならないとしたモーガンによる指導の影響があったことも推測される。

　第五に、教育調査を手法とした研究方法の系譜には、日本においては戦前から戦後にかけて二つのルートが存在していたことである。一つは、第1章及び本章において述べた通り、阿部重孝と海後宗臣によるルートである。阿部重孝の影響を受けて海後宗臣が発展させた戦前日本における学校調査の手法が、岡部教育研究室と中央教育研究所を経て、国立教育研究所に至っていた。もう一つは、第2章及び第3章で述べた通り、モーガンと調査（普及）局によるルートである。文部省において教育調査の手法が本

格的に取り入れられたのは、CIE教育課のモーガンによる影響が大きかった。いずれも、1910年代以降の米国における学校調査運動を源流とするものであった。

第六に、中央教育研究所において核となっていた飯島と矢口が国立教育研究所のメンバーに加わり、各地域における教育研究所と連携しながら、学校現場における教育研究を躍進させる拠点としての役割を担っていたことである。中央と地方の教育行政機関として、文部省と教育委員会とも連携しながら、国立教育研究所と地方教育研究所とが、教育内容に関わる調査研究を基盤とした自由な教育課程の創造を促し、実際に、各地域における教育実践の交流の場、研究の場となっていたことは、教育内容にかかわる教育条件整備行政機関として重要な役割を担っていたといえる。

(1) 辻田力（1948）「序文」文部省調査局編『教育要覧』時事通信社、1-2頁

(2) 伊藤良二（1950）「地方教育行財政調査の必要とその問題点」文部省調査普及局編『月刊教育調査』第1号、刀江書院、22頁

(3) 辻田力（1950）「文部行政と教育調査」文部省調査普及局編『月刊教育調査』第1号、刀江書院、2-3頁

(4) 増田末太郎（1951）「統計法と教育統計調査との関係について（その1）」『教育統計月報』第3号、54頁、河原春作（1951）「—随想—これからの統計」同第7号、27頁

(5) 前掲高橋（2017a）所収資料昭和25年度教育指導者講習会（IFEL1950-1951）編（1951）「ⅩⅩⅤ教育財政」『第6回教育指導者講習研究集録』、489頁

(6) 文部省調査局調査課（1955）「国立初等・中等教育費の調査報告書 昭和28会計年度」序文

(7) 文部省編（1952）「小学校・中学校・高等学校教員勤務負担量調査報告」1頁

(8) 同上、1-5頁

(9) 同上、11頁。なお、中学校・高校教員を対象とした調査においては24時間の生活実態調査が実施され、そこで、中高教員の校内における勤務は平均8.5時間、加えて、家庭における勤務関係仕事時間が2時間前後費やされていることが明らかにされている(97頁)。

(10) 文部省調査局統計課（1955）「学校設備調査報告書昭和29年10月現在」1頁

(11) 同上、はしがき

(12) 北岡健二（1959）「創刊10周年を迎えて 本誌の役割」文部省調査局統計課編『教育統計』第61号、東京教育研究所、3-7頁

(13) 文部省調査普及局編（1950）「資料三 教育委員会刊行物目録（昭和25年6月30日現在）」『月刊教育調査』第5号、41-44頁

(14) 月刊教育調査創刊号に同封され、「月刊『教育調査』の刊行について」と題された、各都道府県教育委員会、各都道府県教育委員会調査統計課長・指導課長宛の文書（文調

調第 200 号昭和 25 年 4 月 24 日）には、「今般当調査普及局では、教育調査の専門誌として毎月月刊『教育調査』を編集し、刀江書院に発行させることにしました。教育調査の仕事は、今後の日本教育界に極めて重要な問題でありまして、中央と地方とを問わず、各方面の教育業績が発表せられて、相互に比較研究しあいつつ教育問題を討議してゆくことは、わが国の教育の進歩向上に資する所少なくないと考えられます。ついては、貴委員会においても管下各学校に本誌を紹介せられると共に、進んで研究の業績を提供するように斡旋せられんことをお願いします。…（以下略）…」との記載がなされている。

(15) 文部省調査普及局 (1951)「『月刊教育調査』の立場」『月刊教育調査』第 7 号より。掲載されていた編集委員は以下の通り（五十音順）。飯田晁三（国立教育研究所）、石塚政次（文部省調査普及局調査課）、伊藤良二（文部省調査普及局調査課）、小林行雄（文部省社会教育局芸術課長）、釘本久春（文部省大臣官房秘書官）、久保健彌（文部省調査普及局調査課）、相良惟一（文部省総務課長）、関口隆克（文部省調査普及局長）、多田鉄雄（文部省調査普及局調査課）、田中彰（文部省調査普及局地方連絡課長）、辻田力（文部省調査普及局初等中等教育局長）、原田種雄（文部省調査普及局調査課）、福原義人（文部省調査普及局調査課長）、宮原誠一（東大助教授）、村上俊亮（国立教育研究所研究調査部長）、田健一（文部省調査普及局調査課）。以上の構成員を見る限り、文部省調査普及局の役人を中心に、国立教育研究所や大学とも交流があったことがうかがえる。

(16) 石塚政次 (1950)「資料三　教育刷新審議会の『公立学校の標準義務教育費等に関する建議』」『月刊教育調査』第 1 号、59 頁

(17) 時事通信社編 (1949)「地方教育行財政の実態調査—調査分析の基礎資料作成へ—」『時事通信内外教育版』第 184 号、2 頁

(18) “総合的な教育行財政調査” の具体的な内容は、予備調査段階において実施された調査内容である。具体的には、(1) 教育費の支出に関する調査、(2) 収入に関する調査、(3) 予算査定に関する調査、(4) 地方自治体の経費総額と教育費との関係の調査、(5) 租税力に関する調査等、とされた。文部省編 (1951)『地方教育費調査の報告書—昭和 24 会計年度—』3 頁。

(19) 同上、1-5 頁、及び、附録 22 頁

(20) ウォルター・E・モーガン、内田美野訳 (1951)「全国教育調査の社会学的意義」『月刊教育調査』第 10 号、73-75 頁

(21) 文部省調査局調査課 (1953)「父兄負担の教育費調査報告書　昭和 27 年度」9-10 頁

(22) 同上、10 頁

(23) 文部省調査局調査課 (1954)「父兄負担の教育費調査報告書　昭和 28 年度」12 頁

(24) 文部省調査局 (1955)『各国の教科書制度—採択の方法と有償・無償の制度』7-9 頁

(25) 文部省調査局調査課 (1955)「父兄負担の教育費調査報告書　昭和 29 年度」8 頁

(26) 文部省調査局調査課 (1956)「父兄負担の教育費調査報告書　昭和 30 年度」4 頁

(27) 矢嶋三義 (1954 年 10 月 9 日) 参議院・文部委員会閉 19 号、国会会議録検索システム（最終閲覧日：2023 年 7 月 5 日）

(28) 木村禧八郎 (1955 年 3 月 31 日) 参議院・本会議 7 号、国会会議録検索システム（最終閲覧日：2023 年 7 月 5 日）

(29) 地方で実施の計画が立てられた教育調査の一部として、例えば、Ⅰ学校地域社会に関するものには、一般県民を対象とした「教育世論調査」（秋田、石川、福井、静岡、愛知、山口、熊本、千葉）、Ⅱ学校の外形的外観的なものに関するものには、小・中・高校を対

象とした「生徒数と生徒の出席率」（神奈川、富山、徳島）や、中・高校生を対象とした「進路就職希望調査」（宮城、佐賀、徳島）、Ⅲ学校の内部的内容的なものに関しては、公立小・中学を対象とした「知能指数調査」（栃木、東京、香川）や、小・中・高校を対象とした「教育私費（学費）に関する調査（サンプリングあるいは悉皆）」（静岡、兵庫、東京、島根、香川、埼玉、奈良、徳島）、Ⅳ教職員に関するものには、全学校を対象とする「教職員（現状、構成）調査」（青森、群馬、神奈川、富山、長崎、熊本、大分）、そして、Ⅴ直接教育行政に関するものには、中学・高校を対象とした「学区制に関する調査」（群馬、栃木、東京）や、学校市町村を対象とした「地方教育委員会設置に関する調査」（滋賀、大阪、和歌山、岡山）等が紹介されていた。文部省調査普及局統計課編（1951）「資料：統計調査のいろいろ—昭和 26 年度都道府県教育委員会の計画したもの—」『教育統計月報』第 5 号、55-64 頁。

(30) 1952 年 3 月 26 日に東京大学にて開催され、全国から 38 の府県及び市の教育委員会調査統計課の主事や課長、係長が参加した。文部省調査普及局統計課（1952）「教育委員会における調査統計は如何にあるべきか」文部省調査普及局統計課編『教育統計』第 16 号、8-9 頁。

(31) 同上、9-23 頁。特に市町村教育委員会における事務局の機構の人手不足が深刻な問題であったことについては、安藤堯雄（1952）『市町村教育委員会—その設置と運営—』が詳しい。

(32) 鶴田憲次（1951）「統計現場」『教育統計月報』第 5 号、34-35 頁

(33) 以下の新潟県、愛知県のほか、青森県が独自に教育財政に関する調査報告書を編纂していたことが見受けられる。

(34) 高田教育研究会（1951）「教育予算はどうなっているか『新潟県教育財政調査報告書』」高田教育研究会編『教育創造：特集 新しい学校の施設』第 4 巻 1 号

(35) 新潟市、長岡市、高田市、三条市、柏崎市、新発田市、北蒲原郡、中蒲原郡、西蒲原郡、南蒲原郡、東蒲原郡、三島郡、古志郡、北魚沼郡、南魚沼郡、中魚沼郡、刈羽郡、東頸城郡、中頸城郡、西頸城郡、岩船郡、佐渡郡の 22 の地域。

(36) 前掲高田教育研究会（1951）44 頁

(37) 名古屋市総務局統計課・名古屋市教育委員会事務局調査弘（ママ）報課（1949）「昭和 24 年度名古屋市学校教育統計概要—学校基本調査並びに学校衛生統計調査—」

(38) 同調査報告書の冒頭には、調査実施の理由が次のように記された。「民主的な教育行政の立場から、現在の教育財政を検討するにあたっては、地方における教育費の実態を捉えることが不可欠の条件であり、その上に建てられた施策こそ、最も妥当性の高いものであることは言をまたない。しかし、従来これについての満足すべき資料がなく、かねてこの方面の調査が要望されていたところ、昨年文部省の指導によつて、地方教育費の実態調査が全国的に実施されることとなり、本県においても、それと軌を一にして、かつてその例をみない大規模な教育財政調査を実施したのである。」愛知県教育委員会事務局（1951）「愛知県教育財政の実態—調査統計報告第 5 号特集—」まえがきより。

(39) 同上、89-90 頁

(40) 森田孝（1949a）「新しい文部省の機構と性格」『文部時報』17 頁

(41) 文部省調査普及局編『月刊教育調査』第 1 巻 1 号から後続する号において「地域別教育委員会統計主管課連絡協議会」がほぼ毎号記載されている。そこでは、各地方における会議の内容や意見が示され、調査関連情報を共有できるようになっていた。

(42) 前掲海後（1971）207-208 頁、財団法人中央教育研究所（2002）『中央教育研究所 56 年の歩み』4-7 頁。当時理事を務めた 8 名は次の通り。有光二郎（文部省教科書局長）、小笠原道生（前文部省体育局長）、海後宗臣（東京帝国大学助教授）、小林澄兄（慶應義塾大学教授）、島内俊三（中等教科書（株）顧問）、辻田力（文部省調査普及局）、三井高維（三井報恩会理事長）、村上俊亮（文部省視学官）。

(43) 前掲海後（1971）207-208 頁

(44) 前掲財団法人中央教育研究所（2002）4 頁

(45) 矢口新、飯島篤信、村本精一、元木健（1981）「座談会　川口プランと海後先生」『海後宗臣著作集月報 5』東京書籍、1 頁

(46) 前掲越川（2014）170 頁

(47) 国立教育研究所（1961）『国立教育研究所十年の歩み』国立教育研究所、126 頁

(48) 同上、129 頁

(49) 同上、127 頁

(50) その他の所員も基本的に中央教育研究所と国立教育研究所との兼務であったことが、1963 年から 71 年まで中央教育研究所が事実上の休止期間となった背景として指摘されている。前掲財団法人中央教育研究所（2002）14 頁

(51) 前掲越川（2014）170-171 頁

(52) 教育刷新委員会編（1948）『教育刷新委員会建議』第 1 集、佐藤幹男（2013）『戦後教育改革期における現職研修の成立過程』学術出版会、165 頁

(53) 前掲佐藤（2013）165-167 頁

(54) 前掲佐藤（2013）171-172 頁

(55) 全国教育研究所連盟編（1964）『全国教育研究所連盟十五年史』全国教育研究所連盟、17-18 頁

(56) 関口隆克か関口泰か判然としない。前者は 1956 年から 1963 年まで国立教育研究所の所長を務めていたため、前者であると推測される。

(57) 前掲全国教育研究所連盟編（1964）41-42 頁。

(58) その成果の例として例えば、千葉県教育研究所・三上文一「千葉県基準カリキュラムの構成について」、愛媛県教育研究所・田中良雄「愛媛県教育研究所編『小・中学校各科基準表』について」、静岡県立教育研究所・高原博「小学校教育課程構成研究の報告—主として教育目標設定の経過について—」、大阪市教育研究所・落谷栄太郎「大阪市小・中学校教育課程（試案）における特別教育活動の計画」、堺市教育研究所・佐竹正雄「堺市における教育課程編成の計画」、兵庫県立教育研究所・松谷正治「社会科日本史の学習計画について」、山梨県立教育研究所・藤波信雄「農村教育計画の現地的共同研究」、京都府教育研究所・薮田尚一「山城地方のカリキュラム構成について」、いずれも全国教育研究所連盟委員長村上俊亮編(1951)『全国教育研究所連盟研究報告書第一次年報』3 頁目次、第一部より。なお、いずれの年報も国立教育政策研究所教育図書館所蔵。

第6章

内外事項区分論からみた
教育調査とその意義

はじめに

　本章では、教育条件整備行政組織あるいは機構の意義について、これまで明らかにしてきた歴史的事実から、内外事項区分論に立ち返ってみたい。

　旧教基法第10条2項に規定された「教育の目的を遂行するに必要な諸条件の整備確立」を実施するため、文部省調査（普及）局や教育委員会調査統計課は「教育調査」を行ってきた。教育調査を行うために教育条件整備行政組織が必要とされる理由は、政治的あるいは財政的要請ではなく、教育の実情あるいは必要性に基づいた教育条件整備を行うために生じたものであった。そして、文部省及び教育委員会が主として外的事項に関する教育調査を、国立教育研究所及び地方教育研究所が主として内的事項に関する教育調査を担い、各機関が互いに協力しながら教育条件整備義務を担ってきた。こうした事実は、教育行政の条件整備義務の制度原理としての内外事項区分論に裏付けられた教育条件整備行政組織・機構であったともいえよう。

　そこで本章では、教育行政の条件整備義務の中に、教育の目的（人格の全面的な発達）遂行に必要とされる諸条件を整備するための「諸条件に関する事実を明らかにする」義務が含まれると措定する。教育条件整備に必要とされる教育の諸条件に関する事実を明らかにする義務の内容は、具体的には「教育調査」のことを指している。教育条件整備行政組織によって実行される教育調査が、内外事項区分論という論理の中にいかに位置付く

のかを、特に、混合事項に注目して検討してみたい。

1　内外事項区分論と混合事項との次元差

　内外事項区分論は、戦後、宗像誠也によって提唱され、兼子仁らによって発展させられてきた。兼子は、教育行政の制度原理として論理的に、教育の内的事項と外的事項を区別した場合に、教育の「内的事項」とは、「教育の内容面をなす事柄」（例えば、教科教育内容・方法、教材選定、成績評価、生活指導、学校行事、校務分掌、教師研修等）であり、教育の「外的事項」とは、「教育の外的条件をなす事物」（例えば、学校の施設設備、教職員の人事と勤務条件、教育財政、教育費の父母負担、学校環境、学校制度等）である、と区分している[(1)]。

　一方で、この内外事項区分を具体的制度論として考える場合、内的・外的事項に存在しているそれぞれの項目は、さらに教育の内的・外的事項の両面をあわせもっている「混合事項」として捉えられるとも述べている。混合事項という概念は、内外事項の2つの対概念を"補完"するものであり、「内外いずれともつかない第三領域ではなく、一つの事項が多分に内的・外的の両面を有していることを意味する」としている[(2)]。

　注意しなければならないのは、内外事項区分論と混合事項との次元差である。兼子は、「教育をめぐる諸事象を前記のような大項目の事項として内的・外的事項のいずれかに配分し切ることは元来困難なのであって、前記の事項配分は原理的な例示に他ならない。具体的制度論としては、大項目の事項につきさらに内的・外的事項面という二部面を分けていくことができる（傍点筆者）。」[(3)]として、制度論の次元においては、内外両事項に対して、さらに内外に分けて教育の事象が捉えられなければならないことを示唆している。

　こうした議論の次元の違いに関しては、牧（1977）も「明確に区別するということは、論理上そうするということであって、事実上の相互関連性を無視して、両者の間にかたい壁を築いてしまうことではない」[(4)]と言及して

おり、論理と事実を区別すべき点に注意を払っている⁽⁵⁾。

　混合事項の概念が、内外事項区分という制度原理上の議論と、実態としての教育現象という議論との次元差を行き交うために、制度論の次元に必要とされた概念であったとすれば、教育条件整備のための制度論の必要性が長年指摘されてきた事実と関係が深いように思われる⁽⁶⁾。すなわち、混合事項の概念が教育条件整備における制度論を前進させるための鍵概念であるといえそうである。

　以上のことを前提としながら、教育行政によって実行される具体的制度論として、内外事項区分論に関する議論について確認してみると、次のような指摘がなされてきたことがわかる。

　例えば鈴木（1971）は、教育行政の任務と限界については内的事項と外的事項の区分を前提とした、内外事項統一的な観点の必要性を指摘していた⁽⁷⁾。牧（1977）もまた、「内・外事項を区別することは、このように、内・外両事項それぞれに、独自の性質があること、それに応じて、行政権の行使に一定の教育的制約のあること、さらに、内・外両事項がそれぞれ独自性をもちながらも、相互に重なり合っていることを認めようとするものなのである。こうしたことは、兼子教授のいう、混合事項（教員の研修、クラス担任など）において最も顕著にみることができる。教育事象を内・外に区別することができるかできないかが問題なのではなく、内・外両事項に働く法理が、ある教育事象においてどのように働いているかを明らかにすることが問題なのである」⁽⁸⁾として、混合事項概念の深化の必要性を説いていた。

　近年においては中川（2021）が、内外事項区分論は「教育の内的事項と外的事項とをあらかじめ截然と区別できるものとし、その適用の必然的な結果として導かれたものではな」く、内外両事項において対立している双方の原理の重みに応じて、内外両事項（外的事項においては、国家の積極的関与の領域、内的事項においては教師の教育の自由の領域）の区別の基準を設定する法理であったと指摘している⁽⁹⁾。したがって、教育事象が教育行政に内外両事項として捉えられなければならない必然性は、内外事項区

分論によってそもそも要請されているともいえそうである。

2　教育調査の次元媒介的役割
－国民の知る権利と教育行政の専門性の保障－

　以上のように内外事項区分を考えた場合、教育条件整備行政組織が担うべき教育調査は、いかなる意味を有しているのだろうか。

　まず、教育行政が担う教育条件整備と教育調査との関係について考えてみたい。教育調査は、教育行政が教育条件整備をしていくための「諸条件を明らかにする」ものであり、教育調査によって教育の実態が明らかにされないことには、より良い教育条件整備を望めないことは、歴史的に見ても明白であり、また、今日においても同様であろう。

　例えば、教師の勤務実態調査は、教師の労働条件を改善するために必要とされ、そこから明らかにされることは、教員の労働時間の長短や労働の種類や内容である。この調査によって明らかにされる事実に基づき、教職員定数法制や教員給与法制の改善につなげられることが教育条件整備行政に求められる。同様に、父兄負担教育費調査もまた、保護者の私費負担の金額や負担の種類を明らかにし、こうした事実に基づいて、義務教育の無償に関する制度が構築されることが期待されていた。

　こうしてみると、教育調査そのものもまた、教育の諸条件を整備するための条件ともいえるのであり、教育調査法制の必要性を要請しているともいえる。その意味で、戦後、飯田晃三を中心として構想された教育調査法概説は注目に値する [10]。

　一方で、運動論という実態の次元において教育調査はいかなる意味を有するのか。現実において教育条件整備を進めていくには、公教育が子どもや父母や教師、教育行政や議会といった多様な主体によって構成されている以上、これらの多様な主体による協働が不可欠である [11]。

例えば、教職員不足や少人数学級編制の必要性といった問題について、教師や地域住民によって教育条件整備要求を行う場合にも、教育条件整備行政による教育調査によって明らかにされた事実をもとに具体的制度内容がつながるよう、要求を束ねていくことが必要とされる[12]。戦後文部省調査（普及）局が「月刊教育調査」の中で言及していたように、各調査報告書に期待されたことは、教育調査によって明らかにされた事実から、国民の教育に関する議論を発展させるという意味での、真の教育の民主化であった。ここには、教育調査の公表を通じた「国民の知る権利」の保障をみることができるのである[13]。

　内外事項区分論をもとに、教育調査の位置付けを改めて整理してみると、教育調査は、制度及び実態の両次元において必要とされるものであるといえる（図表6-1）。

図表6-1：内外事項区分論における次元差と教育調査の位置関係

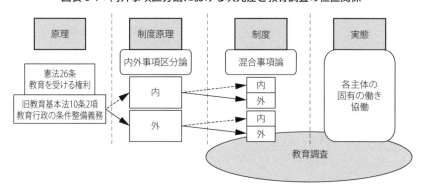

　内外事項区分論を教育条件整備行政の組織と機能に当てはめた場合、第4章2項で確認した文部省調査（普及）局と初等中等教育局との関係における、指導助言と法令案作成の過程については次のように整理できる。まず、内的事項についての条件整備、すなわち、指導助言は、調査（普及）局による調査統計に関する専門的・技術的援助を下地にして[14]、初等中等教育局をはじめとする教育内容面に関する局が基礎的研究を行い[15]、その上で、それぞれの所轄する教育機関（初等中等教育局ならば、小学校・中学校・

高等学校、など。）に対して専門的、技術的な指導助言が行われる仕組みに
なっていた。

　そして、外的事項についての条件整備、すなわち、条件整備に関する法
令案の作成は、調査局の審議課や調査（普及）局の調査課が、教育刷新委
員会（審議会）との総合調整にあたることにより⁽¹⁶⁾、そこで審議された答
申が各局へわたり、法令案が作成され、最終的に大臣官房の総務課へ集約
され、調査（普及）局の調査研究とつき合わせて法令案を作成することになっ
ていた。これらを図式化すると図表 6-2 のように示すことができる。

図表 6-2：教育条件整備行政による指導助言と法令案作成の過程

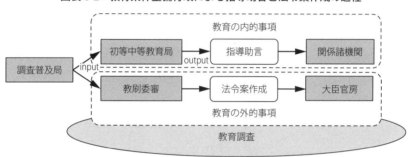

※ 初等中等教育局を例にした場合。大学学術局と社会教育局も同様。

　教育の内的・外的条件整備の双方に必要とされた調査（普及）局におい
ては、外的事項についての条件整備が主要にはなるものの、先にも述べた
ように、具体的制度論として考える場合には、あらゆる事項は教育の内的・
外的事項の両面を併せもっている混合事項として捉えられる必要があるた
め、各局との協働（総合調整あるいは連絡調整）が欠かせなかったはずで
ある。

　こうした教育条件整備行政の協働は、教育委員会や国立教育研究所及び
地方教育研究所についても同様に当てはまる。常に教育の実態を把握し、
内的側面と外的側面にかかわるそれぞれの主体の協働は、教育調査をもと
にした教育条件整備に加えて重要視されるべき教育行政の専門性と捉える
ことも可能であろう。

(1) 前掲兼子（1978）350-351頁

(2) 兼子は、混合事項の例として、教師研修と学校制度をあげている。前者は、「研修内容面では教師の自主性原理を伴うとともに研修機会保障面では教育行政による積極的な条件整備を要請する」ため、原理的には内的事項に区分されるが、制度的には混合事項であるとしている。後者は、「学校教育の社会制度的条件をなすものとして法定される外的事項とされてきたが、そこにおける学校種別や教科目が多分に内的事項面を有する混合事項と言うべき」であるとしている。前掲兼子（1978）352頁

(3) 前掲兼子（1978）352頁

(4) 牧柾名（1977）『国民の教育権―人権としての教育―』青木教育叢書、104頁

(5) 特に教育学領域における内外事項区分論に対する批判的議論は、こうした次元差を無意識的に乗り越えているために生じているものと思われる。例えば、佐藤修司（2007）は、内外事項区分論の再構成が必要であるとして「教師の専門的自由の確立」の必要性や、区分論が「パートナーシップの原理に立って、関連諸主体間の関係を調整する原理として位置付けられなければならない」といった指摘をしているが、これらが制度論なのか運動論なのか、その議論の次元が明示的ではない。運動論としては、佐藤が指摘する通り、下からの教育学的議論を構築していくことが必要とされるだろう。『教育基本法の理念と課題―戦後教育改革と内外事項区分論―』学文社、244頁

(6) 世取山洋介（2019）「教育人権と新自由主義教育改革」『日本教育法学会年報』第48号、有斐閣、50-51頁

(7) 鈴木英一（1972）「教育基本法体制と教育行政」『季刊教育法』第2号、総合労働研究所、202-203頁

(8) 前掲牧（1977）106-107頁

(9) 中川律（2021a）「教育法学における『原理の問題』―憲法学的視点からの批判への応答―」『日本教育法学会年報』第50号、有斐閣

(10) 文部省調査普及局（1950）「教育調査法概説」のまえがきには、飯田晃三が本文の執筆にあたったとある。なお、飯田は阿部重孝と子弟関係にあった。

(11) 前掲世取山洋介他編（2012）24頁

(12) ゆとりある教育を求め全国の教育条件を調べる会の活動は、まさに調査から明らかにされた事実をもとにして、教職員定数改善を求める運動を展開するものとして注目される。

(13) 堀尾輝久（2019）『人権としての教育』岩波書店、14-19頁

(14) 文部省設置法第11条（調査普及局の事務）「3 他部局及び教育委員会その他の機関の調査統計計画に対し、専門的、技術的な援助と助言を与えること。」

(15) 文部省設置法第8条（初等中等教育局の事務）「6 初等教育、中等教育及び特殊教育に関する基礎的調査研究を行い、その結果及びそれを学校に関する諸問題に適用することについての情報を提供すること。」、同第9条（大学学術局の事務）「5 大学教育及び学術に関する統計調査を行い、必要な資料を収集し、解釈し、及びこれらの結果を利用に供し、又はそれらに関し指導し、若しくは協力すること。」、同第10条（社会教育局の事務）「5 社会教育に関する基礎的調査研究を行い、それを解釈し、及びその結果に関する情報を提供すること。」

(16) 文部省組織規程第29条「10 調査普及局の調査課のつかさどる事務」について、「教育刷新審議会との連絡に関すること。」とある。

終　章

　本章では、各章において明らかにされてきた事実をもとに、序章におい
て設定した時期区分に従って、福祉国家型教育財政を成立させる条件（①
教育的必要に基づく基準、②基準を満たす教育財政移転制度、③以上を実
行する教育条件整備行政組織）が、いかなる過程を辿って生成し、展開し、
消滅したのかを、歴史的事実の概要、及び、その学術的意義の所在に分けて、
改めて確認してみたい。

1　福祉国家型教育財政と教育条件整備行政の歴史的展開とその特徴

　図表 7-1 に示した通り、第Ⅰ期前半（1920 〜 1930 年代）の米国においては、
急速な資本主義の進展に対応するため、新たな教育財政の仕組みが生成さ
れ、その際、教育行政研究とともに学校調査運動が発展した。学校調査運
動は、教育財政の理論と制度の発展を後押しし、教育行政当局にも影響を
与え、各地方に教育調査局が設置された。教育調査当局と大学をはじめと
する研究機関が連携し、カバレーやストレイヤー、モートらを中心として、
各地方の教育財政制度の確立に貢献した。

　ストレイヤー・ヘイグ方式と称された標準教育費プログラムは、モート
によって完成形態に近づけられ、諸州、そして、連邦に影響を与えた。州
補助金制度は、教育の機会均等理論のもと、地域の貧富にかかわらない、
教育的必要性に基づく教育のミニマム・スタンダードを提供した。低い税
率でもそれなりの税収が見込める豊かな地方と、あまり税収の見込めない
貧しい地方とで税率を同じくすることで、自治体として税収を確保しなが
ら、住民の税負担の側面からは教育の機会均等を保障した。

　税収は、ミニマム・スタンダードの教育を実施するための財源とされ、
貧しい地方など、教育プログラムを実施するにあたっての費用が不足する

図表 7-1：米国教育財政の戦後日本への受容過程対応表

米国（ニューヨーク州）（1920-1930）			Ⅰ期 (1920-1940)	日本（1930-1940）		
主体	理論	制度		主体	理論	制度
ストレイヤー・ヘイグ・カバレー	機会均等	標準教育費プログラム	①	阿部重孝	機会均等	特別交付金制度（構想に留まる）
			②			
	効率化	教育行政改革	③		教育機関の独立（教育の自主性擁護、教育行政の一般行政からの独立）	×

米国（カリフォルニア州）			Ⅱ期 (1940-1950)	日本		
主体	理論	制度		主体	理論	制度
モーガン極東委員会	機会均等	標準教育費プログラム	①	教刷審18特委 第5・6期IFEL受講者	教育的必要充足原則	学校基準法案 学校財政法要綱案
			②			
	効率化	教育行政改革	③	文部省調普局 各教育研究所（海後宗臣）	教育の自主性擁護 教育行政の一般行政からの独立	国家行政組織法 統計法 文部省設置法 教育委員会法

地方へは、不足分が州補助金として充てられる財政移転の仕組みがとられた。米国においては、州や連邦が一定のスタンダードを保障しながら、地方の自主性を守る教育財政の仕組みが、1920年代から30年代に定着した。1930年代から40年代にかけて行われたカリフォルニア州教育財政改革の事例もその一つであった。

第Ⅰ期後半にあたる1930年代には、日本の教育学者である阿部重孝が、ストレイヤー・ヘイグらの標準教育費プログラムをもとにした特別交付金制度を構想し、地理的条件が著しく異なる日本国内のどこにおいても、教育的必要性に基づき、等しく教育を受けられる制度の構築を目指した。阿部によって米国から取り入れられたストレイヤーらの教育財政研究は、「教育財政」、「教育行政に関する事実の研究」論文の中で再構成されるに至った。

阿部の晩年の著書においては、教育行政における調査研究部局の必要性、そして、教育行政における政治と権力の排除の必要性を示していた。その内容は、第Ⅱ部第4章で明らかにされたように、戦後教育改革期における文部省調査（普及）局設置の際に議論された内容と同様の論理展開をなしていた。すなわち、教育に関する事実や科学的根拠を明らかにするための

調査研究の必要性、及び、調査研究を行う部局を設置し、それによって教育が政治に翻弄されないようにするという、教育行政の条件整備義務及び、教育の自主性保護の原理に近しい議論であった。

　阿部によって日本に取り入れられた米国教育財政研究は、教育的必要性の具体的基準を導く方法の未発達や、当時の税制や社会情勢により、実現には至らなかったものの、教育の機会均等の概念や教育財政移転制度構想、そして、そのための教育行政構想は、すでに戦前の日本に存在していたのである。その後、占領期を迎えた日本において、1949年頃から、モーガンによって再び米国教育財政法制の仕組みが取り入れられることとなり（第3章）、その受け皿となったのが、文部省調査（普及）局を中心とする教育条件整備行政組織であった（第4章）。

　第Ⅱ期（1940～1950年代）においては、占領下の日本に現地入りして主導権を握っていた米国が、特にシャウプ勧告以降において徹底的な地方分権化を進めようとしていた一方で、極東委員会内部においては、教育行財政政策に対するナショナル・ミニマム保障の観点から、行き過ぎた地方分権化に対する反対意見が存在していたことに注目した。CIEとしては、占領政策の方針として地方分権を促進しながらも、こと教育費に関してはスタンダード設定、あるいは、中央集権的に改革を行う必要性を認めていたことからも、CIEが極東委員会とGHQ/SCAPとの間に立たされるような状況であったことが推察された。

　その後も、シャウプ勧告を契機として、日本側がナショナル・ミニマム・スタンダード保障の必要性を説いていたことを、教育刷新審議会第18特別委員会における議論、及び、第5期・第6期IFELの内容を通して明らかにしてきた。

　第18特別委員会による会議では、ナショナル・ミニマム保障の根拠を憲法26条に求めた標準義務教育費法案が提案された。そこでは、教育財政における地方分権と中央集権の緊張関係をふまえてもなお、憲法に基づいた最低限の教育が保障されるべきであり、標準義務教育費の「標準」と

いう文言に「最低基準」の遵守、及び、「最低基準」を上回るという意味合いが込められていたことを明らかにした。ここでは、教育におけるナショナル・ミニマム・スタンダード保障は国が、それを上回るスタンダード保障を地方において保障することによって、中央集権と地方分権の緊張関係を解消し、地方自治を実現しようとしていたことを確認した[(1)]。

さらに、IFEL 教育財政講習においては、戦後日本における教育財政問題が検討され、モーガンや内藤を指導者としながら、講習の参加者とともに教育財政理論の構築が目指された。モーガンはそこで、ストレイヤーの教育財政研究を発展させたモートによる研究成果を主たる教本として採用していた。講習の成果をまとめた第6期 IFEL 研究集録「教育財政」報告書は、これまでに提出された学校基準法案提出の根拠を、基本的人権保障と教育に対する国家の責務にあるとし、画一化や中央統制の強化を明確に否定する内容となっていた。シャウプ勧告を受け、地方分権の必要性が強調されていた当時においてもなお、基本的人権の保障、それゆえの国家の学校制度整備義務の存在が認められていたといえる。

続いて、同じ第Ⅱ期に展開した教育条件整備行政については、教育条件整備行政組織としての文部省調査（普及）局と教育委員会調査統計課の設置目的と役割を明らかにした。これらの組織は、戦後教育行政の転換に伴って新たに設置され、その目的は、民主的な教育政策の立案と、将来の教育政策の基礎となる教育の科学的客観的研究を行うこと、また、文部省による指導助言が政治的独善に陥らないようにすることにあった。

さらに、教育条件整備行政組織の変遷とも関連付けながら、文部省調査（普及）局によって実施された教育調査の内容を、各種調査報告書の分析を通して明らかにした。教育条件整備行政組織としての文部省調査（普及）局は、地方教育費や国立初等中等学校の教育費、父兄の私費負担教育費、さらには、教員勤務負担量や学校施設設備、学校給食、修学旅行等、教育の外的な条件に関する調査を実施してきた。これらの調査によって明らかにされたデータは、法令案の作成や国会議員による予算審議資料として用

いられ、あるいは、義務教育の完全なる無償制度樹立を眼目として用いられたものであった。

　一方で、教育の内容面にかかわる研究調査は、国立教育研究所と地方に自然発生的に設置された教育研究所を中心として行われていた。米国において発達した教育調査という手法の発展には、戦前からの阿部重孝／海後宗臣ルート（第1章・第5章）、及び、戦後以降のモーガン／調査普及局ルート（第2章・第3章・第5章）という二つの発展経路が浮上した。前者は、国立教育研究所と地方教育研究所へ継承され、後者は文部省と教育委員会において発達し、それぞれ、教育的必要性を客観的に明らかにし、教育の内的・外的条件整備を要請するための教育行政条件整備行政機構としての役割を担ったことを明らかにした。

　第Ⅲ期（1950〜1960年代）においては、主に教育条件整備行政組織・機構の衰退過程に焦点を絞って検討を行った。中央及び地方の教育条件整備行政機構は、1952年の文部省設置法の一部改正、1956年の地方教育行政法施行に伴う教育委員会法の廃止、1966年の文部省設置法の一部改正の三段階を経て最終的に廃止された。文部省調査（普及）局が縮小され、教育委員会調査統計課の法定設置義務がなくなり、最終的に文部省の調査課と統計課、そして企画課が、大臣官房に吸収されるかたちで文部省調査局は廃止された。調査（普及）局は、大臣官房や権力的な力をもつ部局に設置されず、一局として独立していたことにこそ意味があったといえる。多分に政治的影響を受ける大臣官房の中に調査課が設置されたことは、1946年に調査局が設置された当初とは一転し、政治的な要請に応ずる性格を備えやすくさせたともいえよう。

2　本書の学術的意義

　本書の意義を簡略に述べてみたい。本書は、戦後教育改革期を中心に検討されてきた先行研究における教育財政制度研究に対し、分析対象時期と

対象地域を拡大し、戦前戦後の日米における教育財政に着目してきた。その際、福祉国家型教育財政を成立させるための条件として、①教育的必要性に基づく基準の法定、及び、②それを満たす財政移転制度をセットすることという先行研究の分析枠組みを用いた上で[2]、①と②を実行する③教育条件整備行政組織の設置という三つ目の分析枠組みを付加した。

　まず、第Ⅰ部に関連する本書の意義をいくつか示してみたい。

　第一に、阿部重孝研究の深化及び再検討への貢献である。阿部重孝にかかわる二つの史料の制約を乗り越えられたことにより新たな知見を獲得することができた。一つは、私家版の史料を用いて阿部の海外訪問の行程を明らかにしたことにより、戦前における日米教育財政の接合点をより鮮明にすることができた。序章で述べた通り、阿部重孝研究のこれまでの評価は、当時の米国教育財政の分析なしになされたものであった。しかしながら、当時の米国の教育財政研究の成果を分析し、阿部の教育財政研究と比較することを通して、これまでの阿部教育財政研究に対する評価を再検討することができた意義は大きい。いま一つは、阿部重孝著作集未収録となっていた論文を、本研究の過程で新たに入手できたことによる（第1章脚注51）。そこでは、教育のための行政が、どのような組織を有し、具体的にどのような所掌事務を担うべきなのかが詳細に示されており、戦後教育条件整備行政の議論に接続する可能性がある。

　第二に、戦後日本の教育財政改革研究の中に、CIEの教育財政改革指導担当者であったモーガンを新たに位置付けたことである。モーガンにかかわっては大きく二つの学術上の意義がある。一つは、管見の限り、モーガンの主要な役割について詳述された教育財政研究は未だ存在していなかったため、これを明らかにした学術的意義は大きいといえよう。モーガンが来日するまでの米国での経緯を含め、戦後日本において果たした役割を明らかにすることで、戦後教育財政制度史の一コマを埋めることができたのではないだろうか。

　もう一つは、第5期及び第6期IFELにおける教育財政の講座内容を明

らかにしたことである。IFEL 講習に関する研究はそもそも多くなく、当然ながら教育財政の講座に関する詳細な分析も、管見の限り先行研究は存在してこなかった。講習指導者のモーガンをはじめ、教育財政講座の受講生らがまとめた研究集録には、教育財政に関する地方分権の推進ではなく、むしろ、基本的人権を保障するための教育財政、そのための学校基準法（案）と、教育行政の条件整備責任を主張する、福祉国家的な教育財政を推進する議論が存在していたことを明らかにした意義は大きい。

　次に、第Ⅱ部に関連する本書の意義を示してみたい。第Ⅱ部は、福祉国家型教育財政を成立させるための三本柱の三本目にあたる、教育条件整備行政組織の設置に関して、その実態と理論を検討してきた。教育条件整備行政組織の生成、展開、衰退という区分を用いてその歴史的実態を明らかにしたことにより、次の三つの学術的意義を得ることができた。

　第一に、これまでの学説上に存在してこなかった、教育行政の教育条件整備義務を担う組織論を提起したことである。本書は、教育条件整備行政組織として文部省調査（普及）局を措定し、教育条件整備を担う教育行政組織のあり方を明らかにしようとした。昨今、教育委員会や文部科学省といった教育行政の存在意義が問われる中で、教育条件整備を行うための調査研究組織の必要性を問うたことの意義は大きいのではなかろうか。

　第二に、教育法学説において教育の内的事項に関する教育行政の介入は否定されてきたが、「外的条件整備的教育内容行政」としての「指導助言」の可能性は認められてきた。教育行政の指導助言行政たる教育法的要件として、「(a) 指揮命令権と競合していないこと」、「(b) 教師の教育的自主性および自主研修にたいし補充的であるべきこと」、「(c) 指導助言者の十分な教育専門的水準を担保しうる制度が排他的でなく存在すること」が挙げられていた[3]。国立教育研究所や各地の教育研究所が、教育調査研究によって明らかにされる実態に基づき、現場の教師たちと協働しながら教育課程を作ろうとしていた事実は、教育の内的事項に対する指導助言行政の内実として位置付けることができよう。

　第三に、1955年頃までは、文部省が学修費無償説を採用していた事実を明らかにしたことである。1951年頃から文部省内は義務教育の無償化を諦め始めていたとみられているが(4)、少なくとも文部省調査（普及）局内においては1955年頃まで無償化路線をとっていたとみられる。「父兄負担教育費調査報告書」で展開された解説は、公教育の無償性をめぐる今後の議論を後押しする可能性がある。

　次に、教育条件整備行政組織の理論に関しては、第6章で展開した通り、内外事項区分論における混合事項概念の深化を試みたことに学術的意義を見出すことができよう。福祉国家型教育財政の条件としての①及び②の理論的根拠は、教育人権の保障、すなわち、人間としての人格の全面的な発達を保障することに求められていた。本書で新たに付加された③の条件もまた、同じ理論的根拠の延長線上にあるものの、教育人権保障のための教育行政の条件整備義務という制度原理から、教育条件整備行政組織のあり方をめぐる論拠を導出することが必要とされたために、第6章が置かれたのであった。

　今日の文部科学省の教育条件整備行政としての組織の特徴は、その目的の相違、すなわち、戦後においては教育人権保障のための教育条件整備を目的としていたことに対し、現在においては人材育成のための教育振興基本計画の遂行を目的としているところに端的にあらわれている。

　2018年10月の組織改編によって新設された総合教育政策局の所掌事務には「教育基本法第17条第1項に規定する基本的な計画に関すること」(5)という文言が明記され、改正教育基本法のもとにおける教育振興基本計画を遂行しうる強力な教育行政組織が設置されたことを意味する(6)。

　ところで、2018年以降新たな装いとなった教育行政が、2019年度末からのCOVID-19パンデミックにおいて実施した最初の実態調査らしきものは、2020年4月21日付初等中等教育局長通知「新型コロナウイルス感染症対策のために小学校、中学校、高等学校等において臨時休業を行う場合の学習の保障等について」の別添資料に示された学習状況の調査であった(7)。学習履行状況の把握が、子どもの命と安全にかかわる実態調

査に先んじたのである。教育行政として条件整備義務を全うしようとすれば、まずは各教委を通して学校や教師たちの困難の所在を把握し、その情報を共有できるようにするなど、事実や要求に基づいた教育条件整備こそ急務であったのではなかろうか。

3　本書に残された課題

　本書に残された課題は三つある。

　第一に、戦後日本の教育財政改革の背景となった米国教育財政法制のさらなる分析である。具体的には次の二つの課題があげられる。一つは、占領期の教育財政指導を担当したモーガンの、カリフォルニア州教育省調査局時代に経験した教育財政改革に関するさらなる分析である。二つ目は、CIE のモーガンより以前に来日し教育財政改革指導にあたっていたカーペンター、あるいは CIE 教育課長を務めたルーミス、及び、GS や ESS、LS による文書の分析である。

　第二に、1960 年代以降の教育条件整備行政組織の研究である。ここでは大きく次の二つの課題が残された。一つは、調査局が廃止されて以降、つまり、1966 年以降の日本における教育条件整備行政組織についての分析である。特に、60 年代に全国学力調査が実施された際の文部省と国立教育研究所との役割を明らかにすることや、90 年代以降新自由主義が本格的に展開してからの中央教育行政における教育条件整備行政としての組織と機能が、戦後のそれと比してどのように変化したのかについて明らかにされる必要がある。二つ目に、一つ目の課題と関わって、1956 年から 1965 年まで、組織改変の段階でいえば、第一段階から第二段階まで（1952 年から 1965 年まで）の調査局を、人事まで含めてどうみるかということも課題として残された。1956 年に学力調査が部分的に実施され始めた一方で、1955 年までは父兄負担教育費調査においては、積極的に義務教育の無償制度を打ち出し、条件整備を精力的に要請している時期でもある。この点については、当時の人事

や官僚の経歴等、詳細な分析が必要となってくる。明示的に述べることはできないが、1952年の文部省設置法の一部改正以降、"教壇派"と呼ばれた官僚が徐々に減っていったことは、背景の一つとして考えられよう[8]。

　第三に、立法における社会調査の意味づけである。本書では、筆者の力量不足から、教育条件整備のための教育調査が、教育法学の観点からどのような意味を有するのかという範囲で、しかも、試論的な検討にとどまらざるを得なかった。教育的必要性を充足するためには、例えば、学級編制基準を1学級あたり20人の児童生徒とすることや、子どもと大人が受容的応答的人間関係を結べる程度に学校規模を小さくすることが求められる。これらを立法する手段として調査を位置付けようとする場合に、法社会学あるいは法解釈学において調査がいかなる意味を有するのか[9]。法学と教育学の共同的な研究が待たれている。

(1) 前掲世取山（2014）247頁。なお、教職員定数問題の観点から同様の指摘をするものとして、山﨑洋介（2012）「学級定員基準とその仕組み」世取山洋介・福祉国家構想研究会編『公教育の無償性を実現する―教育財政法の再構築―』大月書店、231-233頁。
(2) 前掲世取山他編（2012）478頁
(3) 前掲兼子（1978）354-358頁
(4) 前掲世取山他編（2012）66-70頁
(5) 文部科学省組織令（2018年政令第287号）第25条3号。なお、文部科学省組織令（2020年政令第81号）により同規定は第25条4号に改正された他、第4条（総合教育政策局の所掌事務）3号にも追記された。
(6) 前掲世取山（2004）19頁
(7) 文部科学省「新型コロナウイルス感染症対策のために小学校、中学校、高等学校等において臨時休業を行う場合の学習の保障等について（通知）」（2020年4月21日2文科初第154号）
(8) 戦後の文部省内には、学者などに代表される役人の本街道を通っていない教育役人の「教壇派」と、高等文官試験を経た「行政官派」の二派が存在していた。もっとも、文部省内部において実際にはこのような派閥は存在せず、当時のマスコミが文部省人事を面白おかしく取り上げ、そのように呼称していたという証言もあった。このような区分けでいうと、学者文相や田中二郎らが教壇派に当てはまる。また、関口隆克、坂元彦太郎らも教壇派と自称していた。ハリー・レイ（2004b）「＜ハリー・レイ　オーラルヒストリーシリーズ＞関口隆克」明星大学戦後教育史研究センター編『戦後教育史研究』第18号、明星大学戦後教育史研究センター、同（2015b）「＜ハリー・レイ　オーラルヒストリーシリーズ＞坂元彦太郎」同、第28号。
(9) 渡辺洋三（1959）『法社会学と法解釈学』岩波書店、214-216頁

あとがき

　本書は、2018年3月16日に学位認定を受けた博士論文「福祉国家型教育財政の理論と法制に関する歴史的研究—1920年代から1960年代を中心に—」に、大幅な加筆修正を加えたものである。博士論文の主査にあたっていただいた髙橋哲先生、副査にあたっていただいた貞廣斎子先生、鈴木明哲先生、小澤基弘先生、佐々木幸寿先生、高橋寛人先生に、心より感謝申し上げる。

　この博士論文は、2013年度修士論文「中央政府における教育条件整備行政の理論と組織に関する歴史的研究—阿部重孝から文部省調査普及局へ—」が元になっている。修士論文から博士論文へ研究を進める過程において、問題意識の中核に座っている問い——「なぜ教育は金で買うものになってしまったのか。」——は、一貫して変わっていない。

　本来、教育はお金で買うものではなく、私たちの"権利"として保障されているはずである。それにもかかわらず、現実においては、教育という"商品"を購入できる資力の有無が、それを手にする資格の有無を決定する。なぜ日本は、教育が商品になってしまったのか？いつからそうなったのか？

　これらの私の疑問に最初に答えてくれたのが、「父兄負担の教育費調査報告書（昭和27年度）」であった。きっかけは、新潟大学教育学部及び大学院生時代の指導教官であった世取山洋介先生が、ゼミで「子どもの学習費調査について調べてみたら」と言ってくれたことだった。これがその後の研究の方向性を決める決定打となった。

　調べてみると、どうやら「子どもの学習費調査」は昔、違う名称で、文部省調査普及局というところが中心となって実施していたらしい。調査普及局は、まるで憲法と旧教育基本法を忠実に実体化させたような教

育行政のようにみえる。教育行政に専門性があるとしたらこんな感じなのだろうか、こんな組織が戦後の日本にあったなんてと、修論ゼミに参加していたみんなでその感動を共有した日々が昨日のことのように思い出される。

　調査普及局や調査局の資料を漁れば漁るほど、結局、教育を取り巻くお金の問題は、制度の実行部隊となる教育行政が機能しなければ意味がない、という結論が確かなものとなっていった。当時の文部省が本気で実現しようとしていた学校制度整備のうち、教育財政制度についてはどのように取り組まれていたのか、資料に訪ねてみると、阿部重孝と、アメリカの教育財政に流れ着いた。

　ところで、阿部重孝は新潟県南魚沼市の旧塩沢町出身である。夫の職場の都合で2018年から2年間だけ南魚沼市に住んだことがあった。雪深い暮らしの中で、阿部が教育の機会均等理念に思いを馳せたのだろうと容易に想像ができた。本書の表紙に採用した学校は、2020年3月に廃校となった南魚沼市立第二上田小学校である。この学校を本書の表紙にしたいと思った理由は三つある。一つ目は、阿部重孝の故郷という教育の機会均等理念の発祥の地であること、二つ目は、ネガティブな教育問題が溢れる昨今には珍しく、子どもと教師と親、そして、地域の方々が有機的につながった、明るくて温かい学校だったこと、三つ目は、新型コロナウイルス感染症拡大防止を理由とした、法的根拠のない、しかも、教育行政ではなく、首相による「休校要請」によって、別れを惜しむ間もなく廃校となってしまった事実を忘れず、あの「要請」とは一体何だったのかを問わなければならないこと。こうした、さまざまな象徴としての意味をもたせている。写真を提供いただいた南魚沼市役所の方々とデザイナーのウームデザイン・田中さんに厚く御礼申し上げる。

　阿部重孝が生きた時代から100年が経ち、縁のある土地で同じ研究をしていたことについて、感慨深い思いに浸りながら、自分の生きてきた時代の教育を省みた。平成世代は、生まれた時から不景気で、競争にさ

らされ、他人からの評価を自分の意見に優先させるような、新自由主義教育改革の影響をまともに受けながら生きた人が多いのではなかろうか。自分もまたその例外ではなく、特に高校時代は息苦しい子ども期を過ごしたように思う。

自分の考えや感情を自由に表現するためには、昨今さかんに言われているような「切磋琢磨できる競争的環境」ではなく、「集団的に学習できる人間関係」あるいは「受容的で応答的な人間関係」こそ必要とされる。それは、世取山研究室でのゼミを通して痛感し、本書もまさに、集団的学習を通して様々な人から刺激を受け、発展させられた成果に他ならない。本書が、これからの日本の教育財政や教育行政、子どもの貧困、そして、子どもたちの人格の全面的な発達を保障するための教育条件整備やその研究に、幾許かでも貢献できればと願ってやまない。

最後に謝辞を述べたい。自分の研究生活は、今まで自分と出会った人たちのおかげで続けられてきた。世の中や政治について語り合える友人、これまで出会った尊敬する先生方、素敵な教師として活躍している大学の同期、世取山ゼミのみんな、若手研究者の仲間。彼ら彼女らの存在は、いつも自分の研究の励みになっている。

日本教育法学会の先生方には、学部生の時に学会運営のお手伝いをさせていただいて以来、いつも温かく励まされてきた。研究テーマが決まってからは、教育条件整備研究にかかわって特に廣澤明先生と安達和志先生にお世話になった。

また、他の学会で初めて発表した時以来、戦後教育行政組織研究の先駆者であった荻原克男先生には、お会いする度に研究の進捗についてお話しさせていただき、ご意見や励ましの言葉をいただいてきた。

修士論文から博士論文へ研究が進む中で、高橋寛人先生との出会いは大きかった。IFEL 研究の第一人者から、直接手解きを受けられたのはこの上ない幸運であった。約 1,500 枚のモーガン文書は、当時の寛人先生の勤務先であった横浜市立大学や、国立国会図書館憲政資料室に入り

浸り、資料を複写させていただいた。複写作業は一見単調な作業だが、作業をしながら常に思考が深化していくことも寛人先生から教えていただいた。

　本研究の出発地点から今日まで、ゆとりある教育を求め全国の教育条件を調べる会のみなさんとともに、一会員として研究を進められたのはありがたいことであった。特に、山﨑洋介先生、橋口幽美さん、小宮幸夫さん、今福志枝さん、鈴木つや子さんには大変お世話になった。第5章1節で用いた「愛知県教育財政の実態」と「名古屋市学校統計概要」の史料は、鈴木つや子さんにご提供いただいたものである。ここに記して御礼を申し上げたい。

　世取山研究室の先輩の福嶋尚子さんには、学部生時代からお世話になった。卒業論文と修士論文の添削をしてくれる大学院生がいてくれることが、どれほど心強かったことか。研究の相談だけでなく、研究を辞めるか続けるか、人生の岐路に立たされた一番辛い時期を支えていただいた。博士課程院生から研究者としてどう生きていくかについて、いつも助言をいただき、励まされたおかげで今がある。

　博士課程の指導教官だった髙橋哲先生には、公私共に本当にお世話になった。世取山ゼミで自由奔放に散らかった私の研究の意義を丁寧に解説してくださった。ご自身の研究でいつも多忙を極めているところ、不出来な私の論文の原稿を本当に辛抱強く待ってくださった。博士課程在学期間中には、髙橋先生のフルブライト留学先のコロンビア大学ティーチャーズカレッジを訪問させていただき、現地でモート関連の資料を収集させていただいた成果をなくして本書は成立しなかった。

　そして、世取山洋介先生と出会っていなければ、私は研究者になっていなかった。「君みたいな農民兵がどこまで伸びるのか実験中なんだよね」とニヤニヤしながら、私の目の前にあった「お金」の問題にも一緒に向き合い、研究に対してはいつも的確な助言と励ましをくれた。その助言と励ましは、常に、私の道標になっていた。

2021年11月に世取山先生が急逝され、何かに蓋をしたままの日々が続いている。博士論文を本書として再構成する作業の中で、世取山先生に相談したかった内容、自慢したかった内容、馬鹿野郎と怒られそうな内容は、数えきれない。「何のために研究をするのか」という問いに、「自己満足で研究は終わらない」、「世の中をよくするために研究をするのだ」という応答を示してくれたのも、世取山先生だった。

　博士論文を本書として出版するまでに、就職、出産、そして恩師の他界という、とんでもなく大きな出来事が続いた。「早く出版しなさい」、「どんなに待ってもあと1年半なのだ」と、散々お尻を叩かれていたにもかかわらず。自分の怠慢と効率の悪さを反省するほかない。世取山先生のような一流の研究者のもとで学べたことは、誇りであり、幸せであり、大切な時間だった。これからも、学恩に報いたいと強く思う。

　エイデル研究所の大園早紀さんには、出版の相談をさせていただいてから、予測不可能な育児を主たる理由として原稿執筆が遅れに遅れ、たくさんのご迷惑をおかけした。大学生や大学院生でもかろうじて手にできる価格帯で本書を世の中に送り出したいという私の無理難題にもお付き合いいただき、かたちにすることができたのは、ひとえに、大園さんのご尽力のおかげである。

　そして、いつも励ましてくれた両家の家族の支えをなくしては、本書を出版することはできなかった。元気な心と身体の源は、祖父母と両家の父母が作る美味しい野菜とお米、そして、家族親戚との笑いの絶えない会話に他ならない。

　最後に、大学院生時代からの良き理解者であり、良き父親である夫と、愛する息子に、心からの感謝を込めて。いつもありがとう。

2023年7月

宮澤孝子

　本書は、日本学術振興会科学研究費助成事業による特別研究員奨励費〔課題番号：16J11568〕「福祉国家型教育財政の理論と法制に関する歴史的研究」、及び、若手研究〔課題番号：19K14057〕「戦後教育財政法制に関する日米の歴史研究─ナショナル・ミニマム保障の観点から─」の研究成果の一部である。以上の財政的支援なくして本研究を遂行することは不可能であった。日本学術振興会と審査にあたっていただいた先生方に、記して感謝を申し上げたい。

引用・参考文献・資料一覧

和　書

【あ行】

● 愛知県教育委員会事務局（1951）「愛知県教育財政の実態─調査統計報告第 5 号特集─」

● 青木栄一（2006）「第 7 章 文部省における官房長設置の政治行政過程」結城忠監修・青木栄一編集『戦後教育法制の形成過程に関する実証的調査研究 最終報告書』国立教育政策研究所

● 阿部邦夫（1999）『教育学者阿部重孝余話』

● 阿部重孝（1922a）「義務教育の経費」/（1983）『阿部重孝著作集』第 5 巻、日本図書センター

● 阿部重孝（1922b）「小月小学校外三校学校調査」/（1983）『阿部重孝著作集』第 5 巻、日本図書センター

● 阿部重孝（1923）「国庫補助金の分配方法について」『教育時論』1359 号

● 阿部重孝（1926a）「教育行政に関する事実の研究（第一講）」第一出版協会『学校経営』第 1 巻 1 号、42-46 頁

● 阿部重孝（1926b）「同上（第二講）」（講数の記載なし）同上資料、第 1 巻 3 号、71-75 頁

● 阿部重孝（1927a）「同上（第三講）」同上資料、第 2 巻 2 号、46-51 頁

● 阿部重孝（1927b）「同上（第四講）」同上資料、第 2 巻 5 号、34-38 頁

● 阿部重孝（1927c）「同上（第五講）」同上資料、第 2 巻 8 号、14-19 頁

● 阿部重孝（1933a）「教育財政」『岩波講座教育科学』第 18 冊

● 阿部重孝（1933b）「教育研究法」『岩波講座教育科学』第 20 冊

● 阿部重孝（1936）「教育財政」『教育学辞典』第 1 巻、岩波書店 /（1983）『教育学辞典復刻版』第 1 巻、岩波書店

● 阿部重孝（1937a）「公学費」『教育学辞典』第 2 巻、岩波書店 /（1983）『教育学辞典復刻版』第 2 巻、岩波書店

● 阿部重孝（1937b）『教育改革論』岩波書店 /（1983）『阿部重孝著作集』第 6 巻、日本図書センター

● 阿部重孝（1937c）「教育の機会均等」『教育学辞典』第 1 巻、岩波書店 /（1983）『教育学辞典復刻版』第 1 巻、岩波書店

● 安藤堯雄（1952）『市町村教育委員会─その設置と運営─』、明治図書出版株式会社

● 飯島篤信、矢口新、橋口菊、河野重男（1980）「座談会　岡部教育研究室と海後先生─実践者の姿を求めて─」『海後宗臣著作集』第 2 巻、月報第 2 号、東京書籍

● 五十嵐顕（1978）『民主教育と教育学』青木教育叢書

● 池上岳彦（1991）「戦間期日本の税制整理─現代資本主義化の中の 1926 年税制改革─」『新潟大学商学論集』第 23 巻

● 石井拓児（2016）「公教育財政制度の日本的特質と教育行政学研究の今日的課題─教育に

おける福祉国家論と内外事項区分論争を手がかりに―」日本教育行政学会編『教育行政学研究と教育行政改革の軌跡と展望』教育開発研究所

● 石塚政次 (1950)「資料三　教育刷新審議会の『公立学校の標準義務教育費等に関する建議』」『月刊教育調査』第 1 号

● 市川昭午・林健久 (1972)『教育財政　戦後日本の教育改革 4』東京大学出版会

● 井出英策 (2006)「現代的租税システムの構築とその挫折―高橋財政期における租税政策の限界―」会計検査院事務総長官房調査課編『会計検査研究』第 33 号

● 伊藤和衞 (1952)『教育財政学』杉山書店

● 伊藤良二 (1950)「地方教育行財政調査の必要とその問題点」文部省調査普及局編『月刊教育調査』第 1 号、刀江書院

● 井深雄二 (1980)「阿部重孝の学校制度論に関する研究―『学校系統改革の私案』の成立過程について―」『教育史学会紀要』第 23 号

● 井深雄二 (2017a)「戦後教育改革期における学校基準法案と学校財政法案」日本教育行政学会編『日本教育行政学会年報；教員政策の教育行政学的研究』第 43 号、教育開発研究所

● 井深雄二解題 (2017b)『教育刷新審議会配布資料集』第 1 巻、クロスカルチャー出版

● 井深雄二 (2020)『現代日本教育費政策史』勁草書房

● 上原貞雄 (1991)「両大戦間アメリカにおける州教育行政集権化の動向―若干州事例の検討を通して―」広島大学教育学部編『広島大学教育学部紀要』第 1 部 39 号、広島大学教育学部

● ウォルター・E・モーガン、内田美野訳 (1951)「全国教育調査の社会学的意義」『月刊教育調査』第 10 号

● 内沢達 (1978)「『標準教育費法案』をめぐる問題点―1950 年の地方財政改革に直面した文部省の対応など―」『鹿児島大学社会科学雑誌』第 1 号

● 内沢達 (1981)「教育条件整備基準立法と財政援助システム (1)―国と地方の教育財政関係・戦後教育財政史に関する覚書―」『鹿児島大学社会科学雑誌』第 4 号

● 内沢達 (1984)「教育条件整備と教育財政制度・改革試論」日本教育法学会教育条件整備法制研究特別委員会編『教育条件法制研究』第 5 号

● G・エスピン‐アンデルセン著、岡沢憲芙・宮本太郎監訳 (2001)「福祉資本主義の三つの世界：比較福祉国家の理論と動態」ミネルヴァ書房

● 大内裕和 (1995)「教育における戦前・戦時・戦後―阿部重孝の思想と行動―」山之内靖・ヴィクター・コシュマン・成田龍一編『総力戦と現代化』パルマケイア叢書

● 岡部教育研究室 (1938)『日本に於ける学校調査の批判的研究』刀江書院

● 岡部教育研究室 (1942)『農村に於ける青年教育―その問題と方策―』龍吟社

● 小川正人 (1981)「アメリカ教育財政制度に関する一考察」『東京大学教育学部教育行政研究室紀要』第 2 号

● 小川正人 (1991)『戦後日本教育財政制度の研究』九州大学出版会

● 荻原克男 (1996)『戦後日本の教育行政構造―その形成過程―』勁草書房

● 荻原克男 (2006)「第 6 章 教育行政組織の分化と統合―戦後文部省史への予備的考察―」結城忠監修・青木栄一編集『戦後教育法制の形成過程に関する実証的調査研究 最終報告書』国立教育政策研究所

● 荻原克男・青木栄一 (2004)「文部省の官房機能―機構面と人事面からの分析―」日本教育制度学会紀要編集委員会編『教育制度学研究』第 11 号

【か行】

● 海後宗臣（1971）『教育学五十年』評論社

● 兼子仁（1978）『教育法〔新版〕』有斐閣

● 兼子仁（1984）「教育条件基準立法をめぐる法制的前提問題の検討」日本教育法学会教育
条件整備法制研究特別委員会編『教育条件法制研究』第4号

● 上寺康司（1998）「1935年オハイオ州公立学校財政維持資金法の規定内容に関する考察
—1930年代アメリカ合衆国州公立学校財政の特徴に関連させて—」『教育行政学研究』第
19号

● 上寺康司（2015）「モート（Paul R. Mort）にみる米国公立学校財政制度原理—適応性の
原理（The Adaptability Principle）に着目して—」『教育制度学研究』第22号

● 河原春作（1951）「—随想—これからの統計」『教育統計月報』第7号

● 神田修（1970）『明治憲法下の教育行政研究』福村出版

● 喜多明人（1983）『学校環境と子どもの発見—学校施設の理念と法則—』エイデル研究所

● 北岡健二（1959）「創刊10周年を迎えて 本誌の役割」文部省調査局統計課編『教育統計』
第61号、東京教育研究所

● 教育刷新委員会編（1948）『教育刷新委員会建議』第1集

● 教育刷新審議会（1950）『教育改革の現状と問題—教育刷新審議会報告書—』日本放送出
版協会

● 久保富三夫（2005）『戦後日本教員研修制度成立過程の研究』風間書房

● 樽松かほる（1996）「『教育思潮研究』の書誌的研究」『立教大学教育学科研究年報』第40号、
立教大学教育科研究室

● 樽松かほる・小熊伸一（1983）「年譜・著作目録」『阿部重孝著作集』第8巻

● 黒崎勲（1980）『公教育費の研究』青木書店

● 越川求（2014）『戦後日本における地域教育計画論の研究—矢口新の構想と実践—』すず
さわ書店

● 国立教育研究所（1961）『国立教育研究所十年の歩み』国立教育研究所

● 国立国会図書館憲政資料室所蔵 "EDUCATION DIVISION CONFERENCE BOOK（CIE）"

● 子どもの権利条約市民・NGOの会編（2020）『国連子どもの権利条約と日本の子ども期—
第4・5回最終所見を読み解く—』本の泉社

【さ行】

● 財団法人中央教育研究所（2002）『中央教育研究所56年の歩み』中央教育研究所

● 財団法人日本統計研究所（1963a）『日本統計再建史—統計委員会史稿資料篇（Ⅰ）』

● 財団法人日本統計研究所（1963b）『日本統計再建史—統計委員会史稿資料篇（Ⅱ）』

● 相良惟一（1948a）「教育委員会法について（一）」文部省編『文部時報』第852号、ぎょ
うせい

● 相良惟一（1948b）「教育委員会法について（完）」文部省編『文部時報』第853号、ぎょ
うせい

● 佐藤功（1979）『行政組織法〔新版〕』有斐閣

● 佐藤修司（2007）『教育基本法の理念と課題—戦後教育改革と内外事項区分論—』学文社

● 佐藤秀夫（1985）「報告：戦後教育改革関係資料に関する調査研究の現状と課題」『特別研究：戦後教育改革資料の調査研究報告書』国立教育研究所

● 佐藤秀夫（1995）「解題」日本近代教育史研究会編『教育刷新委員会教育刷新審議会会議録』第 1 巻、岩波書店

● 佐藤広美（1984）「阿部重孝における教育制度改革論の研究―教育制度改革と『教育の機会均等』―」『教育科学研究』第 3 号

● 佐藤広美（1997）『総力戦体制と教育科学』大月書店

● 佐藤幹男（2013）『戦後教育改革期における現職研修の成立過程』学術出版会

● 時事通信社編（1949）「地方教育行財政の実態調査―調査分析の基礎資料作成へ―」『時事通信内外教育版』第 184 号

● 島村史郎（2008）『日本統計発達史』日本統計協会

● 島村史郎（2009）『日本統計史群像』日本統計協会

● 島村史郎（2013）『欧米統計史群像』日本統計協会

● 白石裕（1973）「米国地方教育財政論―州との関係を中心にして―」『京都大学教育学部紀要』第 19 号

● 鈴木英一（1970）『戦後日本の教育改革 3　教育行政』東京大学出版会

● 鈴木英一（1972）「教育基本法体制と教育行政」『季刊教育法』第 2 号、総合労働研究所

● 鈴木英一（1982）「戦後教育改革と田中二郎先生―教育基本法を中心として」『法律時報』第 54 巻 4 号

● 鈴木英一（1983）『日本占領と教育改革』勁草書房

● 鈴木英一・笠井尚（1990）「戦後教育改革期における教育審議会の委員構成の特質」『名古屋大学教育学部紀要』第 37 巻

● スチュアート・A・ライス＋カルヴァート・L・デドリック（1951）『日本の統計機構の在り方―第二回統計使節団報告書』全国統計協会連合会

● 関口隆克（1969）「関口隆克氏の談話記録（1968 年 10 月 12 日）」『教育基本法の成立事情』北海道大学教育学部教育制度研究室

● 全国教育研究所連盟編（1964）『全国教育研究所連盟十五年史』全国教育研究所連盟

● 全国教育研究所連盟委員長村上俊亮編（1951）『全国教育研究所連盟研究報告書第一次年報』

【た行】

● 高島秀樹（2004）『教育調査―教育の科学的認識をめざして―〔改訂 2 版〕』明星大学出版部

● 高田教育研究会（1951）「教育予算はどうなっているか『新潟県教育財政調査報告書』」高田教育研究会編『教育創造；特集 新しい学校の施設』第 4 巻 1 号

● 髙橋哲（2015）「現代教育政策の公共性分析―教育における福祉国家論の再考―」『教育学研究』第 82 巻 4 号

● 高橋寛人（1995）『戦後教育改革と指導主事制度』風間書房

● 高橋寛人編（2012）『占領期教育指導者講習基本資料集成 The Institute for Educational Leadership；CD-ROM 版』アルヒーフ編、すずさわ書店、第 1 巻所収資料「解説　IFEL と本書収録資料について」

● 高橋寛人（2019）『教育公務員特例法制定過程の研究』春風社

●竹内俊子（2021）「第16条2項」日本教育法学会編『コンメンタール教育基本法』学陽書房
●竹前栄治（1983）『GHQ』岩波書店
●田中二郎（1969）北海道大学教育学部教育制度研究室編『教育基本法の成立事情』
●田中二郎（1975）「地方自治と教育委員会制度」日本教育法学会編『日本教育法学会年報』
　第4巻、有斐閣
●千種圓爾（1932）「学校調査」『岩波講座教育科学』第6冊
●竺沙知章（2016）『アメリカ学校財政制度の公正化』東進堂
●辻田力（1948）「序文」文部省調査局編『教育要覧』時事通信社
●辻田力監修・文部省内教育法令研究会（1949）『教育委員会—理論と運営—』時事通信社
●辻田力（1950）「文部行政と教育調査」文部省調査普及局編『月刊教育調査』第1号、刀
　江書院
●辻田力（1969）「辻田力氏の談話記録」北海道大学教育学部教育制度研究室編『教育基本
　法の成立事情』
●辻田力・田中二郎監修、教育法令研究会（1947）『教育基本法の解説』国立書院
●辻田力、西村巌、天城勲、安達健二（1948）「教育委員会法の解説（上）」『時事通信内外教育版』
　第2巻114号
●鶴田憲次（1951）「統計現場」『教育統計月報』第5号
●手塚晃（1966）「文部省の新しい機構について」『文部時報』第1065号
●徳久恭子（2008）『日本型教育システムの誕生』木鐸社

【な行】

●永井憲一（1980）「現代における教育条件の整備の必要性」『講座教育法4　教育条件の整
　備と教育法』総合労働研究所
●中川律（2021a）「教育法学における『原理の問題』—憲法学的視点からの批判への応答—」
　『日本教育法学会年報』第50号、有斐閣
●中川律（2021b）「第16条4項」日本教育法学会編『コンメンタール教育基本法』学陽書房
●中川律（2023）『教育法』三省堂
●中島醸（2019）『アメリカ国家像の再構成—ニューディール・リベラル派とロバート・ワ
　グナーの国家構想—』勁草書房
●中谷彪（2005）『1930年代アメリカ教育行政学研究—ニューディール期民主的教育行政の
　位相—』晃洋書房
●中田康彦（1999）「教育条件整備法制研究の方法論的課題—教育法学における制度論の構
　築に向けて（2）」『一橋論叢』第121巻2号
●名古屋市総務局統計課・名古屋市教育委員会事務局調査弘（ママ）課（1949）「昭和24
　年度名古屋市学校教育統計概要—学校基本調査並びに学校衛生統計調査—」
●浪本勝年（2011）「教育委員会と学校における職員会議の在り方—東京地方裁判所に提出
　した鑑定意見書（2010.5.24）」『立正大学心理学研究所紀要』第9号
●成嶋隆（2012）「公教育の無償性原則の射程」『日本教育法学会年報』第41号、有斐閣
●新潟県教育庁総務課編（2000）「図説新潟県教育20世紀のあゆみ：21世紀教育へのかけは
　し」新潟県教育庁総務課
●西山隆行（2008）『アメリカ型福祉国家都市政治—ニューヨーク市におけるアーバン・リ

ベラリズムの展開―』東京大学出版会

●西本勝美（2004）「企業社会の成立と教育の競争構造」渡辺治編『日本の時代史 27 高度成長と企業社会』吉川弘文館

●日本教育法学会編（1980）「討論 第 3 分科会 教育条件整備の基本問題」『日本教育法学会年報』第 9 号、有斐閣

●日本近代教育史料研究会編（1996）『教育刷新委員会・審議会会議録』第 5 巻、岩波書店

●日本近代教育史料研究会編（1998a）『教育刷新委員会・審議会会議録』第 12 巻、岩波書店

●日本近代教育史料研究会編（1998b）『教育刷新委員会・審議会会議録』第 13 巻、岩波書店

【は行】

●橋野晶寛（2022）「教育行財政研究黎明期における統計学の受容とその文脈」東京大学大学院教育学研究科編『東京大学大学院教育学研究科紀要』第 61 巻

●林友春（1983）「阿部重孝先生と教育学」『阿部重孝著作集』第 5 巻、月報第 5 号、日本図書センター

●ハリー・レイ（2004a）「＜ハリー・レイ　オーラルヒストリーシリーズ＞マーク・ティラー・オア（Mark Taylor Orr）（柴田政子訳）〈その 2〉明星大学戦後教育史研究センター編『戦後教育史研究』第 18 号、明星大学戦後教育史研究センター

●ハリー・レイ（2004b）「＜ハリー・レイ　オーラルヒストリーシリーズ＞関口隆克」明星大学戦後教育史研究センター編『戦後教育史研究』第 18 号、明星大学戦後教育史研究センター

●ハリー・レイ（2005）「＜ハリー・レイ　オーラルヒストリーシリーズ＞天城勲」明星大学戦後教育史研究センター編『戦後教育史研究』第 19 号、明星大学戦後教育史研究センター

●ハリー・レイ（2012）「＜ハリー・レイ　オーラルヒストリーシリーズ＞内藤誉三郎」明星大学戦後教育史研究センター編『戦後教育史研究』第 26 号、明星大学戦後教育史研究センター

●ハリー・レイ（2015a）「＜ハリー・レイ　オーラルヒストリーシリーズ＞ハーバート・パッシン（Harbert Passin）（佐藤寧訳）」明星大学戦後教育史研究センター編『戦後教育史研究』第 28 号、明星大学戦後教育史研究センター

●ハリー・レイ（2015b）「＜ハリー・レイ　オーラルヒストリーシリーズ＞坂元彦太郎」明星大学戦後教育史研究センター編『戦後教育史研究』第 28 号、明星大学戦後教育史研究センター

●ハリー・レイ（2016）「＜ハリー・レイ　オーラルヒストリーシリーズ＞相良惟一」明星大学戦後教育史研究センター編『戦後教育史研究』第 29 号、明星大学戦後教育史研究センター

●平原春好（1993）『教育行政学』東京大学出版会

●広沢明（1984）「判例にみる教育条件基準問題（上）・（下）―小・中学校の物的条件を中心に―」日本教育法学会教育条件整備法制研究特別委員会編『教育条件法制研究』第 4 号・5 号

●福祉国家と基本法研究会・井上英夫・後藤道夫・渡辺治編著（2011）『新たな福祉国家を展望する』旬報社

●福嶋尚子（2020）『占領期日本における学校評価政策に関する研究』風間書房

●古川貞二郎（2005）「総理官邸と官房の研究―体験に基づいて」『日本行政学会年報；官邸

と官房』第 40 号、ぎょうせい

●細谷俊夫（1983）「阿部先生を語る」『阿部重孝著作集』第 4 巻 月報第 3 号、日本図書センター

●堀尾輝久（2019）『人権としての教育』岩波書店

【ま行】

●牧原出（2005）「『官房』の理論とその論理構造」『日本行政学会年報：官邸と官房』第 40 号、ぎょうせい

●牧柾名（1977）『国民の教育権―人権としての教育―』青木教育叢書

●増田幸一（1949）「教育委員会事務局調査統計部課運営に関する試案」文部省編『文部時報』、第 857 号

●増田末太郎（1951）「統計法と教育統計調査との関係について（その 1）」『教育統計月報』第 3 号

●三輪定宣（1980）「教育財政における教育の条件整備」日本教育法学会編『講座教育法 4 教育条件の整備と教育法』総合労働研究所

●三輪定宣（1985）「教育条件基準法案の構想」『日本教育法学会年報』第 14 号、有斐閣

●宮川公男（2017）『統計学の日本史―治国経世への願い―』東京大学出版会

●宗像誠也（1954）『教育行政学序説』有斐閣／（1975）『宗像誠也著作集』第 3 巻、青木書店

●持田栄一（1950）「日本の学校調査―系譜とその問題性―」文部省調査普及局編『月刊教育調査』第 5 号、刀江書院

●森田孝（1947）「中学校教育」文部省調査局編『教育要賢』時事通信社

●森田孝（1949a）「新しい文部省の機構と性格」『文部時報』

●森田孝（1949b）「文部省機構改革の要点」『時事通信内外教育版』第 157 号

●森田孝（1958）「教育行政組織論」『愛知学院大学論叢法学研究』第 1 巻 1 号

●文部省（1964）「就学援助に関する調査報告書」

●文部省（1972）「学制百年史　資料編」　帝国地方行政学会

●文部省戦後教育改革資料Ⅶ -31「学校基準法案」1949 年 2 月 3 日付

●文部省編（1951）「地方教育費調査の報告書―昭和 24 会計年度―」

●文部省編（1952）「小学校・中学校・高等学校教員勤務負担量調査報告」

●文部省初等中等教育局教科書管理課（1981）「文部省刊行物目録総覧」

●文部省調査局（1953）「小・中学校教員に対する『へき地手当』支給規定の概要と実情　付録　へき地教育調査関係資料一覧」

●文部省調査局調査課（1954）「国立初等・中等教育費の調査報告書　昭和 27 年会計年度」

●文部省調査局調査課（1955）「国立初等・中等教育費の調査報告書　昭和 28 年会計年度」

●文部省調査局調査課（1953）「父兄負担の教育費調査報告書　昭和 27 年度」

●文部省調査局調査課（1954）「父兄負担の教育費調査報告書　昭和 28 年度」

●文部省調査局調査課（1955）「父兄負担の教育費調査報告書　昭和 29 年度」

●文部省調査局調査課（1956）「父兄負担の教育費調査報告書　昭和 30 年度」

●文部省調査局調査課「父兄支出の教育費調査報告書　昭和 38 年度〜昭和 56 年度」

●―文部省調査局調査課・文部省大臣官房調査課（昭和 39 年度〜）

●―文部省大臣官房調査統計課（昭和 45 年度〜）

● 文部省大臣官房人事課（1963）「文部省歴代職員録―1962年10月現在」
● 文部省大臣官房調査統計課「保護者が支出した教育費調査報告書　昭和57年度～平成5年度」
● ―文部省大臣官房調査統計課・文部省大臣官房調査統計企画課（昭和62年度～）
● 文部省大臣官房調査統計課・文部省大臣官房調査統計企画課「子どもの学習費調査報告書　平成6年～」
● 文部科学省生涯学習政策局政策課「子供の学習費調査報告書　平成24年度～28年度」
● 文部省調査局統計課・文部省調査局調査課編（1951）「学校衛生統計報告書昭和26年度」
● 文部省調査局統計課（1953）「産業教育調査報告書」
● 文部省調査局統計課（1954）「修学旅行調査」
● 文部省調査局統計課（1955）「学校設備調査報告書」
● 文部省調査局統計課（1956）「学校給食調査報告書」
● 文部省調査普及局（1950）「教育調査法概説」
● 文部省調査普及局編（1950）「資料三 教育委員会刊行物目録（昭和25年6月30日現在）」『月刊教育調査』第5号、刀江書院
● 文部省調査普及局編（1951）「『月刊教育調査』の立場」『月刊教育調査』第7号、刀江書院
● 文部省調査普及局統計課（1951）「資料：統計調査のいろいろ―昭和26年度都道府県教育委員会の計画したもの―」文部省調査普及局統計課編『教育統計月報』第5号
● 文部省調査普及局統計課（1952）「教育委員会における調査統計は如何にあるべきか」文部省調査普及局統計課編『教育統計』第16号

【や行】

● 矢口新・飯島篤信・村本精一・元木健（1981）「座談会　川口プランと海後先生」『海後宗臣著作集』第5巻、月報第5号、東京書籍
● 山口周三（2009）『資料で読み解く南原繁と戦後教育改革』東信堂
● 山崎洋介（2012）「学級定員基準とその仕組み」世取山洋介・福祉国家構想研究会編『公教育の無償性を実現する―教育財政法の再構築―』大月書店
● 山田真由美（2015）「戦後教育学における『京都学派』：政治的批判と哲学的再評価の間」慶應義塾大学大学院社会学研究科編『慶應義塾大学大学院社会学研究科紀要：社会学・心理学・教育学：人間と社会の探究』第80号、慶應義塾大学大学院社会学研究科
● 山中四郎・河合三良（1950）『統計法と統計制度』統計の友社
● 吉田熊次（1921）「序」東京帝国大学文学部教育思潮研究会編纂『最近欧米教育思潮』第一輯、隆文館株式会社
● 世取山洋介（2004）「教育改革および教育基本法改正論の新自由主義的側面の批判的検討―学校制度法定主義再考―」日本教育法学会編『法律時報増刊・教育基本法改正批判』日本評論社
● 世取山洋介・福祉国家構想研究会編（2012）『公教育の無償性を実現する―教育財政法の再構築―』大月書店
● 世取山洋介（2014）「教育財政の地方分権化」日本教育法学会編『教育法の現代的争点』法律文化社
● 世取山洋介（2019）「教育人権と新自由主義教育改革」『日本教育法学会年報』第48号、

有斐閣

【ら行】

●蝋山政道（1930）『行政組織論』日本評論社

【わ行】

●渡部宗助編（2003）「資料・文部省の機構と人事（1945~1970)」国立教育政策研究所
●渡辺洋三（1959）『法社会学と法解釈学』岩波書店

洋書、資料

● Allan R. Odden & Lawrence O. Picus（2004）Chapter 5, School Finance Structures: Formula Options, *School Finance – A Policy Perspective*, McGraw-Hill.

● Bureau of Publications State Department of Education（2007）A History of California State Department of Education,1900-1967. *California Department of Education Historical Document s*.

● Child Welfare League of America（2008）Reviving the White House Conference on Children, *Children's Voice*, January/February, Vol. 17, Issue 1.

● Edward R. Beauchamp & James M. Vardaman（1994）24 Revision of the Japanese Educational System, March 27, 1947, *Japanese education since 1945 : a documentary study*, an East Gate Book, M. E. Sharp.

● George D. Strayer & Robert Murray Haig（1923）*The Financing of Education in the State of New York*, The Macmillan Company.

● George D. Strayer & N. L. Engelhardt（1933）*Standards for Elementary School Buildings*, Teachers College Columbia University.

● George Drayton Strayer Jr.（1934）*Centralizing Tendencies in the Administration of Public Education ; A Study of Legislation for Schools in North Carolina, Maryland, and New York since 1900*, Teachers College, Columbia University Contributions to Education, No.618, Bureau of Publications Teachers College, Columbia University.

● Harry Wray（1997）Attitudes among Education Division Staff during the Occupation of Japan, *Nanzan Review of American Studies*, Vol.19, No.2.

● Irving G. Hendrick（1972）The Impact of The Great Depression On Public School Support In California, *Southern California Quarterly*, Vol.54, No.2

● Joseph C. Trainor（1983）*Educational Reform in Occupied Japan – Trainor's Memoir-*, Meisei University Press.

● Paul R. Mort（1924）*The Measurement of Educational Need –A Basis for Distributing State Aid*, Teachers College, Columbia University Contributions to education, no.150.

● Paul R. Mort & Walter. C. Reusser（1941）*Public School Finance ; Its Background,*

Structure, and Operation, McGRAW-HILL BOOK COMPANY.

● Paul Studenski & Paul R. Mort（1941）*Centralized vs. Decentralized Government in Relation to Democracy；Review of the Arguments Advanced in the Literature of Various Nations*, Bureau of Publications Teachers College, Columbia University.

● Robert C. Cook, *Who's who in American education*：an illustrated biographical directory of eminent living educators of the United States and Canada. v.21 1963-1964

● Roe L. Johns, Kern Alexander, Dewey H. Stollar（1971）*Status and Impact of Educational Finance Programs*, National Educational Finance Project Volume 4.

● State Reconstruction and Reemployment Commission（1945）*The Administration, organization and financial support of the public school system, State of California*, A report of the study required by chapter 36, Statutes of 1944（fourth extraordinary session）, as submitted to the Legislature January 22, 1945, with amendments and appendices.

● U.S. Department of Health, Education, and Welfare Social and Rehabilitation Service, Children Bureau（1967）*The Story of the White House Conferences on Children and Youth*, Washington D.C.

国会議事録

●今村忠助　　衆議院内閣委員会 17 号、1952 年 5 月 14 日
●柏原義則　　衆議院内閣委員会 14 号、1949 年 4 月 25 日
●　　―　　　衆議院文部委員会 11 号、1949 年 4 月 25 日
●河井彌八　　参議院・本会議 67 号、1952 年 7 月 21 日
●木村禧八郎　参議院・本会議 7 号、1955 年 3 月 31 日
●相良惟一　　参議院内閣委員会 35 号、1952 年 6 月 3 日
●佐藤義詮　　参議院内閣・文部連合委員会 1 号、1949 年 5 月 6 日
●高瀬荘太郎　衆議院内閣・文部委員会連合審査会 1 号、1949 年 5 月 6 日
●中川幸平　　参議院本会議 32 号、1949 年 5 月 23 日
●森田孝　　　衆議院文部委員会 11 号、1949 年 4 月 25 日
●　　―　　　参議院内閣・文部連合委員会 1 号、1949 年 5 月 6 日
●矢嶋三義　　参議院・文部委員会閉 19 号、1954 年 10 月 9 日

占領期資料

●高橋寛人編（2012）『占領期教育指導者講習基本資料集成 The Institute for Educational Leadership；CD-ROM 版』アルヒーフ編、すずさわ書店、第 1 巻所収資料、文部省教育長講習連絡室「教育長等講習報告書 1948-1950」

●高橋寛人他解題(2017a)「占領期教育指導者講習研究集録 昭和 25 年度（全 25 科）：DVD 版」すずさわ書店所収資料、昭和 25 年度教育指導者講習会（IFEL1950-1951）編（1951）「XXV

教育財政」『第 6 回教育指導者講習研究集録』

●高橋寛人解題（2017b）「Bi-Weekly Report of IFEL Activities/ Final Report of IFEL, 昭和 25 年度（第 5・6 期）教育指導者講習活動報告書 / 最終報告書：DVD 版」すずさわ書店

●—Reports of IFEL, Ⅴ th Session

●——Bi-Weekly Report of IFEL Activities, 25 September-7 October 1950, BoxNo.5610, FolderNo.12, pp.87-92.

●——Bi-Weekly Report of IFEL Activities, 9-21 October 1950, BoxNo.5610, FolderNo.16, pp.43-46.

●——Bi-Weekly Report of IFEL Activities, 23 October -2 November 1950, BoxNo.5755, FolderNo.1, pp.54-58.

●——Bi-Weekly Report of IFEL Activities, 6-25 November 1950, BoxNo.5755, FolderNo.1, pp.53-55.

●——Bi-Weekly Report of IFEL Activities, 27 November-8 December 1950, BoxNo.5610, FolderNo.17, pp.44-47.

●——Final Report of IFEL, Ⅴ th Session, 27 November-8 December 1950, BoxNo.5610, FolderNo.13, pp.49-51.

●—Reports of IFEL, Ⅵ th Session

●——Bi-Weekly Report of IFEL Activities, 8-20 January 1951, BoxNo.5611, FolderNo.1, pp.60-65.

●——Bi-Weekly Report of IFEL Activities, 22 January-2 February 1951, BoxNo.5611, FolderNo.2, pp.56-59.

●——Bi-Weekly Report of IFEL Activities, 5-16 February 1951, BoxNo.5611, FolderNo.3, pp.55-57.

●——Bi-Weekly Report of IFEL Activities, 19 February -2 March 1951, BoxNo.5611, FolderNo.4, pp.50-52.

●——Bi-Weekly Report of IFEL Activities, 5-16 March 1951, BoxNo.5611, FolderNo.5, pp.55-56.

●——Bi-Weekly Report of IFEL Activities, 19-30 March 1951, BoxNo.5611, FolderNo.6, pp.47-49.

●——Final Report of IFEL, Ⅵ th Session, 8 January-31 March 1951, BoxNo.5611, FolderNo.7, pp.69-71.

● CI&E, Regular meeting of Education Division Staff, Administration & Finance Office, Program & Plans, *GHQ/SCAP Records*, Box no. 5738（10）, 2 May 1950.

● Luanna Bowles, School Standards Law, Reports of Conference - CI&E, *GHQ/SCAP Records*, Box no. 5141（5）, 4 April 1949.

● Walter E. Morgan, Proposed plan for Establishment of "Cash-Office", Reports of Conference - CI&E, *GHQ/SCAP Records*, Box no. 5141（1）, 10 February 1949.

● Walter E. Morgan, Proposed Educational Rehabilitation Cash-Office Plan, Reports of Conference - CI&E, *GHQ/SCAP Records*, Box no. 5141（2）, 19 February 1949.

● Walter E. Morgan, 1949-1950 budget; Education Finance Law; Cash Office Plan, Reports of Conference - CI&E, *GHQ/SCAP Records*, Box no. 5141（2）, 25 February 1949.

● Walter E. Morgan, 1949-1950 budget and Education Finance Law, Reports of Conference

- CI&E, *GHQ/SCAP Records*, Box no. 5141（3）, 4 March 1949.

● Walter E. Morgan, 1949-1950 budget, M/Education; Reductions suggested by M/Finance at request of ESS, Reports of Conference - CI&E, *GHQ/SCAP Records*, Box no. 5141（3）, 6 March 1949.

● Walter E. Morgan, Final Action by M/Finance on M/E Budget, Reports of Conference - CI&E, *GHQ/SCAP Records*, Box no. 5141（3）, 8 March 1949.

● Walter E. Morgan, Draft of Statement on Education Finance, for Transmittal to Shoup Taxation Mission, Reports of Conference - CI&E, *GHQ/SCAP Records*, Box no. 5143（4）, 2 June 1949.

● Walter E. Morgan, Proposed school finance law ; Also Year-End Bonuses for Teachers, Reports of Conference - CI&E, *GHQ/SCAP Records*, Box no. 5145（1）, 9 December 1949.

● Walter E. Morgan, Local Autonomy Office Proposed Legislation, "Principles Concerning Local Finance Equalization Grant", Reports of Conference - CI&E, *GHQ/SCAP Records*, Box no. 5145（2）, 19 December 1949.

● Walter E. Morgan, Proposed school finance law, Reports of Conference – CI&E, *GHQ/SCAP Records*, Box no. 5362（9）, 27 December 1949.

● Walter E. Morgan, Proposed School Finance Law; Report of Conference between Minister of Education Takase, and ESS Official, Conference Reports, Education Division – Morgan, *GHQ/SCAP Records*, Box no. 5362（9）, 28 January 1950.

● Walter E. Morgan, Support for Standard School Finance Bill, Conference Reports, Education Division – Morgan, *GHQ/SCAP Records*, Box no. 5362（9）, 14 February 1950.

● Walter E. Morgan, Proposed Law for Standard Compulsory Education Expense; Proposed Amendment to Equalization Grant Bill; Revised Estimates of Cost of Compulsory Education, Conference Reports, Education Division – Morgan, *GHQ/SCAP Records*, Box no. 5362（9）, 17 February 1950.

● Walter E. Morgan, Partial Agreement Between Ministry of Education and Local Autonomy Office in re Equalization Grant Bill and School Finance Bill, Conference Reports, Education Division – Morgan, *GHQ/SCAP Records*, Box no. 5362（9）, 23 February 1950.

● Walter E. Morgan, School Finance Bill; Draft of Local Finance Commission Establishment Law, Conference Reports, Education Division – Morgan, *GHQ/SCAP Records*, Box no. 5362（9）, 2 March 1950.

● Walter E. Morgan, Status and Support of the Proposed School Finance Law, Conference Reports, Education Division – Morgan, *GHQ/SCAP Records*, Box no. 5362（9）, 7 March 1950.

● Walter E. Morgan, "PETITON FOR ENACTMENT OF STANDARD COMPULSOLY EDUCATION EXPENSE LAW", Conference Reports, Education Division – Morgan, *GHQ/SCAP Records*, Box no. 5362（10）, 26 June 1950.

初出一覧

　本書の一部は以下の初出論文をもとにしているが、大幅な加筆修正が加えられているため、一覧にして記すにとどめたい。

● 「戦後教育改革期における教育財政立法の立案過程に関する研究」『日本教育行政学会年報』第42号、pp.164-180、教育開発研究所、2016年
● 「戦後改革期における教育行政組織の設置目的と機能に関する研究—文部省調査普及局と教育委員会調査統計課に着目して—」日本教育制度学会編『教育制度学研究』第23号、pp.76-92、東進堂、2016年
● 「阿部重孝の教育財政制度に関する研究—1920年代米国教育財政移転制度研究との相関性に着目して—」日本教育制度学会編『教育制度学研究』第24号、pp. 102-118、東信堂、2017年
● 「教育法学における教育条件整備研究の到達点と課題—学校制度的基準のための教育条件整備行政組織—」『日本教育法学会年報』第50号、pp.122-130、有斐閣、2021年

索引

［プロフィール］

宮澤 孝子（みやざわ たかこ）

宮城教育大学准教授。1989 年新潟県生まれ。新潟大学教育学部卒業、新潟大学大学院教育学研究科修了、東京学芸大学連合学校教育学研究科修了、博士（教育学）。埼玉大学非常勤講師、津田塾大学非常勤講師、東北生活文化大学常勤講師を経て、2022 年度より現職。専攻は教育法学、教育行財政。

福祉国家型教育財政と教育条件整備行政組織
—その理論と法制に関する歴史的研究—

2023 年 10 月 20 日　初刷発行

著　者■宮澤　孝子
発行者■大塚　孝喜
発行所■株式会社 エイデル研究所
　　　　〒 102-0073　東京都千代田区九段北 4-1-9
　　　　TEL. 03-3234-4641／FAX.03-3234-4644
装丁デザイン■ウームデザイン株式会社
本文ＤＴＰ■大倉　充博
印刷・製本■中央精版印刷株式会社